為什麼別人的孩子

那麼有創意

黃依潔，趙華夏 編著

注意力 × 觀察力 × 想像力

開發右腦，訓練思維，打開創新的大門！

目錄

第五章　好奇心孕育創新的種子

第六章　創新需要全面豐富的知識

第九章　消除阻礙孩子創新腳步的因素

前言

　　21 世紀的競爭是人才的競爭，而創新精神是一切人才追求的目標。可以這樣說，沒有創新就沒有人類文明的發展，沒有創新，孩子的人生之路只會越走越窄。

　　有一位母親因孩子把她剛買回家的手錶拆壞了，就狠狠地揍了孩子一頓，並把這件事情告訴了孩子的老師。

　　不料，孩子的老師幽默地說：「一個現代的愛迪生就這樣被你葬送了。」

　　這個母親不解其意，老師為她分析說：「孩子的這種行為是創造力的一種表現，你不該打孩子。應該放開孩子的雙手，讓他從小就有動手的機會。你可以和孩子一起把手錶送到鐘錶店，讓孩子站在一旁看修錶師父如何修理。這樣，修理費就成了學費，孩子的好奇心也可以得到滿足。說不定他還可以引導修理的興致呢！」

　　故事明白無誤地告訴我們，維護孩子的創新能力是多麼重要。然而，在現實生活中，很多家長都成了葬送未來愛迪生的「殺手」，以至於限制了孩子創新能力的發展，進而限制了孩子人生道路的發展。

　　家庭是培養孩子的創新能力的搖籃，而家長是孩子創新能力「長大」的保育員。有利於孩子創新能力培養的家庭氛圍必須是寬鬆愉悅的。有事大家商量，共同想辦法，誰的主意好就聽誰的。只有這樣，孩子才能積極動腦筋動腦筋，從而形成創新意識和創新精神。

　　此外，家長要積極鼓勵孩子進行探索性玩樂，積極鼓勵，就是要創造條件，必要時，也可以一起參與玩樂。玩是孩子的天性，不會玩的孩子不可能是聰明的孩子。要經常利用節日和假日，帶領孩子接觸新鮮事物。那種只想把孩子關在家裡，只想讓孩子寫字、畫畫、背詩的方法，只會把孩子培養成書呆子，絕不可能培養成有創新能力的人。

　　值得指出的是，家長如何對待孩子的提問與孩子的創新能力也有十分密切的關係。提問是一種思考和鑽研，是具有探索意識的表現。孩子從會說話起，就開始會提問。由於年幼，所提的問題往往十分荒唐，有的可能無法回答。但不管問得怎樣，孩子都是渴求得到解答的。身為家長，都應該心平氣和地、認真地對待。對孩子的提問，家長有的可直接回答，有的可啟發孩子自己去尋找答案，家長如不能回答的，可實話實說，或和孩子一道探索。

第一章 創新能力有助於孩子走向成功

　　對於孩子來說，創新是一種思維方式，有了這種新的思維，孩子就能衝破舊思想的牢籠，突破自己，突破人生的困境；創新是一種解決問題的能力，有了這樣的能力，孩子無論遇到什麼問題，都能夠迎刃而解，逆轉局面；創新更是一種行動力，有了鍥而不捨的幹勁，孩子才能在今後的人生中創造一個又一個奇蹟……總之，家長從小培養孩子的創新能力，對孩子的一生都有深遠的影響。

世界無時無刻不在變

身處激烈變革的知識經濟時代，面對著日新月異的社會，每個人都感受到生存的壓力與生活的重擔，就像一句流行語：計畫趕不上變化。「新」已經統治了整個世界。我們生活在其中，身不由己，注定要捲入一場深層次的變革。那麼，是主動學會創新，成為時代的勇者，還是被動地接受別人的創新，成為時代的棄兒？時代的發展，迫使每個人都必須做出選擇。

在伊拉克戰爭時期，我們在電視機前看到美軍的導彈從地面、戰艦、潛艇內發射，幾乎全都準確命中目標，即使在距離目標數百甚至數千公里外發射，命中率也依然高得驚人。現代化戰爭就好像觀賞電影一樣相當可怕。

導彈的命中率之所以如此高，是因為引入了先進的自動導航技術，原理首先設定準確的目標，計畫導彈的航程，輸入航程中的資料，包括地形、地勢和氣象變化等，一切就緒，便可以發射。但發射後的導彈絕非一成不變地依照原定的指示和資料航行，相反，它會不斷地向前發出訊號，接收回饋，分析資料，然後又不斷修正軌道，直到命中目標為止。

當確定目標之後，導彈完全是處於「變化」的狀態，不斷發出訊號、搜集資料、不斷變更修訂，然後建立新的平衡點，除了原定目標之外，是絕對不會有所謂的「絕對正確」的狀態。

人生也是處於「變化」的狀態，像導彈一樣，我們是在不斷改變的過程中尋找新的平衡點。改變必定會引起一些事件的不平衡、混亂和不安，這是再自然不過的事情。在改變的過程中，除了原則和目標之外，也沒有所謂的「絕對正確」的東西。一些以往必要的事物，經過不斷改變和修正之後，可能會成為「棄兒」，這也是再自然不過的事情。

維琴尼亞‧薩提爾（Virginia Satir）就曾經說過：「當一個小孩子可以控制自己的大小便的時候，尿布已經不再是必需品，反而是一種累贅。」這也就是說，改變是個人成長的必經歷程，一些人千辛萬苦在尋覓自己心

目中「絕對正確」的事物，找尋到之後，就希望永遠保持在這個標準的正確狀態當中。他們往往會把生命的大部分精力和時間耗費在尋覓和維持這個狀態，到頭來只是埋怨時運不濟，一生都不快樂。

可見，世界上沒有什麼是不變的，如果非要說不變，那唯一不變的就是「變化」的本身了。

在這個藍色星球上，許多事物都是可以創造、改進、發展的，作為萬物之靈的人類，不正是繼承著前人的創新、接受著他人的創新、進行著自己的創新嗎？

在哥白尼（Nicolaus Copernicus）的天文學革命之前，幾乎所有人都相信地球是平的，地球是宇宙的中心，太陽和月亮都是圍繞著地球轉動。持這些錯誤觀點的人絕對不只是凡夫俗子，連智慧非凡的思想家亞里斯多德（Aristotle）也對此深信不疑。他甚至推斷，地球的南極應該是一個巨大的秤錘，它平衡著地心，否則大地就會搖擺不定。

「為什麼以前的人是那麼愚昧，竟然毫不懷疑地相信這些錯誤的觀點？為什麼這種錯誤竟然支配了這個世界那麼長的時間？」

「為什麼智慧超群的人也一再地犯那麼低級的錯誤？」

「如果我身在其中，會不會同樣犯錯？」

以上是美國青年科學歷史學者湯瑪斯・孔恩（Thomas Kuhn）的思考。

我們知道，知識的發展是漸進累積的，是一件一件地添加上去，堆積發展成為一座知識的大山，是一個延續不斷的過程。但據觀察表明：科學的發展在一個穩定的狀態下，會突然出現反常和危機，然後爆發革命，接著出現新的模式並完全取代舊的模式，科學甚至人類的發展都是不同模式交替的過程。其發展的軌跡是這樣的：

首先，常規狀態。一種規範、一種價值觀一旦確立，就開始了一個科學的常規的漸進過程，這是一套模式的模組，人們會用這套常規的模式來思考和行動，沒有太多的懷疑，狀態是很穩定的。

其次，遇到反常。偶爾會出現一兩個離經叛道，反對這套邏輯的人，

發出與眾不同的聲音，主流的價值觀會試圖修正或吸納他們，如果不成功便予以排斥或者懲罰。這樣一來，天才通常是孤獨和痛苦的。

再次，發生危機。用舊的思維無法解決新的問題，越來越多的人對這套模式產生懷疑，舊模式維繫著的行為和價值觀體系出現裂縫，危機隨之產生。

最後，爆發革命。危機帶來混亂，舊思維的條條框框和行為規則變得鬆弛，使人對舊模式失去信心，也不能按舊的規則來達到目的了，需要更換新的，才可以擺脫危機。一場革命爆發了，新的模式成功地取代了舊的模式，確立了新的常規狀態，又再次恢復穩定，等待另一個模式的出現。

這個過程其實就是創新的過程，整個取代的過程可以經歷數百年，但也可以只是數月、數天甚至是在幾秒鐘內發生。

總之，這不是一個墨守成規的時代，所有的一切時時刻刻都在變化。無數事例告訴我們：創新，也只有創新，才是成功的第一要素。

每個孩子都具有創新的潛能

一個教育學家收到一位家長的來信，這位家長在信中提到：

我和丈夫都是智力一般的人，一生沒有多大的成就，而我的孩子在班上的成績也一般。我希望自己的孩子也能像別的孩子一樣聰明、伶俐、有創新能力。只是，我不知道，我的孩子是否也有創新的潛能，潛能到底有多大呢？

這位家長的話可以歸納成兩個問題：

▶ 創新能力會不會受遺傳因素的影響？父母的創新能力有限，孩子是否就沒有了創新的能力？

▶ 孩子的成績一般，一個功課都沒有辦法學好的孩子到底有沒有辦法創新呢？

　　想必，這個家長問到的問題正是現代很多家長共同關心的話題。創造力是產生新思想、發現和創造新事物的能力，它是成功地完成某種創造性活動所必需的心態。它與一般能力的區別，在於它的新穎性和獨創性，其中的重要成分是發散思維。這種能力既不單憑遺傳，也不全靠環境或者後天的教育。所以，那種以為父母沒有創新精神，孩子就同樣缺乏創新能力的想法是錯誤的。而認為只有功課好的孩子才有可能迸發出創新的火花的思維方式顯然也是不正確的。創新潛能不是少數人或者少數資優生才具有的，每個孩子都有創新的潛能。因此，家長的主要任務就是開發蘊藏在孩子身上的潛在創新能力。

　　令人遺憾的是，許多家長因對「創新」缺少一定的認知，把「創新」想像成某些人特定的專利，所以，在教育孩子的過程中，往往只注重孩子的知識，只注意孩子的分數，只注意孩子的文憑，因而忽略創造力的培養。這對孩子今後的發展是相當不利的。畢竟，未來社會最需要的不是分數而是能力，最值錢的不是學歷而是創造力。

　　張先生從小就聰明異常，考入著名的國立大學，畢業後又被美國哈佛大學（Harvard University）錄取。在眾多對他敞開大門的世界著名大公司中，他選擇了所羅門金融投資公司，年薪 15 萬美元。

　　在張先生念小學時，有一天，媽媽下班回到家後，剛走近廚房，就嗅到一股怪怪的刺鼻的味道。

　　張先生正在廚房裡，他看見了媽媽，就直往後退，他努力想用身子擋住身後的一個大缽。媽媽過去一看，濃烈的怪味正來源於這個大碗中的東西。

　　原來，調皮的張先生竟然把架子上的醬油、醋、米酒、麻油和番茄醬等，凡是瓶裝的液體流質，統統都倒在一起，調成了黑乎乎的一碗。

　　媽媽頓時火冒三丈：「為什麼這麼調皮啊？」張先生低垂著頭，怯怯地說：「媽媽，我想配一種藥水，讓蚊蟲一叮就自己死掉。」

　　聽了孩子的話，張先生的媽媽平息了怒氣。因為，她知道，孩子雖然

做了一件傻事，但其中蘊涵著的創造欲卻是非常可貴的。孩子因為「創造」而遭到責備，可能會抑制他們今後的發展。

正是在這位富有愛心和智慧的母親的培養下，張先生最終取得了傲人的成就。

這個故事給予我們的啟示是什麼呢？與其限制孩子的創新能力，讓孩子做一個逆來順受、毫無創意的「乖寶寶」，不如順應孩子的天性，挖掘孩子的潛力。

在生活中，孩子創新的例子並不鮮見。比如：大人習慣性地把用舊的毛巾當抹布用，而孩子還懂得用舊毛巾做一些小人、小玩具，或者做黏貼畫；大人習慣把吃完點心的盒子扔掉或者是用來裝小雜物，但孩子懂得，這些盒子還能做成小汽車、大樓 …… 可以說，每個孩子天生就是「創造大師」。

有家長深有感觸地說：「其實，調皮和貪玩都是孩子的個性，扼殺了孩子的個性就等於扼殺了孩子的智慧。在遊戲中引導孩子，在娛樂中開啟他的創新思維，孩子就不僅能生活得十分開心，還會變得活潑而聰明。」

誠然，因個性不同，每個孩子從小展現出來的創新天賦也不盡相同。但他們都有一些共同的特點，如愛想像、愛動，而且，他們沒有成人的條條框框的束縛，勇於將大膽的想法付諸實施。在這些想像中，就蘊含著大量創意的火花。

家長培養孩子的創新精神需要遵循以下兩個原則。

▸ **層次性原則**：孩子們的創新和成年人的創新是有區別的。孩子們創新的價值更多地表現在創新過程中，在於得到老師或者家長讚賞之後的成功體驗。因此，家長對於孩子的創新活動要求不要過於嚴苛。

▸ **激勵性原則**：孩子的創新往往源於興趣、愛好，源於好奇心、求知欲和想像力。因此，家長要支持孩子的求新、求異、質疑和問難，鼓勵孩子在成長過程中進行新的探索，而不是置之不理或橫加干涉。在孩子實踐時，家長要掌握時機地給予讚賞：「你真行！」當孩子遭遇挫

折時，家長應給予信任和鼓勵：「沒關係，下一次你一定可以！」

其實，孩子的一舉一動都蘊涵著創造力。身為家長，應尊重孩子的個性，使其得到更好的發展，培養孩子善於發現的眼睛和善於創新的能力，這樣，孩子才容易獲得成功的機遇！

父母要了解創新教育的內涵

這是一個發生在美國的真實故事：

美國內華達州一位叫伊蒂絲的 3 歲小女孩告訴媽媽，她認識禮品盒上「OPEN」的第一個字母「O」。這位媽媽非常吃驚，問她怎麼認識的。伊蒂絲說：「薇拉小姐教的。」這位母親一紙訴狀把薇拉小姐所在的幼兒園告上了法庭，理由是該幼兒園剝奪了伊蒂絲的創造力，因為她的女兒在認識「O」之前，能把「O」說成蘋果、太陽、足球、鳥蛋之類的圓形東西。

3 個月後，此案在內華達州州立法院開庭，幼兒園敗訴，因為陪審團的 23 名成員被這位母親在辯護時講的一個故事感動了 ——

「我在一家公園裡曾見過這麼兩隻天鵝，一隻被剪去了左邊的翅膀，放在較大的一片水塘裡；另一隻完好無損，被放養在一片較小的水塘裡。管理人員告訴我，這樣能防止牠們逃跑，剪去一邊翅膀的無法保持身體的平衡，飛起來後就會掉下來；在小水塘裡的雖然沒有被剪去翅膀，但起飛時因沒有足夠的滑翔距離，也只好乖乖地待在水裡。今天，我為我女兒伊蒂絲的事來打這場官司，是因為我感到伊蒂絲變成了幼兒園的一隻天鵝。他們剪掉了伊蒂絲的一隻翅膀、一隻創新的翅膀；他們早早地把她放進了那片小水塘，那片只有 ABC 字母的小水塘。」

這段辯護詞後來成了內華達州修改《公民教育保護法》的依據。現在美國的《公民權法》規定，幼兒在學校擁有兩項權利 —— 玩的權利和問「為什麼」的權利。

由此可見，美國的父母從小就重視對孩子進行創新教育。另外，他們

在對孩子進行啟發式創新教育時，很注重對孩子動手能力的培養，讓孩子做各種組裝玩具，鼓勵孩子從不同的角度去拼裝各式各樣的玩具模型，加強孩子的動手能力和創造性。我們知道，孩子都具有好動的天性，比如在牆壁上亂畫，拿剪刀或刀子在書本、衣服等物品上亂剪。華人家長看到後大多會堅決制止，但在美國，父母們看到的是孩子學會了某種技能，而不是疼惜某件東西被孩子損壞了。事後，他們會耐心地教給孩子一些操作上的技巧和知識。

早在 20 世紀初，有人提出了「創新」的概念。這一概念當時主要是經濟學家從技術應用角度提出的。隨著社會的發展變化，「創新」一詞的意義也在不斷地擴展和深化。從字面上看，創新既包括事物發展的過程又包括事物發展的結果，包括新的發現和發明、新的思想和理念、新的學說和技術等。而透過創新的教育活動來培養被教育者的創新能力，進而實現上述創新內容的教育，就是創新教育。在這當中，創新能力的培養是創新教育的核心，或者說，創新教育就是根據創新原理，以培養被教育者具有創新意識、思維、能力、情感以及個性為主要目標的教育理論和方法，使他們在牢固、系統地掌握學科知識的同時發展創新能力。

為了更好地培養孩子的創新能力，父母有必要了解創新教育的內涵。

▸ **創新教育是創新意識的培養**：創新意識是以推崇創新、追求創新，以創新為榮的觀念和意識。只有在強烈的創新意識引導下，人們才可能產生強烈的創新動機，樹立創新目標，充分發揮創新潛力和聰明才智，釋放創新熱情。

▸ **創新教育是創新思維的培養**：創新性思維具有五個明顯的特徵，即積極的求異性、敏銳的觀察力、創造性的想像力、獨特的知識結構以及活躍的靈感。這種創新性思維能保證學習者順利解決對他們來說是嶄新的問題，能深刻地、高水準地掌握知識，並能把這些知識廣泛地應用到學習新知識的過程中，使學習活動順利完成。可以說，創新性思維是整個創新活動的智慧結構的關鍵，是創新能力的核心，創新教育與教學必須著力培養這種可貴的思維素養。

▶ **創新教育是創新情感和創新個性的培養**：創新能力主要包括創新主體的資訊加工能力、一般工作能力、動手能力或操作能力、熟練掌握和運用創新技法的能力、創新成果的表達能力和表現能力及物化能力等。創新能力的培養十分重要，它一般形成於學校教育階段，所以，在學校教育中，要加強以基本技能為中心的科學能力和科學方法的訓練。

創新並不僅指純粹的智力活動過程，它還需要以創新情感為動力，如遠大的目標、堅強的信念以及強烈的創新熱情等，它包含著為推進人類文明進化而選擇兼備崇高性、獨特性的創新目標，包含著為提升人類美學價值而投入創新過程的高尚情操，包含著為增進利他精神而盡情發揮的開拓風貌，包含著為優化個體的創新性社會功能而認真掌握創新技巧的熱情，包含著為追求永恆的價值目標而把自我短暫的人生化為人類文明序列的磊落胸懷。

創新教育既是一種全新的教育思想，又是一種全新的人才培養模式。從某種意義上講，創新教育的實質是培養人的創新人格。任何創造性的活動無不受人格或個性的極大制約。韋克斯勒（David Wechsler）曾搜集了眾多諾貝爾獎（Nobel Prize）得主少年時期的智商資料，發現這些得獎者大多數不是高智商者，但他們的非智力因素 —— 創造性人格卻高人一籌。所以，父母必須注重培養孩子的創造性人格，培養孩子不懈地追求自主性、主動性、好奇性、挑戰性、堅忍性及強烈求知欲的精神，使他們的創新活動成為一種積極的自我激勵過程。

培養創新能力越早越好

一個孩子是否具有創新能力，關係到其一生的發展。

創新能力是孩子智力的重要展現，有創新意識的孩子，可以更好地適應周圍的環境，將自己所學到的知識運用到現實生活中。同時，創新能力是人類意識活動中一種積極的形式，是人們進行創造性活動的內在動力

源泉。

　　孩子具備了創新能力，才能發現事物的本質和內在連繫，進而透過自己的分析和思考，帶來新穎的、前所未有的新成果。而缺乏創造能力的孩子對周圍的事物沒有興趣，缺乏好奇心和求知慾，還有內向保守、人云亦云、缺乏主見等特性，這些對孩子的成長是不利的。

　　孩子小時候有旺盛的好奇心和求知慾，思想和思維沒有什麼束縛，有不可限量的創造能力。由此，培養孩子的創新能力，要從幼兒期開始。

● 為孩子營造充滿創新意識的家庭氛圍

　　孩子出生後到幼兒期，家庭是他們的主要生活環境，他們接觸最多的是家長，家長的言行舉止都在影響著他們，並且，孩子的模仿能力很強，他們會模仿家長的做事態度和方法。因此，為了培養出具有優秀創新能力的孩子，家長一定要在孩子面前樹立創新的形象，同時，還要給孩子傳達樂於創新的態度。當孩子要玩新遊戲時，家長如果說：「別玩那個，危險！」或者說：「你現在還玩不了那個。」孩子想了解新鮮事物的興趣就會受到壓抑，無法嘗試新戲就會產生挫敗感，這就會壓抑和打擊孩子的主動探索精神，創新能力的培養就更無從談起。家長要創設寬鬆、和諧、平等的家庭氣氛，做具有現代教育理念的家長，採用科學的管教方式，遇到事情多從幾個新視角分析和解決，幫助孩子解答難題也要從多個角度考慮，這樣，孩子會從家長那裡獲得積極的學習榜樣。同時，家長要給孩子充分的自由，鼓勵孩子嘗試有難度的遊戲，讓孩子發揮自己的創造性。一旦發現孩子的天賦，就要積極鼓勵和培養，讓孩子的創造性天賦得到發展。

● 善於激發孩子的好奇心

　　好奇心是激發孩子創新能力的內驅力，是孩子有所成就的動力，它可以喚起孩子的內在潛能，使孩子完全投入到創造性活動中去。富有創新精神的孩子，一般都有較強的好奇心。實踐中，許多發明和創作並不是事先

預料到的，往往是在好奇心的推動下，經過創新性思維得出來的。孩子只有對客觀世界的事物懷有強烈的好奇心，才有可能發現改進和改變的方面，而這正是創新思維的基礎。好奇心越強，掌握的現實材料就越多，就越有利於創造出新的成績。

● 重視培養孩子的觀察力

觀察力是創新能力的基礎，對於孩子創新能力的培養至關重要。孩子從外界獲取的資訊，80% 都是透過觀察獲得的。孩子學會觀察，才會記憶和思考，因而觀察力是思維的出發點。創新能力的發展離不開觀察力，孩子只有在生活中多聽、多看，才會掌握更多的知識，累積更多的經驗，找到事物的內在連繫，才能順利發揮自己的創新思維去解決問題。

● 教孩子掌握創新技巧

科學的方法和技巧是培養孩子創新能力的先導。能夠有所成就的人，無不是經常從他人想不到的角度去思考問題，從他人沒有發現的角度去分析問題。在日常生活中，家長要引導孩子學會多角度地分析和看待事物，培養孩子的發散思維，逐漸形成創新性思維。創新的主要方法有延伸、綜合、革新、演繹、變向等，很多經典性的創新都運用了其中一種或者多種方法。只有掌握了這些創新技巧，孩子才會在此基礎上發展創新性思維。

● 鼓勵孩子的探索性行為

一位作家曾說過：「調皮的男孩是好的，調皮的女孩是巧的。」孩子愛玩，喜歡探索未知的事物，並不意味著孩子是壞孩子，相反，這正是孩子創新能力的萌芽，家長不僅不應該制止，還應該珍惜並有意識地保護，給孩子充足的時間和空間，讓他們有機會去發現和研究感興趣的事物。只要孩子是安全的，家長就應積極鼓勵他的各種探索性的行為。

創新之路就是成功之路

相信大家都有這樣的經歷：無論做什麼事，只要用心，就能做好，但要做得出眾、引人關心卻並不容易。為什麼會這樣呢？道理很簡單，一定是因為你缺乏創新意識，只是局限於把事情做完，而不肯在創新上下工夫。如此，平凡的外衣就永遠披在你身上。

家長應告訴孩子，「一個人只要勇於創新，就能做得比別人出色，離成功就會更近。」北宋時期著名政治家、散文家司馬光砸缸的故事流傳至今，更讓我們深深地體會到「有想法」是一件多麼了不起的事。

有一次，司馬光跟朋友們在後院裡玩樂。院子裡有一口大水缸，有個小孩爬到缸沿上玩，一不小心，掉到缸裡。缸大水深，眼看那孩子快要淹死了。別的孩子們一見出了事，嚇得邊哭邊喊，跑到外面向大人求救。司馬光卻急中生智，從地上撿起一塊大石頭，用力往水缸砸去，「砰」的一聲水缸破了，缸裡的水流了出來，被淹在水裡的小孩得救了。

有創造力的人才會與眾不同，有創新思維的人才會做出令人刮目相看的成績。處處留心自己身邊的機會，鍥而不捨地加以探究，有時甚至還會開發出財富來。

1940 年，美國皮革商巴察在出售了自己的食品冷凍法專利後得到了一筆財富。這筆財富的獲得完全得益於他的創新舉動。

巴察經常去紐芬蘭海岸，在結冰的海面上鑿洞釣魚。從海水中釣起的魚放在冰上立即被凍得硬邦邦的。當幾天後食用這些凍魚時，巴察發現只要魚身上的冰不融化，魚味就不變。根據這一發現，巴察著手試驗將肉和蔬菜冰凍起來。他高興地發現，只要把肉和蔬菜凍得像那些魚一樣，就能保持新鮮。經過反覆試驗，他進一步發現，冰凍的速度和方法不同，會影響食品冰凍後的味道和保鮮程度。經過幾個月廢寢忘食的摸索，巴察為他發明的食物冰凍法申請了專利。由於這是一種具有極大潛力和應用範圍的新技術，所以找上門來的人很多。巴察待價而沽，最終，通用食品公司以鉅款把這項專利拿到了手。

　　如果沒有巴察的發現，如果沒有巴察的創新思維，也許，我們現在還在為「如何讓食品保鮮」的問題而苦惱呢。

　　實際上，平凡不是錯誤，我們所有的人原本都是平凡的，平凡與不平凡的差距是在後來的歲月裡慢慢形成的。一切偉大的行動和思想都有一個微不足道的開始，而成功或失敗就是在一念之間造成的。

　　日本最大的帳篷商、太陽工業公司董事長能村先生想在東京建一座新的商業大廈。善於動腦筋的他是這樣想的，在寸土寸金的東京只建一座大廈，不僅一時難以收回成本，而且大廈的每日消耗也是一筆不小的開支。怎樣能做到既建了大廈，又可以藉此開拓新的市場呢？

　　萬事就怕有心人，有了這種想法的能村先生便特別關心生活裡的一些熱門問題。當時，攀岩熱正在日本興起，且大有蓬勃發展之勢，這令能村先生茅塞頓開：何不建一座都市懸崖，滿足那些都市年輕人的愛好？經過調查研究，能村先生邀請了幾位建築師反覆研討，決定把十層高的商業大廈的外牆加一點花樣，建成一座懸崖絕壁，作為攀登懸崖的練習場。

　　半年後，一座植有許多花木青草的懸崖昂然矗立在東京市區內，彷彿一個多彩而意趣盎然的世外桃源。練習場開業那天，幾千名喜愛攀岩的血氣方剛的年輕人興高采烈地聚集此處，紛紛藉此過一把攀岩癮。

　　在東京市區內出現了從前在深山峻嶺才能看到的風景，這一下子吸引了人們的目光，每日來此觀光的市民不計其數。而一些外地的攀岩愛好者聞訊後，也不辭辛苦到東京一顯身手。

　　接著，能村先生恰到好處地掌握了這種轟動效應，又開了一家專營登山用品的商店。很快，該店便因貨品齊全占據了登山用品市場的榜首。

　　「開發別人沒有開發過的領域總能賺錢。」這是能村先生的經營之道，而他也正是在這一理念的引導下，把大樓的外牆建成都市裡的懸崖，從而賺了大錢。

　　聰明的能村先生，他不缺乏創新意識，在平凡的生活中創造出不平凡，的確讓人佩服不已。同時，能村的成功告訴我們，點子每個人都會

想，但如果希望自己的點子能達到出奇制勝效果，那就要看想點子的人是否有敏銳的觀察力與出人意料的創新能力。

首先，你應該了解市場，了解別人的需求，這樣才能創新。

其次，創新還應該不脫離實際，應該學會利用資源，在原有的基礎上創新。

第三，遇到事情的時候，應該多動腦筋，想一想該怎麼解決，因為答案總比問題多。

總之，創新之路就是成功之路。在平時，家長應積極引導孩子多動腦筋、多想點子。一個從小就思路寬、點子多、創新能力強的孩子，他的人生道路也一定比其他人要寬闊。

創新不可忽視的基石

每個家長都欣賞並渴望自己的孩子能夠創新，卻未必了解創新需要哪些基礎條件。古人說：「他山之石，可以攻玉。」從創新高手身上能學到什麼呢？成功創新又會給我們哪些啟示呢？什麼是創新能力要素？什麼是創新能力的表現？一系列的問題需要學習和思考，而成就大小、水準高低，全在於個人對創新的領悟力和理解力。

無論是個人還是組織，從事創新活動總要有一定的基礎，即所謂的要素。這些要素構成創新能力的基石，若缺乏它們，創新無異於空中樓閣。

概括而言，這些基礎條件主要包括以下五項。

● 知識基礎

創新雖然是以新穎獨特、創造性行為為主，但一定的知識基礎卻是創新的根本，否則，創新只能是閉門造車或緣木求魚，不是不符合實際情況就是冥思苦想而一無所得。

關於知識，人類的行進歷程中有不同的理解。在工業社會以前，知識

的含義是指人們知道的現存的東西。人們認為知識淵博的人主要是那些對世界懂得多的人，這也是傳統社會裡老人受尊重的一個原因。因為人生的經歷往往使他們知道更多的東西，由此人們崇拜對外部世界、人類自身以及精神層面了解得多的智者。到了工業社會，這種情況發生了轉變。從17世紀以來，知識以所謂的應用知識為主，即致力於實用，特別是技術進步與技能學習。工匠、技術人員等得到了世人的重視，因為這些人懂得怎樣操作機器，怎樣生產產品，如何創造物質財富。從資訊社會到今天的知識經濟時代，知識的核心是關於「知識的知識」。人們已不再滿足於了解事物是什麼、為什麼，而是探討應該怎樣獲取知識、更新知識、運用知識，其中最重要的一點就是學習能力，即人們現在看重的不是知識本身，而是關於如何得到知識以及知識如何為我所用的一系列問題。

● 學習能力

學習能力，即關於知識的知識。一個人若想實現創新，必須及時更新舊知識，汲取新知識，如何去做則是個人能力高低的表現。以知識為基礎的現代，需要善於學習的人，只有懂得學習的人，才是知識的真正主人，才能做到融會貫通，舉一反三，從而印證孟子的那句話：「盡信書不如無書。」現在許多知名企業在招聘人員時，不像純技術時代那樣看重專業，而是透過能力測試選擇善於學習的人。他們的理論是，既然一個人已經知道了怎麼去學習，又何愁他學不會相關的專業知識呢？所以，在這個激烈變革的時代，學習能力是知識的真正源泉。

● 理論基礎

理論知識雖然在實踐生活中貌似無用，不能解決實際問題，但是，它涉及世界及學科的基本原理，是實踐活動的指導。比如：人的世界觀、認知論以及專業基礎理論，儘管在生活中並不能直接應用，但它們指揮著人的一舉一動，是人們思考問題解決問題的「寶庫」。扎實的理論功底是創新能力的支柱，沒有它，思維無法飛躍，創新無法實現，不能發揮

舉足輕重的作用，而僅僅局限於「一孔之見」。直接導致亞洲金融風暴的喬治‧索羅斯（George Soros）曾經試圖投在著名哲學家卡爾‧波普（Karl Popper）的門下，並且在進行金融實踐這麼多年後的今天，仍然認為當時的哲學理論學習給他打下了扎實的基礎。有這樣的例子，一家著名證券公司的一位負責人，業績非常突出，人們都認為他一定是科班出身、專業精深，誰知他竟然是哲學系畢業的學生，是到公司之後右開始學習專業的。正如遠古的一位天文學家，面對嘲笑理論無用的俗人，僅憑藉自己的理論知識預測來年的天氣和收成，要農夫提前做好防災準備，結果獲取了大量財富。所有這些都向人們證明：理論是無價的，關鍵看你怎麼用。

● 應用知識

應用知識指的是人們在實踐過程中用來解決實際問題時使用的知識，或者是從生活和工作中獲取的經驗性知識。這類知識的特點是實用性強，屬於技術性知識，很多時候可以稱之為一種技能。但它是創新的靈魂，否則，創新只能是紙上談兵，永遠不可能實現或者運用。有的創新需要經過正規教育學到的專業知識，但也有的創新僅僅用生活中的簡單常識就足夠了。所以說，應用知識不是局限在學校裡學到的理論知識，還有生活中學到的實踐知識。有一雙明亮的眼睛和一個聰明的頭腦，把理論知識和實踐知識都學到手，可以斷定，世界的未來將屬於掌握知識的人才。

● 運用知識的綜合能力

知識是死的，創新是活生生的過程，如何將死的知識轉化為有用的東西，是人們在創新中必備的能力。從根本上說，它是創新能否成功的決定性因素。如何運用知識，就其本身來說，除了應具備累積知識和汲取知識的能力之外，還應具備把知識轉化為成果、效益，使知識發揮作用的能力。學以致用一直是學習知識的準則，在知識經濟的今天，把如何運用知識提升到一個歷史的新高度，因為沒有這種運用知識的綜合能力或者實現綜合知識的轉化過程，我們學到的所謂知識實際上是沒有意義的。

創新者所共有的特質

留心觀察那些銳意進取的創新者，會發現他們身上有一些相似的特質，比如夢想、欲望、質疑、熱情、興趣及機遇等。這些特質決定了他們成功的可能。如果家長也從小培養孩子具有這些特質，則可以提升他們的創新能力。

● 夢想

夢想人人都有。可以說，人人心中都湧動過發明創造、開拓創新的夢想。人類的夢想是一種偉大的創造期望，一種非凡的創新思維。這種夢想，是一種神奇、寶貴而又特殊的創新思維資源。

夢想激勵創新。任何偉大的創新皆起源於偉大的動機，起源於激發人們創造欲望和創造衝動的偉大夢想。

當然，並非所有的夢想都能夠變成現實，因為夢想畢竟包含探索性、幻想性和預測性，具有猜測的成分，有待於實踐的核對總和驗證。要把異想天開般的夢想變成現實，還必須有腳踏實地的創新實踐。但夢想畢竟為人們探索未來提供了極為寶貴的、可借鑑的參考依據。

縱觀人類的科技發展史和發明創造史，發明創造的偉大實踐反覆證明，人類許許多多凝聚著偉大創造期望的神話般的夢想和幻想，最終都一一變成了現實。世界文明在夢想的神奇力量推動下向前發展，人類社會在它的偉大期望中開拓前進，永不停步。一旦夢想經過探索實踐變成現實，往往給人類社會帶來突飛猛進的巨大發展和進步。

● 欲望

創新欲望是一個創新活動的動力源。創新欲望的大小直接決定創新活動的啟動、持續和終止情況。一個人能否採取果敢的創新探索，並保持旺盛的鬥志，戰勝創新活動中的各種艱難困苦，為某種目標做出堅忍不拔的努力，與創新欲望存在密切關係。

創新欲望的形成是人們對環境和自我綜合估價的結果。有較強創新欲望的人往往具有以下表現：不滿足於現狀，對未來充滿希冀，對自我抱有信心，強烈的改革創新精神。

● **質疑**

質疑，就是對現有事物持科學的懷疑態度，以促使自己進行更深入的思考、分析、研究、改進和創新。質疑思維，是一種以審視的目光、科學的態度、求真的精神進行科學探索的科學思維方法。

質疑思維中孕育著創新和突破。質疑，是人類創新的出發點，創新常常從「問號」起步。一個個不平凡的問號，為人們畫出一條條創新成功的起跑線。

人們總是羨慕發明創造者，其實，許多創新就在我們身邊。捕捉創新的機遇，取得意想不到的創新成果，往往取決於我們有沒有捕捉問題的敏銳頭腦，有沒有善於從人們司空見慣的現象中發現問題、捕捉疑點的慧眼，有沒有勇於從權威下過「結論」、作過「論斷」的所謂「終極真理」中質疑 —— 勇於追根究柢，進行探索創新的勇氣。

● **興趣**

興趣是人對事物帶有積極情緒色彩的認識活動傾向。當一個人對某種事物產生興趣時，便會主動趨向於接近、認識和掌握這種事物，並從中體驗到愉快和心理上的滿足。隨著興趣活動的進行，興趣的滿足並不會使這種興趣消失，而是會使興趣豐富、深入和強化。如有位學生在化學課程學習中了解酸性物質的一些特點後，產生了用食醋試一試其應用範圍的想法。在興趣的指引下，他收集了報刊上對食醋各種功能的介紹，並一一進行了驗證。從中他體會到化學的巨大價值，立志要從事化學研究，並考上國立大學的化學系，後成為一個化學研究者。興趣是創新活動的嚮導。科學工作者對科技創新有興趣，藝術工作者對藝術創新有興趣，作家對文學創作有興趣，這會使他們熱心於相對的創新活動，並以能從事這種活動為

樂，而絲毫體會不到創新過程中的艱苦。有一位諾貝爾獎獲得者經常在實驗室裡連續幾天幾夜地工作。有人問他苦不苦，他笑著說：「 一點也不苦。正相反，我覺得很快活，因為我有興趣，我急於要探索物質世界的祕密。」

● 熱情

創新的熱情是推動實踐的動力源泉。揭示宇宙奧祕、發現科學真理、掌握創新規律、創造美好生活，永遠是激勵和鼓舞人們開拓進取、探索創新的不竭動力。

學會創新思維，需要有深入的探索的熱情和專注的執著的進取精神，有知難而進百折不撓的堅定信念，有在寂寞和前無古人的環境中獨闢蹊徑的勇氣。

● 機遇

在人類創新史上，有許多發現、發明，甚至一些重大發現、發明，都是創新者不失時機抓住機遇獲得的，如青黴素（Penicillin）、聚乙烯（polyethylene, PE）、橡膠硫化法、金屬焊接法 …… 總之，眾多事實證明，捕捉新機遇對創新成功會有重要作用。

那麼，如何才能捕捉到更多的創新機遇呢？有關專家提議應注意以下這些方面：積極進行創新事件，留心觀察和深入思考，打破僵化的思維，豐富經驗，拓寬知識。

創新就是這麼簡單

創新的方法，古今匯總起來不下百種，但常用的並且與絕大多數創新有關方法具不外乎以下幾種：模仿法、5W2H 法、資訊交合法 …… 家長在啟動孩子腦筋的過程中，這些創新方法將是得力的「 助手」。

● **模仿法**

在人類的眾多發明創造中有許多是建立在對前人或自然界的模仿基礎之上的，如模仿蜻蜓發明了直升機，模仿魚發明了潛水艇，模仿蝙蝠發明了雷達……

模仿不是抄襲，而是要求創新，是要在以某一模仿原型為參照的基礎上加以變化產生新事物的方法。在模仿方法上模仿可分為形式模仿、內容模仿、思想模仿等多種。運用原理規律或優秀的案例方法去解決問題，也是一種模仿，而且是高層次的模仿。模仿的層次越深，模仿者與被模仿原型之間的相似之處就越不明顯，善於模仿者追求神似。模仿創新比從頭研發的費用低得多，也免去了市場有無需求的擔憂，甚至模仿者反而後來者居上。日本在戰後經濟的飛速騰飛，就得益於從模仿到超越的創新。

值得注意的是，模仿法更多的是激發創意的一種手段，而不一定是為了產生仿生產品或仿做新事物。

● **5W2H 法**

美國陸軍總因軍事後勤管理的混亂而傷盡腦汁，最後，他們找到了一個有效的解決方案，即 5W2H 法。之所以叫「5W2H 法」，是因為該解決方案的七個切入點的英文字母是以 5 個「W」和 2 個「H」開頭。其步驟如下：

第一步：先要對一種現行的方法或現有的產品，從七個角度檢查問題的合理性：為什麼（Why）、做什麼（What）、何地（Where）、何時（When）、何人（Who）、怎樣（Howto）、多少（Howmuch）。

第二步：對七個方面提問一一審核，將發現的難點、疑問列出來。

第三步：分析研究，尋找改進措施。經七方面審核無懈可擊，說明這一方法或產品可取。如果有不令人滿意的方面，表明還應加以改進。如果哪方面的答覆有其獨到之處，則可擴大其效用。

在創新中，5W2H 法的七個設問要抓住事物的主要特徵，根據問題的不同，確定不同的具體內容。

● 資訊交合法

資訊交合法是指運用資訊、資訊標、資訊反應場以及透過對資訊反應場的推演、分析、綜合完成系列發明的技法。資訊交合法可分為四步進行：

第一步：定中心。所謂定中心，即確定所研究的資訊，也就是零座標。如研究「大頭針」就以大頭針為中心。

第二步：畫標線。即用向量標根據「中心」畫座標線。

第三步：注標點。在資訊上注明有關的資訊點。

第四步：相交合。以一條標線（如 X 軸）上的資訊為母本，以另一條標線（如 Y 軸）上的資訊為父本，相交合後產生新資訊。

● 希望點列舉法

希望點列舉法是指透過提出對產品的希望和理想作為創新的出發點，在希望中尋找創新的目標和可能性的一種思維方法。

希望點列舉法是一個重要的創造技法。人們對未來的追求和憧憬，往往是創造發明的強大動力。這個方法就是把人們對某個事物的要求，諸如「希望……」「如果是那樣就好了」之類的想法列舉出來，聚合成焦點來加以考慮，成為新產品、新技術和新工藝的創造性設想。事實證明，希望點列舉法是一個重要的、效果極佳的創造技法。

● 組合法

組合法是指從兩種或兩種以上的事物或產品中抽取合適的要素重新組織，構成新的事物或新的產品的創造技法。在自然界和人類社會中，組合現象非常普遍，組合的可能性無窮無盡。如橡皮和鉛筆的組合，有了帶橡皮的鉛筆；火箭和飛機的組合，產生了太空梭。愛因斯坦（Albert Einstein）說過：「組合使用似乎是創造性思維的本質特徵。」組合創新的機會無窮，手段也很多，常見的有以下幾種：同物組合、異物組合、主體附加組合、重組組合。

● **開孔挖槽法**

　　日本一家調味料廠曾為調味料銷量下降而發愁煩惱，這時一位來買調味料的家庭主婦抱怨說，調味料使用時不方便，不是放多了就是放少了，要是能在調味料的瓶蓋上開些小孔，放調味料時就方便多了。廠商按這個主婦的話，在各種調味精的包裝瓶蓋上都開了一些小孔。果然，調味料銷售量大幅度上升，使這家企業走出了困境。

　　這家企業使用的開孔的方法使產品成為創意的新物品。

　　利用「挖槽木」的創造發明也很多：我們在使用普通釘書機時會遇到訂書針用完時而空按，開槽後形成帶觀察槽的雙針釘書機就能避免這種情況；在普通鍋鏟上拉出槽口，既能炒花生、豆類食品，又能很方便地在熱油鍋中濾出爆香的調味料。

● **換元法**

　　換元法是指對不能直接解決的問題採用「替代」手段，使問題得以解決或使創新活動深入發展。

　　美國核子物理學家格拉澤喝啤酒時，手中的雞骨掉到啤酒杯裡，隨著雞骨逐漸沉落，不斷冒出氣泡顯示出雞骨的運動軌跡。正為如何顯示高級粒子軌跡煩惱的格拉澤見此情景，靈機一動：若用高能粒子所能穿透的介質來代替啤酒，再用高能粒子來代替雞骨，是否能顯示高能粒子的運動軌跡呢？他急急忙忙回到實驗室。經過不斷實驗，當帶電粒子穿過液態氫時，所經過的路線同樣出現了一串串的氣泡，從而發明了探測高能粒子運動軌跡的儀器 ——「液態氣泡室」。格拉澤因此榮獲諾貝爾物理學獎。

● **移植法**

　　所謂移植法，在創新中指的是將某一個領域中的原理、方法、結構、材料、用途等移植到另一個領域中去，從而產生新事物的方法。移植法是科學研究中最簡單、有效的方法之一，也是應用研究中使用最多的方法之

一。從移植內容上分，常見的移植內容有四大類：方法移植、原理移植、材料移植、結構移植。

第二章　敏銳的觀察力是創新的前提

　　觀察力是人類智力結構的重要部分，是人類思維發育的起點，也是聰明大腦的「眼睛」，同時更是創新的必備條件。有人說：「思維是核心，觀察是入門。」這也就是說，觀察是創造的基礎，具備觀察能力對一個人的創造能力發展至關重要。觀察力與創造力兩者的關係就像水和魚的關係一樣，要擁有創造力，必須首先訓練觀察力。所以，家長應為孩子創造良好的環境和條件，幫助孩子拓寬視野，讓孩子樂於觀察，善於觀察。

創新離不開敏銳的觀察力

觀察是一種有目的、有計畫、有步驟的知覺。它是透過眼睛看、耳朵聽、鼻子聞、嘴巴嘗、手摸等有目的地認識周圍事物的過程。

俄國生物學家巴夫洛夫（Ivan Pavlov）說：「觀察，觀察，再觀察。」這句話充分說明了認真觀察的重要性。不管是誰，沒有觀察，便不可能有發現，更不可能有創新。

1895 年 11 月 8 日的一個下午，在德國的巴伐利亞，威廉‧倫琴（Wilhelm Konard Roentgen）博士像往常一樣在做實驗 —— 他給裝有兩個電極的雷納管（Lenard tube）加上高電壓。其實這項實驗本身並不新奇，當時的很多科學家都做過。特別的是，只要一加電壓，鐳鈉管就會發光。

晚上，倫琴又來到實驗室，想再次觀察鐳鈉管的發光現象。他用黑色紙套把鐳鈉管嚴嚴實實地包了起來。接著，他關上了電燈和門窗，房間裡頓時一片漆黑。就在倫琴幫鐳鈉管接通高壓電源時，一種奇怪現象發生了：在附近的小工作臺上，有一塊塗了氰亞鉑酸鋇的紙板居然發出了一片明亮的螢光。倫琴一切斷電源，螢光也就隨之消失了。

這一現象讓倫琴非常好奇。剛開始，他以為這種螢光是陰極射線（electron beam，或稱電子束）形成的。不過，他很快就否定了這個判斷，因為陰極射線連幾公分以外的空氣都穿不透，更何況鐳鈉管離工作臺有兩米多遠，陰極射線根本無法穿越這樣長的距離。

於是，倫琴把紙板移開，換上了照相底板，結果它也產生螢光。接著，他又在鐳鈉管和照相底板之間放上了鑰匙、獵槍。令人驚奇的是，鑰匙和獵槍都被清清楚楚地映照了出來。倫琴又讓他的夫人把手放在鐳鈉管和照相底板中間。結果，夫人手部的每塊骨頭以及手上戴的戒指也照出來了。

從那天起，倫琴就住進了實驗室，夜以繼日地進行著試驗，終於在1895 年 12 月 28 日發表了有關 X 光的研究報告。

X 光是一種電磁波（electromagnetic wave），能夠穿透許多不透明的物體。很快，X 光就進入了醫學領域，它的出現被人們稱為「診斷史上的里程碑」。

瞧！觀察是創造的基礎，具備觀察能力對一個人的創造能力的發展是多麼重要！

巴夫洛夫說：「在你研究、實驗、觀察的時候，不要對事實過於保守。你應該力圖深入探索事物根源的奧祕，應該百折不撓地探求支配事實的規律。」這就是說，巴夫洛夫主張觀察不但要準確，而且還應做到透過現象看本質。

觀察能力較強的孩子，觀察問題也能透過現象看本質。比如：有的孩子寫作文「我的媽媽」，他不僅注意到了媽媽的音容笑貌、言談舉止這些現象，還能透過這些現象發掘出媽媽的內心世界來。有的孩子觀察大自然的景色，不僅注意到花草樹木、雲彩變化、鳥類的活動等，還能從這些變化中找出哪些景色是春天到來的象徵，哪些景色是寒冬來臨的預兆……

下面，還是讓我們來比一比孩子觀察能力強弱的不同表現吧。

首先，一般情況下，觀察能力強的孩子從小就表現出一般孩子所沒有的細心。比如：在寫作業的時候，他們從來不會馬馬虎虎，寫出的字也不會有「缺胳膊」「斷腿」的現象。反之，那些不善於觀察的孩子則常犯這樣的毛病。

其次，觀察能力強的孩子能比較快地記住一個人或者一個物體的特徵，因此，他們的記憶能力也相對比較好。反之，一個不善於觀察的孩子，總是鬍子、眉毛一起抓，做事情總是憑印象，所以記憶的效果較差。

最後，觀察能力強的孩子善於察言觀色，有時候還懂得投其所好，讓家長有意想不到的欣喜。而一個不善於觀察的孩子則顯得大喇喇，什麼都不放在心上。

當然，孩子觀察力的強弱還表現在其他很多方面。身為家長，只要留心觀察，就能發現自己的孩子屬於哪一個類型。只有充分地了解孩子，才

能更好地對症下藥，對孩子實施有效的教育。

　　孩子的觀察能力，影響著孩子對外界環境的感知程度。只有觀察能力較強的人，才會善於捕捉瞬息萬變的事物，才能夠發現那些看上去細微但卻十分重要的細節。換句話說，觀察是孩子認識世界的基礎，更是孩子日後走向成功的關鍵所在。因此，家長應從小注重孩子觀察能力的培養。

成功源於一雙會發現的眼睛

　　蘇聯教育家贊可夫（Zankov）說：「我們是按三條線來研究學生的發展的，這就是觀察力、思維能力和實際操作能力。」觀察首先需要用眼睛去看周圍的世界，但是觀察絕不等於隨便看看。著名偵探福爾摩斯的老夥伴華生說：「你每天都在貝克街的樓梯上上下下，但依然不知道它到底有幾個臺階，因為你僅僅是看；我知道它有七個臺階，因為我在『觀察』。」

　　自古以來，眾多成功人士成功的起點，都源於其不「僅僅是看」，而是仔細觀察。

　　一百多年前，一個二十多歲的德國猶太人隨著淘金人流來到美國加州，這個猶太人就是日後聞名遐邇的「牛仔褲之父」李維・史特勞斯（Levi Strauss）。他看見這裡的淘金者人如潮湧，心想如果自己也參與進去，未必就能撈到多少油水。於是靈機一動，想靠做生意賺這些淘金者的錢。他開了一家專營淘金用品的雜貨店，經營做帳篷用的帆布等，前來光顧的人不少。

　　一天，有一位顧客對他說：「我們淘金者每天不停地挖，褲子損壞特別快，如果有一種結實耐磨的布料做成的褲子，一定會很受歡迎的。」

　　李維・史特勞斯抓住了顧客的需求，憑著生意人的精明，開始了他的牛仔褲生涯。剛開始時，李維・史特勞斯靠此發了大財。首戰告捷，李維・史特勞斯馬不停蹄，繼續研發。他細心觀察礦工的生活和工作特點，千方百計改進和提升產品的品質，設法滿足消費者的需求。考慮到幫助礦

工防止蚊蟲叮咬，他將短褲改為長褲；又為了使褲袋不致在礦工把樣品放進去時裂開，特將褲子臀部的口袋由縫製改為用金屬釘釘牢；又在褲子的不同部位多加了兩個口袋。這些點子，都是在仔細觀察淘金者的勞動和需求的過程中，不斷地捕捉到並加以實施的，使產品日益受到淘金者的歡迎，而銷路也日漸廣闊起來。

由於牛仔褲的式樣源於「下層」百姓，因而受到礦工和年輕人的熱烈歡迎。但是牛仔褲在城市卻受到上層社會人士的排斥。

經過失敗後，李維‧史特勞斯根據分析結果，對症下藥，認為上層社會排斥牛仔褲的原因，主要是因為它來自社會的下層，對上流人士是一種觸犯。為此，李維‧史特勞斯利用各種媒介大力宣傳牛仔褲的美觀、舒適，是最佳裝束，甚至把它說成是一種牛仔褲文化。這些鋪天蓋地的宣傳，把對牛仔褲「庸俗」、「下流」的斥責打得大敗。於是，牛仔褲在各階層中牢牢地站穩了腳跟，並在美國市場上縱橫馳騁，繼而衝出國界，風靡全球。

不可否認，成功的機遇對於任何一個人都是均等的。之所以在現實生活中有的人成功，有的人沒有成功，原因就全在於其對於身邊的事物的觀察能力是不同的。

有兩個來自不同地方的人，前往底特律和波士頓尋找人生的發展機會。他們在途中相遇了，各自說出了自己的心中理想，講述自己所要去的地方是怎樣美好，如果自己到了那裡之後，肯定會事業有成，實現自己的人生目的。說著說著，他們對對方要去的地方充滿了嚮往，最後經過商量，他們相互交換了車票。原本去底特律的人去了波士頓，原本去波士頓的人去了底特律。若干年之後，兩個人再一次途中相遇。然而，在這個時候，兩個人完全不一樣，其中一位意氣風發，一看就是事業有成，另一位卻非常落魄，極其潦倒。

「你到了波士頓還好嗎？」那位原本去波士頓卻去了底特律的人向原本要去底特律的人問道。

「真的謝謝你，謝謝你和我交換了車票，一點不錯，波士頓確實就像你所說的那樣，到處都是黃金，你看我現在 ……」那位去了波士頓的人高興地答道，當他一眼看到了對方的樣子之後，忍不住問，「難道說底特律 ……」

「唉！」去了底特律的人嘆了口氣，說道，「你就不要說了，你看我現在的樣子不就知道了嗎？底特律並不像你所說的那樣，在那裡 ……」

去了底特律的人把底特律描述得像是地獄一樣。聽著他的話語，再看看他現在的樣子，去了波士頓的人有些於心不忍，於是，便給了對方一筆錢，他們重新交換了地點，並且約定在五年之後再在這裡見面，互相告訴對方的生活狀況。

五年的時間眨眼即過。當他們再次見面的時候，沒有想到的是那位原本在波士頓便已經很成功的人，在底特律的日子事業更顯成功了，而那位窮困潦倒的人卻越顯得窮困。

「你為什麼又騙我？」一見面，前往波士頓的人便埋怨道。

去底特律的人感到有些奇怪了，疑惑不解地說道：「我並沒有騙你啊！確實‧在波士頓有著很多的發財機會，我還要說你騙我呢？你不是說底特律就像是地獄一樣嗎？沒有任何的發展機會，可是，我卻覺得它比波士頓還好。」

他們兩位為什麼會出現如此的反差，對同一座城市卻有截然不同的看法？他們對對方產生了好奇，便詢問起對方在不同的城市的感受。

先去底特律後到波士頓的人是這樣說的：「在底特律和波士頓我看到的是相同的樣子，到處都是高樓大廈，到處是車水馬龍的車流，到處是熙熙攘攘的人群，各行各業的人人滿為患，我確實找不到任何的生財之道。在波士頓的生存條件甚至比底特律還要差。」

對於這位的說法，先到波士頓後去底特律的人甚感詫異，因為，他承認確實這兩座城市裡競爭激烈，但生活遠沒有對方說的那樣糟。在波士頓，他看到人們只知道製造貨櫃，卻忽略了製造貨櫃所需的螺絲釘，而他

就是靠販賣螺絲釘發財的。至於到了底特律，是在一次偶然的機會發現底特律的人很喜歡茶葉，卻沒有正當的進貨管道，他便成立了一家貿易公司，將從波士頓海關進來的茶葉運到底特律出售。他就這樣發財致富了。

瞧，成功源於一雙會發現機遇的眼睛，只有善於觀察才能掌握機遇，獲得成功的機會。

孩子為什麼會缺乏觀察力

有作家曾充滿深情地說過：「我最愛孩子熠熠發光的眼睛，因為那是求索的眼睛，是追問的眼睛，是善於思考與觀察的眼睛。」可是，在今天，我們的許多孩子眼神渙散，做起事來漫不經心，對生活中的許多現象缺乏敏銳的感知力與觀察力。

案例一

勝玲每次寫作文總難以下筆，覺得沒什麼東西可寫，因為別人對某一事物可以發現很多方面，而她總是只看到一兩點。

案例二

勝喬已經讀國二了，可是他的字總會寫錯，補衣服的「補」他寫成「捕」，祖先的「祖」他寫成「組」。老師平時不知提醒他多少次了，他卻總是在每次檢查時「視而不見」。

案例三

有一天，華孟、阿深兄弟倆跟媽媽從阿姨家作客回來，爸爸問：「你們今天看到什麼人啦？」阿深漫不經心地說：「看到很多人啦！」而華孟則開心地說：「有表妹、阿姨和姨夫，還有姨夫的爸爸媽媽！」接著，華孟開始比劃了起來，姨夫家的小白兔可漂亮了，眼睛紅紅的，尾巴長長的，三瓣嘴……爸爸又問阿深：「是不是這樣的？」阿深哦了一聲，「好像是有一隻小白兔」。原來，阿深一到阿姨家就看電視去了。

為什麼會出現以上的這些情況呢？這到底是什麼原因造成的呢？

專家分析，孩子的觀察能力除了一定的遺傳因素外，更多地會受環境和教育的影響。現在的許多孩子，面對的誘惑很多，而承受的壓力也很大。一些孩子之所以觀察能力低下，歸納起來有以下幾個方面的原因。

▶ **家長擠占孩子時間，造成孩子觀察能力低下**：生活當中，很多家長愛子心切，總希望自己的孩子能超人一籌。於是，除了讓孩子學好學校的功課以外，還讓孩子無休止地上這個才藝班那個才藝班。家長這樣的做法，除了讓孩子日漸疲乏、對很多事情失去興致以外，別無其他好處。當然，也正是因為孩子「缺少自己的時間」，所以孩子的觀察能力變得越來越差。

▶ **外界的誘惑過多，讓孩子沒有辦法靜下心來**：電視機、電子遊戲機、電腦 …… 無一不讓孩子動心，愛玩是孩子的天性，是無可厚非的，但孩子的注意力總被這些東西吸引，他們又怎麼能分出心來認真觀察與思考呢？

▶ **孩子缺乏觀察的興趣**：孩子缺乏觀察的興趣的例子隨處可見，比如：為了寫一篇老師布置的「觀察」作文，孩子不得不因此對某些自己原本就不感興趣的事物進行觀察。因本身無興趣，加之缺乏大人的指導，孩子總是草草了事，匆匆忙忙就交付了自己的「任務」。長此以往，非但不能培養孩子觀察的興趣，還會讓孩子心生抵觸。

正是以上諸多原因影響了孩子觀察能力的發展，使他們「視力模糊」、「目光無神」。因此，家長應從小對孩子進行觀察能力的培養，並為孩子創造良好的環境和條件，幫助孩子拓寬視野，使孩子變得樂於觀察、善於觀察。

培養孩子的觀察力要有耐心

愛因斯坦說：「理論之所以能夠成立，其根據在於它與大量的單個觀察關聯著，而理論的真理性也正在此。」觀察不僅是人們認識客觀世界的第一道程序、是一切知識和發現的起點、是一切創造和發明的基礎，還是檢驗知識和真理的重要途徑。

對於孩子們來說，觀察是他們認識世界的重要途徑；對於科學界來說，觀察是科學發現的開始。觀察能力的強弱，直接影響著人們智力水準的高低。觀察是人們認識世界、增長知識的主要手段，在人類的一切實踐活動中都具有非常重要的作用。

既然如此，家長應如何培養孩子的觀察能力呢？

▶ **培養孩子觀察的興趣**：觀察力就是指一個人對事物的觀察能力。思維在觀察中有著重要的作用，所以有人將觀察稱為「思維的知覺」。觀察興趣必須在觀察的實踐中培養。家長可以有計畫、有選擇地引導孩子去觀察他所熟悉、所喜愛的事物，如經常帶領孩子觀察大自然，參加旅行、參觀等實踐活動，不斷豐富孩子的觀察內容。在孩子進行觀察時，要圍繞所觀察的事物或現象，講一些有關方面的科學道理或傳說故事，以激發他的興趣。例如：孩子發現樹葉有稠密的一面，也有稀疏的一面，原因在哪裡呢？家長可引導孩子進行有關的思維活動。在引導孩子觀察時，還要注意啟發孩子對觀察到的現象多問幾個「為什麼」，這就使孩子養成了有目的、有計畫、有選擇的觀察習慣。

▶ **拓寬孩子的視野，讓孩子見多識廣**：觀察力的高低與孩子視野是否開闊有關。孤陋寡聞的孩子缺少實踐的機會，觀察力必然受到影響。因此，從孩子幼小的時候起，家長就應該盡可能地多讓他感知客觀事物，並引導他全面、仔細而且深刻地觀察，以便孩子頭腦中累積大量的真實事物形象。公園、遊樂場、鄉間田園等地方都是擴大孩子觀察範圍的地方，父母要多擴展孩子的活動空間，讓孩子在優美的自然環

境中遊戲、玩樂，帶他們走訪名山大川，看看長河落日、秀山麗水的自然風景，帶他們到名勝古蹟、主題公園參觀、遊戲等，讓美麗的自然景色和人文景觀陶冶孩子的性情和情操，提升他們的審美能力，啟動孩子靜態的想像思維。

▶ **讓孩子利用多種器官進行觀察**：培養孩子的觀察能力，家長最好讓孩子透過多種感覺器官參加活動，如用眼睛看、用耳朵聽、用手摸、用鼻子聞等，親自進行實踐操作，以增強觀察效果。如聽一聽水流聲和鳥叫聲有什麼不同，摸一摸真花和塑膠花的表面有什麼不同，聞一聞水和果汁的味道有什麼不同，還可以和孩子一起種些花草樹木，養些小動物，指導他們對此留心觀察，如看看花草的幼芽如何破土而出，花謝後會出現什麼結果，蟲兒是怎樣吃食物的，鳥兒是怎樣飛的……

▶ **教會孩子觀察與思考相結合**：在培養孩子觀察的同時，還應引導孩子在觀察中積極思考，把觀察過程和思考過程結合起來。科學家看到某種奇特現象，也是要經過一番思考才能有所收穫的。接收資訊而不處理資訊就沒有創造。父母應該教育孩子養成觀察與思考的習慣，只有這樣才能讓孩子的觀察能力一天天敏銳起來。

▶ **教給孩子觀察方法**：觀察方法是取得觀察效果的必要條件，孩子年齡小，知識經驗少，思維具體化，自己不善於觀察，所以需要家長教給孩子必要的觀察方法，才能提升觀察力。這些方法包括以下幾方面。

　　✧ **制訂觀察的任務和計畫**：每次觀察活動，定好明確的目的和指向，預先規定好觀察任務，以保證觀察的全面、細緻、清晰、深刻。

　　✧ **從不同角度進行觀察**：只從一個角度、方面去看事物，無異於盲人摸象。家長應多啟發、鼓勵孩子嘗試從另一個角度、另一個觀念去看同一問題，改變定勢的思維，使孩子能發現更多的問題，也就產生了更強的觀察興趣和能力。

　　✧ **注意細節**：讓孩子注意細節，觀察到別人沒發現的問題，久而久之，也就形成了勤觀察、認真觀察、會觀察的良好習慣。

家長培養孩子觀察力要有耐心，除了讓孩子在生活中實踐操作外，家長還應懂得賞識孩子，這樣往往可以達到事半功倍的效果 ——

▸ **家長不要急於求成**：孩子出色的觀察能力，並不是一朝一夕就能培養起來的，這不僅僅需要家長對孩子傾注一定的關心，還要有耐心，要理解孩子，讓孩子的觀察能力隨著年齡的增長而變得越發敏銳起來。

▸ **多些激勵孩子**：即使孩子觀察一件物品，並沒有觀察全面到位，也不要苛刻地指責孩子，相反，要多說一些激勵孩子的話，這能幫助孩子樹立自信心，更能幫助孩子提升觀察事物、把事情做細緻的能力。

▸ **多些表揚孩子**：孩子就是一棵可以塑造的好苗子，你越往好裡說，孩子就越像你期待的方向發展。所以，即便孩子把「三根火柴棒」加「三根火柴棒」說成是「五」，你也應該表揚他，不錯，就差了一根就是正確的了。這不但能讓孩子知道自己的錯誤，還能讓孩子認知到自己的潛力。正所謂一舉兩得，何樂而不為呢？

值得注意的是，在培養孩子觀察能力的過程中，家長一定不要走入盲點，要拒絕說下面這樣的話。

▸ **「這都沒發現，你的眼睛真是太鈍了。」**：很多家長在陪孩子做觀察遊戲的時候，因為孩子沒有「新」發現，不耐煩之餘，家長便可能突然說出這樣的話。如果家長多次用這樣的話批評孩子，孩子自然就失去了觀察的興趣。

▸ **「還是人家比較聰明。」**：一些家長喜歡拿孩子與別人進行比較，也許其目的是為了刺激「落後者」，使其產生追趕前人的決心。可實際上，孩子若經常處於弱勢，便會產生自卑的感覺，覺得自己真的不如別人了，這對孩子自信心的培養是不利的。

▸ **「我對你太失望了。」**：當孩子一而再、再而三把某些事情做錯的時候，家長因為恨鐵不成鋼，讓話語成了傷孩子心的利刃，一不小心就會讓孩子自尊掃地。一個經常讓家長「失望」的孩子，一定不會真的讓家長看到「希望」。

觀察前明確目的十分重要

　　自從認知到觀察力對孩子的重要性後，爸爸總是利用一切機會培養小榮的觀察力。有一天，爸爸從公司帶了兩幅幾乎一樣的山水畫回家，他讓小榮觀察一下這兩幅畫有哪些不同。可是，小榮睜大眼睛仔細辨認了半天，仍是沒有發現這兩幅畫有什麼不同。這讓爸爸很是不高興。其實，這兩幅畫還是有很多不同的地方，比如山上樹林裡樹葉的形狀、小鳥的數量、河裡魚兒的種類等都各不相同。

　　在生活中，很多孩子之所以在觀察的時候沒有收穫，不是因為他觀察得不認真，而是因為心裡沒有要達到什麼目的準備。如果家長希望自己的孩子懂得觀察、察有所獲，就應該引導孩子有目的地進行觀察。這樣才能有所收穫——

　　中子是原子核的重要成分。中子的發現不僅有著重大的理論意義，而且在核子物理的應用中有著重要的價值。無論是原子反應爐還是原子彈的發明，都離不開中子的發現。

　　中子在放射性和核子物理的研究中，好幾次露出了自己的身影。它來去飄忽，行蹤不定，居然好幾次都被它輕輕地脫身。就連瑪里‧居禮（Madame Marie Sklodowska Curie）的女兒伊雷娜‧居禮（Irène Joliot-Curie）和女婿約里奧‧居禮（Jean Frédéric Joliot-Curie）與她迎面相遇，也沒有識破它。

　　小居禮夫婦都是物理學家，他們繼承了居禮夫婦的事業，繼續從事放射性和原子核子物理的研究。他們開始從事的研究，是用釙元素發射的強烈射線來轟擊石蠟，想看看得到了什麼，結果他們發現，石蠟裡打出了質子。

　　1928 年，物理學家玻特和他的學生貝克在研究放射性元素的蛻變時，用 α 粒子轟擊鈹靶，結果發現了一種新的射線。經研究，他們發現這是一種穿透性很強、能量很強的射線。這是什麼，他們沒有細細追究，認為這是一種伽馬射線。

直到 1932 年 1 月 18 日，小居禮夫婦得出觀察結果：他們用釙的一種射線當粒子炮彈，用它來轟擊石蠟，居然把原子核裡面的質子轟擊了出來。

用來轟擊的「炮彈」是中性粒子。當時，人們認知的中性射線只有伽馬射線，它是一種光子流。小居禮夫婦毫不懷疑，認為作射線源的釙元素發出的「炮彈」就是伽馬射線。

但他們還是發現有點不對勁。伽馬射線是光子流，品質微乎其微，而質子的品質對光子來說，就好比大象與螞蟻。用伽馬射線去轟擊出質子來，就相當於用一個高速的乒乓球推動一顆鉛球那麼困難、那麼不可思議。

怎樣用理論解釋這一現象呢？方法只有兩種：一種辦法是驗證炮彈是否真是光子流的；另一種辦法是提供附加條件，說明在特殊條件下小品質的光子流能打出大品質的質子來。

小居禮夫婦沒有懷疑「炮彈」是不是真的伽馬射線，就做了理論的假設，即這種伽馬射線的能量特別大，能夠打出質子來。

英國卡文迪什實驗室得到這個消息後，歐內斯特・拉塞福（Ernest Rutherford）不認同小居禮夫婦的假設，他認為，伽馬射線無論如何是絕對打不出質子來的。他的學生查德威克（James Chadwick）想起了拉塞福在一次講座中提出的一個假設：一個電子打進原子核裡，與帶正電的質子相結合，會成為一個中性粒子。他馬上想到，這種轟擊出質子的未知粒子可能就是拉塞福預言的中性質子。經過一系列的實驗，他測定了這種中性射線的性質，發現它果然是一種品質相當於質子，而呈電性的粒子，於是給它取了個名字 —— 中子。

不久，查德威克在《自然雜誌》上發表了關於中子的論文，小居禮夫婦看了論文，兩人如夢初醒，悔恨自己居然一點也沒有抓住那麼明顯的破綻。約里奧・居禮一個勁地用手拍著自己的腦袋，連連說：「我多麼傻，我多麼傻。」實際上，他們已經發現了中子，他們發現了由它轟擊出來的

質子。後來，查德威克由於發現了中子而獲得了諾貝爾物理學獎。

故事中的小居禮夫婦之所以與中子擦肩而過，並不只是一時的疏忽和大意造成的，而是因為他們沒有思考過存在中性的、品質與質子相同的新粒子的可能。因為缺乏一個有準備的頭腦，所以，當中子偶然現身時，小居禮夫婦也就不可能識別它，導致相逢不相識。而查德威克則不同，他聽過老師關於中子可能存在的預言，有一個有準備的頭腦。有準備的頭腦一旦發現了新現象，就會迅速地抓住，而沒有準備的頭腦卻常常讓新的發現在自己的眼前匆匆地溜走。

人們觀察到什麼，並不完全取決於它是什麼，而決定於人們想到了什麼，希望看到什麼。思想先行，理論超前，才容易有所發現。小居禮夫婦的思維沒有領先，這才是他們與中子失之交臂的主要原因。

所以，在引導孩子觀察一件事物前，家長應幫助孩子擬訂觀察計畫，讓孩子明確觀察任務、步驟和方法，以有計畫、有系統地進行觀察。觀察目的越明確，孩子的注意力就越集中，觀察也就越細緻、深入，觀察的效果也就越好。孩子在觀察中，有無明確的觀察目的，得到的觀察結果是不相同的。比如：父母帶孩子去公園，漫無目的地東張西望，轉半天，回到家裡，也說不清看到的事物。如果要求孩子去觀察公園裡的小鳥，那麼孩子一定會仔細地說出小鳥的形狀、羽毛的顏色、眼睛的大小、聲音的高低等。這樣孩子就能有的放矢地去觀察，從中獲得更多的成果。

總之，無論在什麼時候，我們觀察一件事物，不僅僅是為觀察而觀察，還應做好發現新問題的準備。

在科學活動中訓練觀察力

觀察力是人們選擇接受客觀資訊的能力。孩子正處於一個生長發育的關鍵時期，他們有強烈的求知欲和好奇心，對任何事物都想看看、摸摸，動手試一試。而孩子是否具有良好的觀察事物的能力，直接影響到他們日後的成長。

孩子的觀察力不是與生俱來的，而是在以後的教育中逐步培養的。因此，家長要創造條件，讓孩子在各方面進行觀察。一般來說，科學活動對孩子往往最有吸引力，透過各種科學活動培養孩子的觀察力是最有效的途徑。家長可以利用各種科學活動來訓練孩子的觀察能力，這樣既能讓孩子在觀察中成長科學知識，又能在觀察中發展孩子的多元智慧。

那麼，家長怎樣透過科學活動訓練孩子的觀察力呢？

● 在日常生活中觀察

孩子每天在家都面對著相同的環境，有時難免會覺得枯燥，對周圍的環境失去興趣，當然也不會用心去觀察。對此家長可以設計在每一個主題活動中變換不同的布置，激發孩子的好奇心，從而引起他們的觀察興趣。比如在認識磁鐵這個主題活動中，家長可以在孩子身邊放置一些和磁鐵有關的各種物品，有磁鐵、電磁鐵、各種鐵製品等，以及作對比實驗用的木塊、布、橡膠等等，讓孩子自己動手操作，進行觀察。再比如在觀察植物這個主題活動中，家長可以在牆壁上貼一些圖片，包括各種植物整體型態的，也包括表現細節部分的，圖片內容要盡量廣泛，以便激發孩子的興趣。也可在家中養一些不同種類和形態的花卉，或者直接帶孩子去植物園，讓孩子生活的周圍都充滿可供觀察的素材，從平面的到立體的，從假的到真的，以便孩子時時刻刻都能進行觀察。

● 在操作中觀察

孩子在好奇心的驅使下，都喜歡自己動手擺弄東西，家長可以利用孩子的這一特點，鼓勵孩子自己動手進行科學活動操作，提升觀察能力。

比較觀察

孩子因為對事物感興趣，所以他們總想自己動手來試一試。而在嘗試過程中，很多知識都要進行比較才能更加理解。比如讓孩子理解「水的溶解」這個科學概念時，首先應該給孩子準備一些冰塊，並準備一杯冷水和

一杯溫水，以及扇子、棉花等，讓孩子自己動手擺弄。這樣孩子往往會興趣很高，津津有味地操作，一旦有什麼新發現也會興奮不已，甚至會迫不及待地將自己的發現告訴爸爸媽媽。這時候，家長要對孩子的發現表示讚賞與鼓勵，並引導孩子思考，如問孩子：「透過觀察你都發現了什麼？」然後再引導孩子將冰塊放入不同溫度的水裡，看看他會有什麼新發現。這樣可以讓孩子在自己動手的過程中充分體驗發現的快樂。

同樣，在認識植物的活動中，我們同時在水裡和土裡都種下了黃豆，請孩子作對比觀察。

類似地，還可以和孩子一起在水中和土中種下幾粒豆子，然後觀察豆子在不同環境中的生長情況。孩子可以發現水裡長出豆的莖是細的，而土裡生出來的卻是粗的，葉子也更綠一點。對此家長可以引導孩子思考：「為什麼豆子在不同的環境中長出來的樣子不同呢？」透過這種比較觀察，不僅使孩子充分了解相同（不同）的物體在不同（相同）的條件下有著不同的表現形態，還能幫助孩子快速掌握知識內容，並保持他們的好奇心。

細節觀察

孩子在觀察事物時，有時候會抓不住重點和細節，對此家長需要加以引導。比如在認識植物時，孩子對各種花都很好奇，但卻不懂花的不同結構，這時家長可以引導孩子來觀察細節部分。比如向孩子提問：「花瓣中間細細的東西是什麼？為什麼中間那個最高？碰上那個細細的東西會有粉落在手上，那是什麼？」這些問題可以幫助孩子思考，使他能夠注意到事物的一些微小部分。細節觀察有助於孩子發現新的知識點，家長要善加利用。

● 多在活動中對孩子進行提問

觀察是一個有目的、有計畫、比較持久的知覺過程，培養孩子的觀察力是提升孩子智力的前提。但培養孩子的觀察力也要講求方法，比如在讓

孩子觀察事物前，可先用提問的方式告訴孩子觀察的目的和要求，使孩子的觀察過程能按一定的目的進行。同時，還應適時地在孩子的活動中提出問題，把觀察活動引向深入，孩子在帶著問題觀察時，容易在觀察中發現問題，從而產生更進一步觀察的願望，直到自己得到滿意的答案。

● 記錄孩子的觀察結果

在各種科學活動中，父母應該在孩子觀察後用一些方法來幫助他將看到的結果記錄下來，便於孩子記憶。記錄的方法多種多樣，可以是表格式的，也可以是繪畫式的，家長可根據孩子的年齡特點選用最適合孩子的方法。

● 參與到孩子的觀察活動中

孩子是主動的探索者、研究者和發現者，也是知識經驗的主動建構者，而家長是孩子探究活動的主要支持者和引導者。所以，當孩子觀察到一些事物並提出問題時，如果家長不了解答案或不知道怎樣用孩子能聽懂的話來回答，千萬不要迴避，否則會傷害孩子的觀察興趣，使孩子的興趣越來越小。最好的方法就是和孩子一起去尋找答案，一起去收集資料，一起進行觀察，讓孩子覺得家長是他最重要的支持者。對孩子錯誤的觀察結果也不要輕易否認，而應該多給予鼓勵和引導，直到孩子找到正確答案。

觀察僅僅是科學活動中的一個部分，但它卻是貫穿整個活動中的靈魂。所以讓孩子在動手操作的同時，一定要注意培養孩子的觀察能力。孩子可以透過觀察發現大自然的美好，透過觀察了解科學的奧祕，透過觀察知道環境對人類的重要。從而讓孩子的身心從小就得到發展。

在趣味遊戲中訓練觀察力

愛玩是每一個孩子的天性，正是在玩樂和遊戲中，孩子的活力才得到了釋放，興趣才得到了最大限度的滿足。而興趣是最好的老師，只有對事

物有興趣，才有可能細心觀察，發現問題。

下面是幾種訓練孩子觀察力的遊戲，家長可以根據孩子的年齡特點，和孩子共同參與。

● 可愛的小動物

孩子都比較喜歡小動物，家長可以利用孩子的這個特點進行遊戲。在遊戲前，家長可以先讓孩子看一些有關動物的電視節目或者到動物園去參觀，以便孩子有初步印象，然後準備幾張動物圖片在遊戲中使用，如大象、兔子、老虎、長頸鹿、豹、喜鵲、魚等。家長可以先拿一張兔子的圖片，讓孩子仔細觀察一下後提問：「小兔子的嘴巴是什麼樣的？」「兔子的耳朵是什麼形狀的？」「老虎的尾巴和大象的尾巴有什麼不同？」引導孩子觀察，並積極思考，再鼓勵孩子用自己的話描述出各種動物之間的不同。

家長依次出示其他動物的圖片，透過一系列的觀察、提問，孩子會對所看到的動物產生全面、深刻的印象。這一過程既鍛鍊了孩子的觀察力，又提升了孩子的注意力，豐富了孩子的知識。

在每次遊戲中，讓孩子看到的動物可多可少，家長可根據孩子的實際情況來決定，最好能配合電視中的各種動物節目來進行，或者經常帶孩子去動物園，以強化孩子的記憶。

● 動物聚會

家長給孩子找來各種動物卡片，製作一個類似動物聚會的場景，可以一邊給孩子講故事，一邊讓孩子給各種動物分類。開始分類時，孩子可能感到比較困難，不知道該以什麼標準分，這時家長可以在一旁耐心地看，然後向孩子提問：「你是按照什麼標準給動物分類的呢？」孩子可能答不出來。這時不要急於責怪孩子，也不要直接告訴他答案，而是讓孩子自己思考一段時間，然後再說：「我也幫牠們分類，看看和你分的有什麼不同。」然後可以按照飛禽、走獸、兩棲等標準來幫動物卡片分類，在分類

中盡量讓孩子觀察，並說出牠們之間的差異。當然，孩子說不上來是很自然的，這時，可以用一連串的問題引導孩子來觀察和總結不同種類動物之間的差別。比如問他：「牠們都能飛嗎？」「牠們都生活在哪裡呢？」以引導孩子自己進行觀察分類。

總之，家長要盡量給孩子觀察和思考的時間，引導孩子更好地對事物進行觀察而不要代替他來觀察。

● 神祕的小露珠

家長可以選擇一個秋日的清晨，帶著孩子到郊外去觀察露珠，事先要將觀察的最佳時間和最佳地點選好。

比如帶孩子到一片草坪前，和孩子一起蹲下來仔細地觀察，並引導孩子：「看看小草上有些什麼？」孩子很容易就會觀察到有小水珠在草葉上。要對孩子的回答予以肯定，並且要給孩子一些適當的解釋，如：「這種圓圓的、亮晶晶的水珠叫做露珠。」還可以告訴孩子，我們要觀察的對象就是露珠，這就給孩子強調了觀察的目的性。隨後，可以請孩子站在不同的角度對露珠進行觀察，孩子會發現露珠是一閃一閃的，就像眼睛眨呀眨，這時家長可及時做總結：露珠實際上就是水珠，它圓圓的、亮亮的、一閃一閃的。

然後家長和孩子休息一段時間，可以和孩子在草坪前做一做其他遊戲。一段時間後，再引導孩子重新蹲下來觀察露珠。這時，孩子的注意力就應由運動轉移到觀察露珠上來，實現注意力的轉移。相信孩子再看時一定會大喊：「咦，露珠不見了，露珠哪裡去了？」此時家長可對孩子的提問稍加解釋：「露珠不見了是被太陽蒸發掉了，太陽帶著露珠去旅行了。」

回到家後，家長還要和孩子一起對這次遊戲做個總結：大自然是很奇妙的，裡面有很多奧妙，只要你能細心觀察，喜愛思考，就一定可以找出很多很多的祕密來。同時，因為孩子的知識有限，所以在對孩子解釋一些科普性問題時，要考慮他的接受能力，把科普術語盡量口語化，或者用比

喻的方式講給孩子聽，便於孩子理解。

● 美麗的春天

在春天，選擇一個風和日麗的天氣，帶孩子到郊外旅行。在外出前，家長要告訴孩子：「今天，我們要一起去尋找春天，你要仔細地看一看，春天裡都有什麼。」

到戶外後，家長可以適當提問孩子：「春天的樹是什麼樣子的？」引導孩子回答：「樹枝發芽了，有嫩綠的樹葉。」

「春天的小草是什麼樣子的？」

「小草綠綠的。」

「春天是什麼顏色的？」

「綠色的，有綠色的樹，綠色的草。」

回到家中，家長和孩子總結一下春天的樣子：「現在，我們來畫一幅畫，畫一幅春天的畫。」然後讓孩子動手畫，家長在旁邊給予引導。這樣既可以鍛鍊孩子的觀察能力，還可以鍛鍊記憶能力。

外出尋找春天的時候，家長一定要明確讓孩子觀察的事物，不能過於廣泛。要找一些能明顯反映出春天特徵的事物讓孩子觀察，太複雜的事物孩子還難以理解。

同時，在畫畫的時候，只要孩子能以綠色為基調，畫出綠色的樹、綠色的草等就算達到了要求，而不要苛求孩子。

● 螞蟻喝醉了

夏初的時候，各式各樣的昆蟲都會傾巢而出，這時家長不妨帶著孩子一起到戶外觀察昆蟲。觀察小螞蟻就是一個不錯的選擇，既好找又沒有危險性。家長可以讓孩子試著給一隻小螞蟻滴上幾滴白酒，然後觀察螞蟻暈頭轉向而後又甦醒的過程，相信孩子一定會興趣十足。

● 水的變化

家長找來兩個杯子，一個「瘦高」，一個「矮胖」，先在其中任意一個杯子中倒入半杯水，讓孩子看清楚，然後再將水倒入另一個杯子中。由於兩個杯子的底面積有差異，所以水的高度肯定會有明顯的不同。這時家長就要引導孩子仔細觀察操作的過程，尤其是注意觀察先後兩個杯子水面高度的不同，並請孩子思考：「第二個杯子裡的水比第一個裡的少了嗎？」

這個遊戲實際是一個守恆的實驗，孩子對此也許感到很迷惑，因為研究發現，大約 7 歲的孩子才能充分理解液體守恆的概念，但這不失為一種在孩子觀察事物過程中促進其思考事物內在連繫和本質特徵的好方法。透過這樣的遊戲和家長給孩子的解釋，孩子會逐漸了解到兩種事物的不同。

● 找隱藏物

隱藏圖的特點是具有迷惑性，將所要找的對象混雜在情景中，有的藏頭露尾，有的似是而非，這些都是對孩子眼力的考驗。孩子必須仔細地看，仔細辨別，才能找出隱藏物。正是這種迷惑性吸引著孩子觀察的熱情，非要找出來才甘心。因此，家長可以和孩子多玩這樣的遊戲，先找來隱藏圖，讓孩子熟悉畫面，這裡面都畫了什麼？然後將觀察的要求告訴孩子，當孩子發現了隱藏的祕密時，要和孩子一同驚喜，孩子就會情緒高漲。也可以設置懸念，促使孩子繼續發現，如：「還有呢，我都看出來了，你再試試看，一定還能找到。」

● 在地圖上找家

地圖是訓練孩子觀察力的絕好工具。空閒的時候，家長可以和孩子一起將地圖平展開來，進行「探索之旅」。

根據孩子的程度，地圖的挑選可以按照住家縣市地圖、本國地圖、亞洲地圖、世界地圖依次升級。觀察的目標也可以從孩子最熟悉的自己家所

處位置開始，然後再慢慢擴展到孩子的幼兒園、小朋友的家、動物園等。這種訓練對鍛鍊孩子觀察力的持久度很有幫助。

● **蔬菜也「分家」**

去菜市場或超市的時候，家長可以帶上孩子一起去，在去之前，和孩子商量一下你們都要買哪些蔬菜，然後引導孩子依據平時的觀察和記憶說出這些蔬菜的特徵，尤其是一些細微的差別特徵。比如讓孩子認認哪些是菠菜，哪些是油菜，它們的葉子有什麼不同，根有什麼不同。如果孩子有說錯的地方，家長不要立即給予否定，只是表示懷疑，進而引起孩子的注意，這樣就會使孩子隨後的觀察更有目的性了。

在選購蔬菜時，家長還可以提示孩子對剛才說錯的地方進行特別的關心。回家後，家長再引導孩子對買回來的蔬菜進行分類，可以按照顏色進行，也可以按照類別進行。

第三章　啟動右腦，打開創新閥門

　　創造性思維是人腦思維活動的高級層次，是智慧的昇華，是
人腦智力開發的高級表現形態，它的存在、發展與右腦有著密切
的關聯。而右腦是一個潛能無限的寶藏，它包攬了人類生活所必
需的最重要的本能以及神經系統功能等全部資訊。然而，在日常
生活中，右腦的作用卻時常被我們忽略不計，這不能說是一種遺
憾。幼兒時期是培養和發展孩子的創造力的重要時期，家長應發
掘孩子這一時期的潛在能力，啟動孩子的右腦。

右腦主宰人類的創新思維

眾所周知，人的大腦是思維器官。左腦掌管著語言、數位、邏輯等功能；右腦掌管著圖形、空間、想像功能。而最近 10 年的腦科學研究證實，人的右腦除了掌管形象、聯想、規則等之外，還儲存著從古至今 500 萬年人類遺傳基因資訊 —— 人類在幾百萬年的進化過程中，透過「與天奮鬥、與地奮鬥、與人奮鬥」的經歷中累積了大量的經驗教訓，並把它們變成遺傳因數儲存在了右腦裡。因此，人們常說，右腦是「祖先腦」，是人類祖先睿智的保留區。縱觀那些在不同領域中取得卓越成績的人，無一例外都具備了超級強大的左腦思維和右腦想像。

然而，因沿襲了人類從古至今的用腦習慣，很多人往往只利用了左右腦中的一個半球 —— 左腦，對另一半 —— 右腦置之不理，導致其一直處於休眠狀態。

近些年來，隨著科學技術的發展，高端科學技術的產物 —— 電腦正逐漸取代人類左腦數位計算和邏輯思維的功能。慣用左腦對於人類來說，沒有任何優勢可言。唯有啟動右腦，讓右腦的創造性思維發揮效用，才能保證一個人在未來社會的競爭中占有一席之地。所以，啟動孩子的右腦，對於那些「望子成龍」、「望女成鳳」的家長來說，勢在必行。

有專家指出：「人類的創造之魂在於右腦。」是的，右腦不但有著人類祖先睿智的遺傳因數，還有著超過左腦 100 萬倍的資訊量，更有著迅捷高效的資訊處理方式，這些都使它具備了得天獨厚的創造與想像的天地。

由於右腦主要負責直觀的、綜合的、幾何的、繪畫的思考認知和行為，所以它承擔的形象思維功能在人的思維活動中有著至關重要的作用。右腦的形象思維是一種脫離語言軀殼，憑藉頭腦中儲有的表象進行的思維。左腦的邏輯思維和推理依據現有知識並在現有理論的框架內得出結論，不產生新的知識。右腦的非邏輯思維則創造新的理論和觀念。

愛因斯坦這樣描述他的思維過程：「我思考問題時，不是用語言進行思考，而是用活動的跳躍的形象進行思考，當這種思考完成以後，我要花

很大力氣把它們轉換成語言。」這非常生動地描繪出了新思想誕生過程中左右腦是如何協同工作的 —— 右腦的形象思維產生了新思想，左腦用語言的形式把它表述出來。藝術家們用他們擅長的右腦形象思維的方式，以繪畫的形式形象化地表現了這些深奧的物理學原理。今天人們再看這些畫時，無不為其磅礴的氣勢所震撼，並體會到這種以非語言形式描述宇宙本質非凡的深刻。

左右腦的分工決定了人的創新能力與右腦思維密切相關。思考過程是左腦一邊觀察右腦所描繪的圖片，一邊把它符號化、語言化的過程，即左腦具有很強的工具性，它負責把右腦的形象思維轉化為語言。現代社會強烈要求的創新能力或者說創造力是什麼呢？它實際上是把頭腦中那些被認為毫無關係的情報資訊連結、連繫起來的能力。

這種並不關聯的資訊之間的距離越大，把它們連繫起來想就越新越奇。人的大腦是不能製造出資訊的，所以創造能力是對已有資訊的再加工過程。在這個過程中，如果右腦本身無大量資訊存儲，創造力自然無從談起。

創造性思維中的直覺、一閃念有著關鍵作用，而這首先要求右腦直觀的、綜合的、形象的思維機能發揮作用，並且要求左腦很好地配合。因此，要想孩子不斷有嶄新的思想、設想、設計、構思產生，必須充分啟動孩子的右腦。

這裡我們強調右腦的重要性，並不是要用右腦思維取代左腦思維，事實上右腦思維也不可能取代左腦思維。左腦的作用是極為重要的，右腦儲存的大量資訊以及它的知覺都必須經左腦的語言描述和邏輯加工才具有最終的價值，左右腦的通力合作構成完整的思維活動。然而在現階段，右腦畢竟是我們使用的「弱項」，注重開發孩子的右腦潛能，可以達到「少投入，多產出」的效果。

生活中，很多家長雖然已經了解到左腦和右腦不同的功能，但仍不清楚左腦和右腦的具體區別在什麼地方。那麼，透過以下實驗，就很容易掌握了。

一隻托盤中放著湯匙、牙刷、螺絲起子、錢包、線團、剪刀、迴紋針、通訊錄、直尺、玻璃片、鉛筆、漏斗、橡皮擦、刷子、別針、圍棋子、鈕扣、釘子等 18 種物品。讓孩子用一分鐘注視託盤，然後說出各種物品的名稱。

如果孩子是按用途順序回憶這些東西的，比如鉛筆、直尺、剪刀、錢包、刷子、起子、釘子 …… 或者是由別針想到線團、想到剪刀，由漏斗想起玻璃片等，那麼表明孩子的左腦記憶占主導，記得越多，優勢越大。

反之，如果孩子是按形狀分類來敘述這些東西的，比如直尺、鉛筆、牙刷、螺絲起子、刷子等，那麼說明孩子的右腦記憶占主導，記得越多，優勢越大。

透過測試表明，按形狀分類回憶的孩子在觀察一分鐘後說出物品的個數，要比按用途分類觀察的孩子說出的個數多。也就是說，善於用右腦思考的孩子比較容易掌握許多模糊不清的事物的細節，而用左腦思考事物的細枝末節就略遜於右腦；反之亦然。

相信家長透過這樣的實驗會很快明白左右腦功能的不同了。

人腦左右兩部分分工已被現代腦科學、心理學所揭示和證實。如果一個孩子長期過度使用左腦，其寶貴的右腦資源就可能被「閒置」浪費，並慢慢地「折舊」為零，造成孩子用腦的不平衡，並失去右腦功能中創造、創新、創意等一系列強大的智慧能量，從而導致孩子在人生競技場中失去出奇制勝的利器，這將是一件十分令人遺憾的事情。

開發右腦別錯過最佳時期

成功的家長未必生出同樣成功的孩子，但能夠對孩子進行右腦早期開發、教育的家長，卻一定能培養出成功的孩子。

科學研究顯示：人在剛剛出生時，右腦處於優勢地位，3 ～ 6 歲期間，所有腦細胞都在健康發育，這一時期是智力開發的最佳時期。3 歲時

大腦發育到了頂峰，3～6歲期間兒童大腦活動程度是成人的兩倍，因此這一時期也是思維最敏捷的時期，是智力開發的最佳時期。這個時期，孩子根本不用特別背誦，但他們都可以自然而然地學會母語。可惜這股神奇如電腦般的語言學習能力在6歲以後便逐漸消失了。其原因是，6歲以後，孩子潛能巨大的右腦被使用的機會日趨減少，左腦逐漸取代右腦成為主宰。所以說，0～6歲的孩子與6歲以上的孩子相比，他們的大腦功能和作用完全不同。

● 在6歲前，突破大腦學習的障礙

在每個人的大腦中都運作著各種功能不同的腦波，這些腦波有如電波一樣，依1秒鐘的傳達波，可分為 α（Alpha）、β（Beta）、θ（Theta）、δ（Delta）。

在孩子的大腦中，最活躍的是 α 腦波，是活動力最強的腦波，通稱學習腦波。最適合於將情報自然地吸收，所以 α 學習腦波最適合於孩子做學習功能用。β 腦波是大人最常用的腦波。β 腦波的主要功能是將人類感官所搜集到的情報，做整理及判斷，以決定如何處理。β 腦波的動作細緻敏銳，因此不適於學習。

6歲前孩子的大腦在動作上，以 α 學習腦波為主。到6歲以後，不適合學習的 β 腦波才漸漸發揮動作功能，這也正是造成很多孩子感到學習困難的最主要的原因。但是，如果事先有集中注意力、以運用潛意識的訓練，將可使 α 學習腦波重新活躍，便有助於學習障礙的打開。如果學習障礙能夠打開，那麼，所有的資訊便能順利地輸入，學習機能便可以維持或復甦。

6歲是大腦發育非常重要的轉捩點。人的大腦，原本以古皮質為重心的思考方式，至此轉為以新皮質為重心的思考方式。大腦的記憶方式也從潛意識的直覺記憶方式，轉變成意識的推理記憶方式。以身體機能而言，副交感神經系統為主的直覺思考方式，逐漸轉成以交感神經系統為主的意識思考方式。換言之，學習腦波盛行的0～6歲期間，是副交感神經主控

的，身體的行動力不大，大腦都採用直覺感應方式。6 歲時出現革命性的轉變，身體活動逐漸成熟，大腦的動作方式開始有很大的不同，由直覺的思考轉向論理的思考。0～6 歲是直覺思考期，思考形式相當自由，沒有一定的規律可循，因此可以吸收很多新的事物。7 歲以後，思考方式逐漸定型，有自己的言語表現方式，而行動上也開始受到意識的指揮和控制。

● 在 6 歲前，進行左右腦平衡訓練

為了不使左右腦有不平衡的偏重現象，可訓練雙手及雙腳的均衡使用。

雙手訓練

手被稱為人類的第二個腦，也是人類最重要的感覺器官，手的訓練對孩子的成長有很大的幫助。孩子出生後的第二個月，雙手已能撥動吊在嬰兒車上的玩具，第三個月便懂得主動伸手去玩，這也是雙手發揮較大作用的開始，而五個月大時已能用雙手拿起玩具來把玩了。以後孩子看到媽媽在用筆，便會去爭著拿來玩。有很多小孩子在滿一歲後便能自由地拿筆塗鴉了。緊接著，孩子漸漸能使用湯匙、筷子、夾子了。這種訓練可以使小孩子的雙手更靈活些。

經由有計畫的訓練，可以增加雙手的活動力。有些小孩子在 2 歲左右已能很活潑地使用鉛筆，3 歲以後的孩子大多已能依照自己的想法來畫畫。

雙手的訓練要盡量保持平衡發展，媽媽在撫弄孩子的小手時，也應盡量維持活動的平衡。為了促使智慧的平衡發展，左右手的均衡使用非常重要，因為左手與右腦有關，右手則與左腦有關，左右手的均衡使用有助於左右腦的平衡發展。

手指指尖的運動和大腦的開發有密切的關係，手指運動會刺激腦部的發達，其他如玩皮影戲或多使用剪刀，對大腦的開發及智慧的成長也是很有幫助的。另外，卡片及積木的圖形遊戲亦可促進左右手在遊戲時的均

衡使用。這種遊戲不但有助於右腦，對左腦的推算能力的訓練亦有正面價值。

　　用小刀削鉛筆、使用剪刀、畫畫、玩卡片、堆積木、投球、拿筷子等雙手運動，在孩子到 5 歲以後大致都會了，到了 6 歲時則應該都很順手了。這段時間，應該設法讓孩子多做些使用雙手的遊戲和作業，雙手不夠靈活，就如同有雄健的體格卻沒有體力一般，是很可惜的。

　　由於我們的習慣，拿筷子、鉛筆等大都用右手，所以右手的靈活度常常比左手要高好幾倍，這也是促成我們的右腦發展較差的重要原因。至於如何改善左右手的均衡使用，使更多的動作由左手分擔，已成目前幼教訓練上的重要課題。

　　在正常的情況下，左手只作為右手的輔助，例如切東西右手拿刀，搬東西時也是右手用力，左手只有協助輔助作用。這種習慣久而久之，也會逐漸養成右腦退居於輔助者的地位。因此，如何增強左手的「出勤率」，便是 6 歲以前孩子教育中值得重視的一種訓練方法。靈活地運用左手，對孩子右腦的成長有很大的幫助。

雙腳訓練

　　為了不使左右腦有不平衡的偏重現象，除了增加雙手的均衡使用外，雙腳的均衡訓練也是一個有效的方法。最常見的是讓孩子玩踢球的遊戲。雙腳的均衡訓練更有助於孩子腳力的正常發展，特別是在孩子 1 ～ 2 歲時，這種訓練對其以後站立或走路的姿態也會有具體的幫助。當然，最重要的仍在於左右腳的合作靈活使用，可以溝通左右腦的相互連繫，促成平衡發展的基礎。

　　當然，雖說 6 歲以前是孩子右腦開發的最佳時期，但不等於說過了 6 歲以後，孩子就無法訓練並運用右腦的潛能了。事實是，任何一個孩子，即便是遲緩的孩子，只要方法得當，都是可以進行右腦開發訓練的，且都會取得良好的訓練效果。

培養直覺思維可開發右腦

　　直覺是一種非常複雜的心理現象，它在人類的認知活動中具有非常重要的作用。據調查，33%的科學家認為自己經常有直覺。可見，直覺思維能力的高低與人的才能的高低和對社會的貢獻大小息息相關，而直覺思維與右腦的功能密不可分，透過直覺思維來開發孩子的右腦是一種行之有效的辦法。

　　直覺思維是大腦的產物，是一種非邏輯性思維，是思維水準達到超常的特殊表現形式，是對現象的底蘊所提出問題的解決方法，沒有經過嚴密推理和系統論證而做出的一種迅速而「徑直」揣測的認知活動。它是在知識經驗相當豐富、邏輯推理相當熟練後的一種「精神的感覺」現象。直覺思維在人的創造性活動中占有重要地位。愛因斯坦非常重視直覺思維，他認為科學研究和創造發明「真正可貴的因素是直覺思維」。直覺思維的迅速「昇華」便是「頓悟」，瞬間的頓悟便是「靈感」，即人們在文學、藝術、科學和技術等創造性活動中，因思想高度集中，情緒高漲而突然表現出來的創造能力。它能給人以全新的啟迪，如同閃電一樣，把正在思考的大千世界照得清晰明白。如在某些環境或有關資訊的觸發之下，科學家的奇思妙想，理論家的豁然開朗，政治家的大徹大悟，文學家的文思泉湧……這些現象看上去似乎很神祕，它所產生的觀念也是新的，但絕不是「從天而降」，它所借助的基礎依然是已有的知識和經驗，依然是客觀事物在人腦中的反映。這種新觀念不過是頭腦中原有的暫時神經連繫重複和組合構成新的連繫的結果。

　　世界著名的音樂指揮家小澤征爾一次去歐洲參加指揮家前三名的決賽。當他指揮一支世界一流的樂隊演奏具有國際水準的樂章時，突然發現樂曲中有錯誤，而在場的作曲家和評判委員會權威人士卻不承認。他考慮片刻，堅信自己的直覺判斷是正確的。於是，他大吼一聲：「不，一定是樂譜錯了！」他的喊聲剛一落地，評判臺上那些高傲的評委們立即站起來向他報以熱烈的掌聲，祝賀他大賽奪冠。原來，這是評委們精心設計的圈

套，以試探指揮家們在發現錯誤而權威人士又不承認的情況下，是否能夠堅持自己的判斷。在小澤征爾之前的兩名指揮也覺察到樂譜有錯誤但不敢做出判斷，因而與金獎失之交臂。

這就是小澤征爾的直覺思維取得的勝利。

直覺思維無處不在。比如：有經驗的工人憑他的直覺，很快發現機器的故障，並予以排除；有經驗的醫生憑他的直覺，一下子識別病人所患的疾病；音樂家可以根據直覺，判斷某個年輕人很有音樂才能；品菸大師吸一口菸就知道菸的品牌；老農抓起一把土，就知道該該土地要種什麼農作物。

直覺思維的最大特點就是簡約性。它對思維對象從整體上考察，調動全部知識經驗，透過豐富的想像做出的敏銳而迅速的假設、猜想或判斷，省去了一步一步分析推理的中間環節，採取了「跳躍式」的形式。它雖然是一瞬間的思維火花，但卻是長期累積的一種昇華，思維過程高度簡化，但卻清晰地觸及事物的「本質」。正因為它重視掌握整體，不專注於細節推敲，而且思維無意識，所以它的想像是豐富的、發散的，使人的認知結構向外無限擴展，因而具有反常規律的獨創性。

在創造發明等活動中，我們可以憑直覺抓住思維的「特質」，直接了解事物的本質和規律。

有一位科學研究院的學生在栽培辣椒苗時，他用細鐵絲捆住彎曲的辣椒莖杆，意外地發現這棵辣椒結果率高於未縛莖杆的辣椒植株。他憑直覺感到這一現象絕非偶然。他抓住這一直覺，有意識地進行實驗。結果證實了直覺是正確的。原來，用細鐵絲縛住植株莖杆，可以有效地控制光合產物的向下運輸，使果實生長所需的營養得到進一步保證，從而提升產果率，增加產量。

直覺思維在創造發明過程中的作用可謂無與倫比。每個人在學習和生活中確實能獲知一些創造發明的靈感，而這一靈感的獲取與直覺密切相關。我們在解決問題時會不按常規思路突發奇想，從而得到一個意想不

到的答案和結果，有時也會做出種種猜想和設想，找到一條解決問題的捷徑。

眾所周知的阿基米德（Archimedes）定律就是憑直覺解決疑問的例證。

有一次，國王亥尼洛命金匠為他做一頂純金的王冠。王冠做成之後，樣式很美，其重量又恰巧等於國王所給金子的重量。

「怎麼這麼巧，一點金子也沒剩？」國王看著看著起了疑心，「金匠會不會把銀子做成內芯，外面包了一層黃金來騙我呢？」

把王冠掰開來看一看吧，亥尼洛又捨不得，這項王冠實在是做得太精緻了。於是，國王下令檢驗王冠。要驗證這一點，談何容易，特別是在檢驗時要做到不損壞王冠，確實是個難題。

這個難題的確困擾了大臣們，他們一個個面面相覷，沒有人敢接受這一任務。最後，國王只好把它交給宮廷科學大臣阿基米德。

面對王冠，阿基米德也被困擾了。為此，他晝思夜想，飯也吃不香，覺也睡不著。能夠想到的方法都試驗過了。然而，都以失敗而告終。

限定的日期馬上就要到了，亥尼洛國王命阿基米德進宮彙報情況。由於他連日來不分黑白地苦思冥想。所以，連洗澡也顧不上。今天國王召見，無論如何也得先洗個澡再去，要是滿身惡臭不堪，豈不是對國王的輕蔑嗎？

浴缸裡盛滿了水，阿基米德脫掉衣服跨進浴缸，許多水從浴缸裡溢出來了，直到阿基米德全部沒入水中，水才停止外溢。對於這種現象，在平日他已習以為常。然而，在今天，一個思維的火花迸發出來，他從這個極其平常的生活現象中，領悟到了一個極其重要的科學原理，同時，也使他找到了檢驗王冠的方法。於是，他驚喜若狂，馬上從浴缸裡跳出來，衣服也沒顧得上穿好，便衝出浴室，在大街上一面跑一面喊：「我知道了，我知道了！」

那麼，阿基米德知道了什麼呢？原來，他發現了一個重要的定律：將物體置於液體中，物體的體積等於所排出液體的體積。這就是「阿基米

德定律」。

阿基米德跑進王宮，根據這一原理，當著亥尼洛國王的面將金王冠和等重的一塊金子、一塊銀子分別放在水中，結果是金塊排出的水量最少，銀塊排出的水量最多，而王冠排出的水量，既不同於金塊，也不同於銀塊，而是介於二者之間。據此得出一個結論 —— 金王冠有假。面對事實，金匠不得不承認金王冠有加入其他原料。

美國某位著名學者在著作中講到「遵照你自己的直覺行事，比之於謹慎的推理，直覺可能更有效。」尤其是在一些時間緊迫的關鍵時刻，來不及或者不可能讓你慢慢思考、推理、分析、論證，就需要你做出決斷。在這種情況下，如果優柔寡斷、拘泥於細緻的謹慎的推理就可能錯失良機。在戰場上，指揮員在敵我態勢錯綜複雜的情況下，準確地捕捉「戰機」；在商場上，企業經營者在變化莫測的商品經濟大潮中準確地捕捉「商機」……往往都需要在一瞬間憑直覺做出判斷和決策。即使在學習中，也需要依靠直覺思維，促進對未知領域的探索。

孩子在日常生活或學習過程中，也是經常出現直覺思維現象的。如有時表現為提出怪問題，有時表現為突然「悟出」一個道理，有時表現為別出心裁的「應急性」回答，有時表現為在腦海中出現一種新奇景象等等。許多心理學家非常重視孩子的直覺思維能力，因為這對孩子掌握知識、發展創造能力、高效率地學習十分有必要。固然，依靠直覺思維也可能出現各式各樣的錯誤，但是，家長要善於將「直覺」的錯誤與「愚笨」的錯誤區別開來，否則，將會影響或壓抑孩子直覺思維的發展。

開發右腦要遵循利導思維

有一對性格迥異的雙胞胎，哥哥是徹頭徹尾的悲觀主義者，弟弟則像個天生的樂天派。在他們 8 歲那年的耶誕節前夕，家裡人希望改變他們極端的性格，為他們準備了不同的禮物：給哥哥的禮物是一輛嶄新的自行車，給弟弟的禮物則是滿滿的一盒馬糞。

拆禮物的時候到了，所有人都等著看他們的反應。

哥哥先拆開他那個巨大的盒子，竟然哭了起來：「你們知道我不會騎自行車！而且外面還下著這麼大的雪！」正當父母手忙腳亂地希望哄他高興的時候，弟弟好奇地打開了屬於他的那個盒子──房間裡頓時充滿了一股馬糞的味道。出乎意料，弟弟歡呼了一聲，然後就興致勃勃地東張西望起來：「快告訴我，你們把馬藏在哪裡了？」

其實，兩個兄弟之所以有這麼大的差別，是因為使用了不同的腦思維的結果。悲觀主義者用左腦思維，左腦是掌管人出生以後輸入資訊的「本生腦」，以個人生活的利害得失計算人生價值。而樂觀主義者使用的是右腦思維，右腦是祖先腦，與千百萬年進化歷程中經歷的苦難相比，個人一點恩怨得失又算得了什麼呢？因此，他們看事情往往比較豁達。

研究發現，右腦多與愉快情緒發生連繫。如果孩子能夠懂得運用右腦思維，那麼，不管他們遇到什麼困難，他們首先會做的就是接受現實，然後在利導方向思考其含義。這樣，面對任何問題，孩子都能迎刃而解。

古聖先賢的大徹大悟亦令人折服。道家之書以《老子》、《莊子》、《列子》為三大代表，而對人生最達觀最磊落者當數《列子》。《列子》書載，孔子遊泰山，路遇一個叫榮啟期的人快樂地坐在路邊自彈自唱，孔子便上前請教他為何如此快樂。榮答：「吾樂甚多：天生萬物，唯人為貴，而吾得為人，是一樂也；男女之別，男尊女卑，故以男為貴，吾既得為男矣，是二樂也；人生有不見日月、不免襁褓者，吾既已行年九十矣，是三樂也。貧者士之常也，死者人之終也；處常得終，當何憂哉？」孔子感嘆道：「真是想得寬呀。」

確實，按近代科學的觀點，一個精子和卵子結合成功的機率為幾千億分之一，我們得以為人實在已是非常榮幸。貧、老、病、死這些人們憂慮的事情，想通了就是天堂。榮先生樂觀的生活態度，是值得我們每個人學習的。更重要的是，我們要教會孩子使用右腦，讓右腦中的利導思維發生作用，讓我們的孩子能始終保持一種樂觀的心態。

偉大的發明家愛迪生（Thomas Edison）研發燈泡時，曾經歷過無數次的失敗！事後，有人問他：「你失敗了那麼多次，有何感受？」愛迪生回答：「事實上我沒有失敗，因為我用實驗證明了好多種物質不能做燈絲。」你看，這就是右腦思維看待事物的優勢！直到今天，我們仍要感謝這位發明家的光明思維，是他的樂觀，讓我們得以在黑夜中享受到光明。

下面是幾種常見的、有助於養成利導思維思考問題的方法，運用這一方法，對孩子的成長一定很有幫助。

▶ **自我挑戰法**：家長應該教給孩子，在遇到問題時對自己說：「這給我提供了一個解決這類問題的機會，我相信我能面對這類問題的機會，我相信我能面對這個挑戰，並能把這個問題圓滿解決好。」

▶ **此時此地法**：這種思考方法是從發展的角度看待問題。比如：一位很胖的女生一直覺得同學瞧不起自己，所以經常以反常的行動來維護自己的自尊，其結果反而惡化了與同學的關係。經過心理諮商以後，她學會了「此時此地」的思考方法，一旦意識到自己又把同學的行為和自己被人輕視的經歷連繫起來以後，就立即對自己說：「那只是過去發生的事情，現在如果我表現好，同學根本不在意我的肥胖，所以我現在就要有好的表現。」她堅持這樣思考問題，漸漸地，她發現她和同學的關係開始向積極的方向轉變。

▶ **抓大放小法**：很多時候，有些孩子容易陷入消極的情緒中，主要是因為過度在意一些雞毛蒜皮的小事，往往把事情鬧得很大，以致使問題越來越多。比如：有的孩子考完試後，喜歡和同學對照答案，一旦發現自己錯了一題，就難過，很擔心，並責備自己怎麼那麼粗心，那樣無能，越這樣想，越覺得事情嚴重。這個時候，家長應教給孩子「抓大放小」的思考方法，引導孩子對自己說：「只不過錯了一小題，對整個考試影響不大，由它去吧！只要以後多注意就好了。」

▶ **自我提升法**：當人們把自己看成一個理想中的自我時，他處理情緒問題的能力也就能達到理想中的水準。因此，家長引導孩子，在遇到問題產生不良情緒時，可以立即對自己說：「我是一個具有高尚素養的

人，而一個高尚素養的人不該有這種消極情緒。」

▸ **面向未來法**：當人們把自己想像成一個未來的「我」時，就能獲得未來「我」的良好情緒。所以，當孩子因為對眼前的處境不滿而產生消極情緒時，家長可以教孩子透過面向未來的思考方式調節情緒，比如對自己說：「一年以後，我的處境會如何好，10年以後我的處境會如何更好。」

總之，每個人在生活中都會遇到困難和挫折，孩子也不例外。身為家長，應鼓勵孩子多從正面思考，積極地面對問題。這樣，孩子就能擁有一個健康、幸福的人生。

潛意識能夠創造「奇蹟」

談到潛意識，許多人可能都有過這樣的經歷：煩躁不安，總感到有什麼事要發生，而往往這件事也就真的發生了。

有這樣一個故事：

有一個中年男子在臨去機場之前突然冥冥之中感覺到不安，為了擺脫這種不安的感覺，他斷然決定退掉機票，改乘火車，結果真逃過一劫——飛機在降落時突然爆炸，乘客無一生還。事後，他深感僥倖，以為上天在保佑他。

為什麼這位幸運者冥冥之中會有不安的感覺呢？這就是潛意識在發揮功能。

心理學家佛洛伊德（Sigmund Freud）提出：潛意識是指潛藏在我們一般意識底下的一股神祕力量，這是一種人類原本具備卻忘了使用的能力。這種能力深藏在人的深層意識當中，形成了潛意識。

潛意識聚集了人類數百萬年來的累積的大量知識，一經開啟，將產生不可估量的作用。要想最大限度發揮孩子的潛能，家長需要做的就是正確了解和喚醒孩子的潛意識。

眾所周知，漢朝時期的「飛將軍」李廣是個臂力過人、武功蓋世的人。

有一次，李廣出去打獵，他看見草叢中有一隻老虎，就立即搭箭射虎，箭鏃射入其中。李廣將軍跑過去一看，原來他射中的不是老虎，而是一塊石頭，這讓他驚喜不已。於是，他又重新射了好幾次，但是箭鏃再也射不進石頭了。為此，李廣將軍百思不知其解。

實際上，李廣將軍所以能做到「箭穿石頭」，這跟他情急之中潛意識的發揮是有關係的。據說，被稱為「天下第一行書」的《蘭亭集序》的誕生同樣也是潛意識的產物。

東晉時期有一個風俗，在每年陰曆的三月三日，人們必須去河邊玩一玩，以消除不祥，這叫做「祓禊」。

永和九年三月三這一天，王羲之和一些文人朋友到蘭亭的河邊「祓禊」，大家一邊喝酒一邊作詩。作完了之後，大家把詩彙集起來，合成一本《蘭亭集》，公推王羲之作一篇序文，這時王羲之已經微醉，他趁著酒意，揮筆疾書 —— 只見他興致高漲，寫得十分得意，如同行雲流水。可是，在王羲之酒醒之後，連他自己都感到驚訝，再寫的時候已經不能達到那種狀態了。

其實，王羲之之所以會產生此種「如有神助」的創造靈感，完全得益於他的右腦潛意識。可以說，如果沒有潛意識的發揮，就不可能有《蘭亭集序》的誕生。

有關「潛意識」的現象，最明顯不過的是人們常常做著千奇百怪的夢。比如：在夢中來到了一個完全陌生的地方，或體驗到形形色色的遭遇，或找到了一個在白天百思不得其解的答案，甚至在夢中可以準確地預見未來等等。為什麼會這樣呢？其實，這都是「祖先腦」的智能在起作用。解剖學證明，只有右腦才會做夢，當然，夢還要透過左腦的配合，但如果切斷左右腦之間的連繫，或在右腦受損傷的情況下，人就不會做夢。其他諸如一些預言家的預言，透過自我暗示的效果以及一些人所表現出的

特異功能等，都是與右腦的智能激發有密切相關的。

潛意識不僅能激發人的潛力，給予我們創作的藝術靈感，它還是創新的源泉。很多偉大的發現、發明都是借助潛意識在工作的。

自從 1845 年德國化學家費利克斯・霍夫曼（Felix Hoffmann）發現苯之後，許多化學家絞盡腦汁要破解它的分子結構。然而當時的人們從未想到環狀的分子結構是可能存在的，所以，化學家們紛紛撞壁而相繼放棄。1865 年的某個寒夜，已經研究多年不肯罷手的化學家奧古斯特・凱庫勒（August Kekulé）在一整天徒勞無功的探索後，歪在火爐邊打盹，意識滑入夢鄉。這時候，奇怪的事情發生了，他在夢中看見一大堆原子在眼前雀躍，其中有一群原子排成長長的鏈，在那裡扭動、盤捲，再仔細一看，啊，是一條蛇咬住自己的尾巴，而且得意洋洋地在他面前猛烈旋轉！第二天早上醒來，這個圖像一直衝擊著凱庫勒的大腦，他馬上聯想到苯分子結構應該是一個環狀。而不是許多科學家認為的那種開放式鏈狀 …… 於是，現在人們所知道的苯原子環形排列的觀點，就這樣產生了。

現代物理學中有兩大劃時代的理論分歧：一個是愛因斯坦的相對論，另一個是波恩（Max Born）奠基的量子力學。波恩發現量子論時，也是在夢中，他夢見了一個一個的點衝擊他，醒來後，就構建了量子力學的基礎。

還有，胰島素（Insulin）的發現也源於潛意識，法雷迪・班廷（Frederick Banting）醫生一直在關心糖尿病的事，他知道這種病給病人帶來許多痛苦。當時在醫學界尚無藥物能對症下藥。班廷醫生花了大量時間進行研究，想解決這一國際醫學難題。一天晚上，他很疲倦，不知不覺就睡著了，在夢中，他看見自己從狗的退化胰臟中抽取殘液。這就是胰島素的起源，它解救了無數患者。

瞧！這些為人類做出傑出貢獻的人物的豁然貫通正來自於那一霎間的靈感，而這種靈感就是潛意識！可見，潛意識是能產生我們意想不到的奇蹟的。

　　當然，潛意識在日常生活中也有著非常重要的作用。有這樣一個事例：

　　有一位老人生命垂危，醫生認為他連一個晚上也活不過去了。可是，老人的意識還很清楚，大家都希望他能再和遠在他國的小女兒、女婿見上一面。

　　於是，他們都不停地在老人的耳邊小聲說：「您一定要支持住，您的小女兒和女婿正趕回來，他們一定要見您最後一面。您最喜歡他們了，他們說如果沒見到您最後一面，會終生遺憾的。」大家不停地在他耳邊述說，結果這位老人堅持到了第四天，和小女兒、女婿見到最後一面之後才閉上了眼。

　　類似的潛意識創造奇蹟的事例還有很多。可以說，潛意識的力量與智慧都超出了意識所能夠達到的境界，它是我們靈魂中的寶藏。人類的心靈能力其實是用意志進行控制的能力，運用意志的能力就能借助於宇宙的無限力量。一個人只有將宇宙的無限力量運用於正確的途徑上，才能不斷地提升自己，在意識進化的同時獲得意志能力。人的願望、理想能夠透過意志能力實現，在現實生活中意志能力產生了無數的奇蹟。但實際上，這怎麼算是奇蹟呢？這只不過是一種來自右腦的自然現象罷了。所以說，只要善於運用右腦潛意識，每個人都能夠獲取接連不斷的驚喜。

用美妙音樂開發孩子的右腦

　　聽音樂可以促進大腦的生長，對大腦神經細胞代謝十分有利。

　　奧地利著名的物理學家薛丁格（Schrödinger）曾經說過：「音樂為我的大腦充電。」事實也是如此，每當研究和實驗中遇到難題時，薛丁格總是讓家裡人彈奏幾支好聽的曲子，原來困惑不解的難題，往往在優美的旋律中豁然開朗。可見，薛丁格的話是有一定依據的。

　　我們都知道，人的大腦左半球負責完成語言、閱讀、書寫、計算等

工作，被稱為「語言腦」。大腦的右半球負責完成音樂、情感等工作，被稱為「音樂腦」。由於人類生活離不開語言，所以「語言腦」的利用率特別高，「音樂腦」的利用率則特別低，從而造成左右腦的功能失調。由於「音樂腦」能使人產生創造力、聯想力、想像力及靈感，所以如果能夠設法開發利用「音樂腦」，那將會提升人類的智慧。

保加利亞心理學家喬治・洛扎諾夫（Georgi Lozanov）曾做過這樣的試驗：在上課時播放悅耳動聽的音樂，使學生的大腦皮質（cerebral cortex）和體內其他器官都能得到放鬆。實際表明，在音樂的配合下進行教學，學生的記憶力比沒有音樂配合時高 2.5 ～ 2.77 倍，而學生的思維能力也得到很大的提升。

美國加利福尼亞大學戈登・肖教授把 78 名 3 ～ 4 歲智力相同的幼兒分成 3 組，一組學習莫札特和貝多芬的音樂曲，一組學習電腦，一組不接受訓練。結果 9 個月後，他用拼圖遊戲對這 3 組孩子進行智力測試時發現，學習音樂的孩子的得分平均提升 25%，而另兩組孩子則幾乎沒有提升。

此外，音樂還能調節大腦皮質的興奮和抑制功能，使大腦的功能富於「彈性」。當一個人處於緊張的腦力勞動時，由於持續而緊張的思維活動，有時大腦皮質似乎出現了「飽和」狀態，就像思維的「軸」被卡住了似的，需要加點「潤滑油」來潤滑一下。這時，這個人如果欣賞一下悠揚悅耳的音樂，大腦皮質的活動就會隨著和諧的旋律而放鬆，這樣，他的頭腦就會豁然開竅，重新開始高速度的創造性思維。其結果就會如法國作家史丹佛（Stanford）所說的：「只要聽到優美的音樂，我就能更正確、更高度地集中思想，從事我的寫作。」

總之，音樂對孩子的成長和大腦具有不可低估的作用。

● 音樂能啟迪孩子的想像力

愛因斯坦也曾說過：「想像力比知識更重要，因為知識是有限的，而想像力概括著世界上的一切，推動著進步，並且是知識進化的源泉。」而

音樂正是啟發想像力的有效手段。正如喬治‧桑（George Sand）這位受過全面音樂教育的著名女作家說：「音樂是開拓想像力的最遼闊、最自由的元素。」

● 音樂能培養孩子的創造力

音樂藝術實踐的本身就是一種創造性的活動。如在聽音樂、表現音樂的過程中，都必須透過欣賞者、演唱或演奏者本身的再創造。由於音樂形象不存在唯一標準答案，主要還是依靠個人自己的知識和生活體驗的重新組合來理解和創造音樂，所以學習音樂有利於發掘創造力。

● 音樂能使孩子的思維敏捷

學習音樂不僅能提升聽覺的差別感受性，也能促進思維反應的敏捷。如有一個小學三年級學生能一下子聽辨和反應音樂中各種節奏的組合。四年級的學生更能聽辨音高、節奏、音色等細微的變化，這是他們在素養訓練中加強聽覺鍛鍊的結果，透過聽覺促使大腦對身體各部分的控制，並取得相互間協調和敏捷的反應。記憶力、創造力和思維的敏捷都是大腦積極活動的必然結果，這些智力因素不僅有利於音樂的學習，更有益於其他學科的學習。

● 音樂能培養孩子的注意力

有一名學生原來有個毛病，一拿起課本，學習一會兒，就有睡意，打不起精神。後來他採用邊聽音樂邊學習的方法，效果很好，既不感到睏倦，又能集中精力學習。持續一段時間以後，他逐漸養成了愛學習的好習慣。即使堅持幾個小時的學習，也不會像原來那樣感到倦怠和乏力。隨著年齡的增長，知識基礎的扎實，學習興趣的濃厚，他後來就是不聽音樂，也能堅持長時間的思想集中，自學功課。

注意力是智力活動的警衛，也是智力活動的組織者和維護者，它能夠捕捉資訊，並能「聚精會神」，使思維焦點集中。人在欣賞或演奏樂曲的

過程中，必定要使注意力集中起來才行，因此經過長期的音樂實踐，其注意力也必定能得到加強。

● 音樂能增強孩子的記憶力

許多孩子都有這樣的體會：有時候，背誦一篇課文或一首詩，老是記不住，可是，唱一首歌，沒唱幾遍，就把歌詞記住了。這說明音樂能幫助你記憶。所以，有些作曲家很願意把詩詞譜曲稱為「吟誦曲」，這些詩詞有了音樂作伴，就很容易進入人們的腦海。

● 音樂能提升孩子的學習效果

現在有人把音樂用在學生的學習上，認為音樂能開發學生的智力，開發學生右腦的潛在能力，提升學習效果。

美國的俄亥俄州大學丹尼爾教授透過對 156 名學生進行調查發現，學生中有邊學習邊聽音樂習慣的男生，要比沒有這個習慣的男生學業成績好。平時習慣於聽 70 分貝音樂的男生，學業成績優於聽 40 分貝音樂的男生。但在女生的調查中卻沒發現這種差異。丹尼爾認為，男學生比女學生更容易對音樂產生興奮。他還認為，音樂能提升學習效果，是因為每一支樂曲都是由一定的速度、音色、強度、節奏等因素組成的，並且處在不斷變化之中，表達和傳遞著某種意境，調節人的心理活動，因而學生大腦處於較佳的活動狀態，從而提升了大腦的使用率。

著名心理學家勞倫斯‧柯爾伯格（Lawrence Kohlberg）強調：「只有當『音樂腦』充分得到利用時，這個人才最有創造力。」幼兒期是「音樂腦」的推理能力和空間想像能力的形成時期。這一時期「音樂腦」的思維模式不僅容易形成，而且能永久保持。所以，幼兒期如果能讓孩子經常學音樂、聽音樂，就可以大大地開發「音樂腦」，提升孩子的智慧。這對孩子的一生將產生重大影響。

那麼，家長應如何給孩子選擇適合他們的音樂呢？

　　小學低年級學生可以選擇活潑、歡快、輕鬆的音樂作品，旋律、音響、配器都不要太複雜。而唯妙唯肖地類比自然界聲音的音樂，如小鳥鳴叫、泉水聲、火車轟隆等聲音的樂曲，也是啟迪孩子心靈的佳作。

　　小學中年級學生，要培養他們的音樂抽象能力，以開發他們的邏輯思維。這就要學習一些音樂語言要素的知識，例如旋律、調式、調性、和聲等等，讓孩子體會音樂作品的「內容美」。

下棋可使右腦越來越靈活

　　下棋是一種融智力性、娛樂性、競技性於一體的文藝活動，它可以陶冶情操，養生益智，為民眾所喜愛。

　　棋的種類很多，常見的有圍棋、西洋棋、象棋、軍棋、跳棋等多種，其中尤以圍棋、西洋棋最為普及，而這兩種棋對智力的鍛鍊，對右腦的開發作用也最強。

　　下棋的趣味性強，爭鬥性強，小小棋盤的瞬息萬變會迫使人運用腦力來取勝，這就是一種主動的刺激，能鍛鍊大腦的功能，使人「智慧自生」，開發和利用盡可能多的腦細胞，使人思維活躍。因此，下棋是開發少兒智力的有效措施。

　　下面介紹的是有助於開發孩子右腦的兩類棋。

● 透過圍棋開發右腦

　　日本醫科大學對 1,000 多名老年人的腦電波測定顯示，棋手的右腦反應比一般人的強烈得多。業餘圍棋選手中，65 歲以上患老年痴呆的僅占0.6％，而在一般 65 歲以上老年人中，患老年痴呆的人達 13％，二者相差20 倍。

　　電腦深藍（Deep Blue）曾經因戰勝了西洋棋世界冠軍加里‧卡斯帕洛夫（Garry Kasparov）而聞名世界，也使一些人認為，電腦的能力完全可以

超過人類。然而若讓電腦下圍棋，它卻趕不上人類，總是處於下風。

為什麼會如此呢？原來，圍棋是一種用黑白棋子攻取陣地的棋藝，靠圍地決定勝負，只要一方圍的地超過 181 目，他即勝出。這種起源於神奇技藝，據說是遠古堯帝為啟發愚鈍的兒子丹朱發明的。下圍棋不是你吃我一個子我吃你一個子的代數運算，而是占領一個範圍的空間思維。下圍棋時在腦海裡浮現的是一個圖形、一個形狀、一個不斷變換的空間，而這正是右腦思維的領域。

有人曾說過：「棋類活動可以鍛鍊人的頭腦和品德 …… 下棋的人越多，人才就越多。」目前，圍棋在高級知識層中比較流行，許多企業家、高級知識分子都熱衷於圍棋。日本眾議員中竟有半數以上的議員獲得過圍棋段位稱號，甚至好幾位首相都是圍棋愛好者。有不少財團在企業考試錄用高級管理人員時，一切考試通過後，最後一關竟然是下棋。足見圍棋與人才的關係。

古往今來，圍棋都是民眾喜愛的一項高級智力競賽活動，它對孩子的智力開發、右腦開發大有益處。

一般來說，孩子的智力是由注意、觀察、想像、記憶、思維等能力所組成的。圍棋對孩子智慧的開發有著得天獨厚的優勢。

▸ **培養注意力**：孩子注意力不持久，會妨礙學習和智力發展。事實證明，利用圍棋極強的趣味性和競技性的特點，透過適當的引導，能改變他們的注意力和精神不集中的毛病。

▸ **培養觀察力**：行棋中的布陣吃子，要統觀全面的變化，對培養孩子的觀察力大有好處。

▸ **培養想像力**：「想像力是孩子智力的翅膀。」孩子們相對而坐，每投一子都要仔細思考，在這其中，想像力就發揮了作用。

▸ **培養記憶力**：「記憶力號稱智力的倉庫。」高超的棋藝，必須善於複盤，熟記棋譜。因此，對弈有益於保持、再現、追憶這些記憶形式的交替出現。

▶ **培養識別能力**：日本圍棋九段高手升田幸三曾經說過：「當我看到電線桿上停著一群麻雀時，我不能一下就斷定牠們一共有幾隻。但是，我卻能牢牢地記住牠們的排列方式。所以，當牠們飛走之後，我還是能夠慢慢地想出牠們一共有幾隻。」他超常的類型識別能力，正是透過平時下圍棋所獲得的。類型識別能力，雖然略有個人差異，但的確是潛在於每個人身上。只要稍加訓練，這種能力就會顯露出來，從而達到活化右腦的目的。

● **透過西洋棋開發右腦**

法國、荷蘭等國家已經在學校的課程中開設「西洋棋」新課程。這說明西洋棋已經引起了一些教育家的關心。可是，有的人僅僅把下棋看成是遊戲，這是很不全面的。有的人甚至把開展棋藝活動與學習對立起來，就更是錯誤的。

事實證明，開展棋藝活動對學生開發智力，尤其是對少年兒童進行右腦開發有著特殊的意義。

隨著右腦開發日益受到重視，西洋棋不僅作為一種「寓教於樂」的遊戲豐富著群眾的文化生活，更廣泛地被應用為少年兒童早期啟蒙教育的教具。

西洋棋的棋子造型古樸生動，色彩鮮豔，對富於好奇心的孩子們具有天然的吸引力。棋戰中兩支軍隊在進攻和防守中所必需的思考、判斷，能形象具體地讓孩子們接觸到邏輯思維方面的許多知識。在動腦筋思考求得勝利的競爭中，有助於他們逐漸形成堅忍、頑強、進取不息的精神。有些孩子把分析棋局的方法用到學習上，解決了學習上的疑難問題，並提升了學習效率。

誠然，無論是下圍棋還是下西洋棋，對孩子右腦的開發作用都是很大的。但是，為了適應孩子身心發展的特點，在下棋時家長應有所要求和限制。

首先，堅持適度原則。愛下棋的孩子大多有「癮」，有的甚至到了

「痴迷」的程度。但孩子的身體尚未發育成熟，大腦的承受能力也有限，如果樂此而不疲，甚至通宵達旦，就會造成身體疲乏、耗神過度，影響德、智、體全面發展。因此，對孩子下棋的時間要有限制，每次對弈，最多不宜超過 2 小時。年齡越小，時間越要短。

其次，重在參與。孩子的好勝心強，對勝負往往會看得較重，勝者容易沾沾自喜，狂妄自大；而負者則容易耿耿於懷，心懷不服。這就很容易導致一些不良的心理狀態，甚至反目成仇，影響團結。對此，家長要經常教育他們，「勝固欣然，敗亦可喜」，吸取經驗教訓才是最重要的。

善於運用右腦的愛因斯坦

愛因斯坦的思維充滿著思維的辯證法，這種思維的辯證法充分地表現在他對待遺忘和記憶的關係上。

傳統強調記憶，愛因斯坦卻重視創新，很好地掌握了記憶和遺忘的思維辯證法。

他剛到美國的時候，記者們向他提出了各種各樣的問題。有的問他聲音的速度，他回答可以查聲學手冊；有的問他鐵路的一些問題，他回答可以查鐵路手冊。人們把他當做無所不知的人，以為他經常地在筆記本上記著什麼。

愛因斯坦告訴人們，他不是這樣的，他從來不去記那些可查到的資料，而是讓大腦留出空間來，去研究那些人們還不理解的問題。人們歷來強調記憶，把遺忘看成是完全消極的。其實遺忘也為記憶所必需，只有忘掉舊的，才能記住新的；只有忘記次要的，才能記住主要的。遺忘更為創新所必需，只有忘記一些東西，大腦才能減輕負擔，提升思維的活力，提升創新性。如果事無鉅細，學無輕重，即使博聞強記，也會影響創造能力的發揮。

適當的記憶是必須的，記憶材料是創造的土壤。但是，記憶需要心理能量，繁重的記憶會影響創造力的發展和創造思維的萌發。創造總是需要

一種輕鬆的心理氛圍。這種氛圍既是外部環境的輕鬆，也包括心理內環境的輕鬆。如果大腦需要花精力記住大量的枯燥的材料，必然減少了創造的欲望，也會影響創造過程的進行。一個滿腦子都是記著電話、帳目、雜務的人，是很難取得創造性成果的。古希臘哲學家曾說，悠閒出智慧。這裡的悠閒，一方面是空餘時間較多，便於思考；另一方面是指記憶任務較少，可以自由地創造。愛因斯坦深得創造的真說真諦，他的一生，創造思維不斷地湧動，這與他懂得這個思維辯證法很有關係。他自己實行了大腦的解放。

1945 年，美國某位數學家寫信調查科學家的思維方式，愛因斯坦的答卷是這樣的：

▶ 在我的思維機制中，作為書面語言的那種語詞似乎不起任何作用。好像足以作為思維元素的心理存在的是一些符號和具有或多或少明晰程度的表象。而這些表象則是能夠可以自由地再生和組合的。

▶ 在我的情況中，上述心理元素是視覺型的，有的是動覺型的。慣常用的語詞或其他符號則只有在第二階段，即當上述聯想活動充分建立起來，並且能夠隨意再生出來的時候，才有必要把它們費力地尋找出來。

這就是說，愛因斯坦在研究的第一階段，他主要的思維活動是形象思維，他的思維的元素是表象，他用表象來掌握對象。按照現代腦科學的研究，人的右腦是主管形象思維、創造思維的，它的工作方式是非線性的，是對資訊的平行處理，進行著表象的變化組合。概念在這個階段還沒有介入，沒有發揮作用。概念的介入是在他的研究的第二階段。有了創造性的思想後，再用概念來審查、推論，運用邏輯思維來證明或否定右腦產生的思想。現代腦科學研究證明，邏輯思維主要在左腦進行，它是線性的。

愛因斯坦創立相對論的時候，就是運用形象思維和邏輯思維密切結合的方式進行的，是左腦和右腦密切配合的。他先是構造了一個乘上光子火箭的理想實驗來研究「同時性」問題。這個理想實驗需要大膽的想像，需

要用形象來構造，然後在光速不變原理下加以推論。就是說，他的左腦和右腦共同參與了他的創造活動，形象思維和邏輯思維一起發揮作用，這是很符合思維的辯證法的。

愛因斯坦的形象思維能力很強，這可能得益於他的母親對他的音樂能力的訓練。腦科學的研究表明，音樂能力主要是一種形象思維的能力，它主要是在右腦中進行的。音樂的訓練對右腦的發展有很大的幫助。近代物理學的兩大支柱 —— 相對論和量子力學的創立者愛因斯坦和馬克斯·普朗克（Max Planck）有兩個十分相似的地方，他們都有很高的音樂造詣，有很強的數學能力。愛因斯坦的小提琴拉得很好，普朗克的鋼琴彈得很好，同時，他們的數學能力都很強，這說明他們的右腦和左腦都很發達（數學能力主要是左腦的能力），他們的創造可能都得益於左右腦的協調能力。

愛因斯坦的母親是一個有很高音樂修養的人，愛因斯坦在她的薰陶下，愛上了音樂，莫札特、貝多芬、舒曼成了他終生的朋友，這促進了他形象思維的能力，發展了右腦。他後來能用既有形象又有嚴密的邏輯的理想實驗的方法創立了相對論，與他從小的思維訓練是分不開的。

均衡飲食有益孩子的大腦發育

人類的身體是從飲食中吸取營養而成長發育的，大腦也是如此。要想幫助孩子的大腦健康發育，忽視了日常飲食是沒有辦法實現的。

特別是在大腦飛速發展的嬰幼兒時期，飲食對孩子大腦的影響作用遠勝過成年人。有研究報告指出，在孩子 0 ～ 6 歲期間，所需的營養物質如蛋白質要是得不到充足的攝取，會給孩子的認知能力帶來不良影響。大腦與認知能力的發育在於每天的飲食，因此，家長要照顧好孩子的飲食生活。

有益於大腦的飲食的關鍵，就在於均衡飲食、不偏食。那麼，在日常生活中，哪些飲食有助於啟動孩子的大腦機能呢？

● **鹼性食物**

人體的體液呈微鹼性，有利於身體對物質的吸收和利用。如果小兒體內缺少鹼性物質，就會影響激素的分泌和神經活動，以致兒童智商偏低。為此，可以改善孩子的飲食結構，多食用一些鹼性食物。

一般來說，綠色蔬菜、堅果、水果、低脂牛奶、各種菌菇、豆及豆製品、海帶等都屬於鹼性食物。豬牛羊雞鴨等肉類、魚類、麵粉、大米、花生等經人體代謝後產生酸性物質，故屬於酸性物質。

一些食品如核桃、紅棗、堅果等可以增進智力發育。富含維生素 C 的食品也對提升智商有利。用含有維生素 C 較高的橘子汁連續 18 個月供給受試的兒童飲用，他們的智商比起不用者平均上升 3.6。

雞蛋是人人皆知的營養食品，據科學分析，蛋黃中含有豐富的可以增強記憶的卵磷脂（lecithin）。卵磷脂被消化後可以釋放出膽鹼，膽鹼進入血液，很快就會到達腦內。美國、英國、加拿大等國最近研究指出，有規律地供給足夠的營養膽鹼，可以避免 60 歲左右的老人常患的記憶力衰退症，並對各年齡層人群的記憶力衰退有改善作用。因此，有計畫地吃一些蛋黃可以增強嬰幼兒的記憶力。

對於 6 個月的寶寶來說，此時處於輔食添加的初級階段，在添加蛋黃時，寶寶常會出現排斥，有的寶寶還會出現過敏現象。這時，父母可以將一些蔬菜和蛋黃搭配在一起，給寶寶食用。比如選擇工業化生產的不添加人工色素、香精、防腐劑的純天然輔食（如雞肝蛋黃拌飯料），將蛋黃、雞肝、玉米、胡蘿蔔、南瓜等多種食物按比例製成，適合寶寶均衡攝取營養，易吸收，配方科學、合理，比家庭製作更大限度地保存了蛋黃和雞肝的優質營養成分。

● **蛋白質**

充分的蛋白質是大腦功能的必需品。許多西洋棋冠軍在令人精疲力竭的比賽開始前，飲食都以蛋白質為主。蛋白質中，魚是很重要的健腦食

品，但是在正餐時，是先吃魚還是先吃碳水化合物（arbohydrate）呢？蛋白質中的兩種競爭的胺基酸（amino acid）——酪氨酸（Tyrosine）和色氨酸（Tryptophan）競先進入大腦發揮作用。最先進入大腦灰質細胞的起整體影響作用。

如果在飯後想保持專心警醒，要先吃蛋白質食品，後吃碳水化合物，即先吃魚，後吃馬鈴薯、主食。如果飯後想放鬆一下或小睡一會兒，那就先吃主食。先吃什麼是影響腦力的關鍵。如果孩子需整天保持頭腦敏銳，就要以高蛋白早餐開始，午餐就應是高蛋白質、低碳水化合物，而碳水化合物食物後吃。

在海鮮、豆類、肉類中含有大量酪氨酸，這是主要的大腦刺激物質。而在穀類、麵包、乳製品、馬鈴薯、麵條、香蕉、葵花籽等食品中含有豐富的色氨酸，雖然也是人腦所需的食物，但往往在一定時間內有直接抑制腦力的作用，食後容易引起睏倦感。

● 葡萄糖（glucose）

大腦每天需要 100 ～ 150 克的糖。但神經系統中含糖量很少，必須靠血液隨時供給葡萄糖。當血糖濃度降低時，腦的耗氧量也下降，輕者感到頭昏、疲倦，重者則會發生昏迷。因此，一定的血糖濃度對保證人腦複雜機能的運作是十分重要的。同時，由於碳水化合物可以促使大腦產生血清素（Serotonin），而讓人們感到心情愉悅、心平氣和，避免產生狂躁情緒和憂鬱情緒。富含碳水化合物的食品有大米、麵粉、小米、玉米、紅棗、桂圓、蜂蜜等。

● 維生素

維生素 A、B、C 對抽象思維和良好的記憶很有幫助。

維生素 C 被稱為腦力泵，是最高水準的腦力活動所必需的物質，可以提升約 5 個智商指數。

缺乏維生素 B_1，會導致憂鬱狀態；缺乏維生素 B_2，即使是心理穩定的人也會出現憂鬱、暴躁及恐懼症狀；缺乏維生素 B_6，會降低血清素，而血清素較少就會導致憂鬱症；缺乏維生素 B_{12}，表現為情緒失控或長期疲乏，易被誤認為是早衰。

維生素 E 是腦功能保鑣，保護神經細胞膜和腦組織免受破壞腦力的自由基（Free Radical）的侵襲，延長壽命，減緩衰老。含豐富的維生素 E 的食物有堅果油、種子油、豆油、大麥芽、穀物、堅果、雞蛋及深色葉類蔬菜。

維生素 A 也保護大腦神經細胞免受自由基侵害。含有維生素 A 豐富的食物有動物肝臟、魚油、胡蘿蔔、菠菜、散葉甘藍、番薯、南瓜、杏、青木瓜等，以及所有的黃色或橙色蔬菜。

維生素嚴重缺乏者可服藥補充，但應遵醫囑，不可過量。

● 礦物質（minerals）

一定分量的礦物質也是活躍大腦的必要元素。鈉、鋅、鎂、鉀、鐵、鈣、硒、銅可以防止記憶退化和神經系統的衰老，增強系統對自由基的抵抗力。許多水果、蔬菜都含有豐富的礦物質。

缺鐵會有礙注意力、延遲理解力和推理能力的發展，損害學習和記憶，使學業成績下降。缺鈉會減少大腦資訊接收量。鋅能增強記憶力和智力，防止老年痴呆。缺鋅可使人昏昏欲睡，萎靡不振，兒童發育停滯。缺鉀會厭食、噁心、嘔吐、嗜睡。鈣可以活躍神經介質，提升記憶效率，缺鈣會引起神經錯亂、失眠、痙攣。如果缺鎂，人體卵磷脂的合成就會受到抑制，引起疲憊、記憶力減退。

● 脂類

脂類在大腦和神經組織的構造與功能方面具有重要意義。人腦所需的脂類主要是腦磷脂（磷脂醯絲胺酸，Phosphatidylserine）和卵磷脂，它們

有補腦作用，能使人精力充沛，使工作和學習的持久力增強，對神經衰弱有較好的療效。卵磷脂更是被譽為維持聰明的「電池」。

　　富含脂質的健腦食物有很多，如核桃、芝麻、松子、葵花子、西瓜子、南瓜子、花生、杏仁、魚油等。富含腦磷脂的食物有菜豆、雞腿、雞肉、牛肉等。富含卵磷脂的食物主要有雞蛋黃、鴨蛋黃、鵪鶉蛋黃、大豆及其製品等。

第四章　想像力激發創新靈感

　　愛因斯坦曾說過：「想像力比知識更重要，因為知識是有限的，而想像力概括了世界上的一切，推動著世界的進步，是知識進化的源泉！」是的，想像力是創新的靈感，是人類生生不息的原創力。人類的一切活動都離不開想像。事實上，每個孩子都具有豐富的想像能力，家長唯一需要做的，就是精心呵護孩子的想像力，讓它承載著創造的靈感，飛越高山、飛越海洋，到達成功的彼岸⋯⋯

有想像力才有無限創意

　　想像力指在知覺材料的基礎上，經過新的配合而創造出新形象的能力。簡單地講，想像力就是動腦筋，在頭腦中進行形象思維的能力。人與人之間在想像力上具有很大的差別。很多家長都會驚嘆發明家的想像力，實際上，每個孩子都有豐富的想像力，只不過有的被家長注意到了，而更多地卻是被忽視、嘲笑了，甚至被斥責了。

　　人的大腦在幼兒時期開始具有想像力，此時也最容易形成大腦的思維模式，並可永久保持，所以是智力形成的最關鍵階段。

　　對於孩子來講，由於其主客體尚未完全分化，常賦予無生命的物體以生命、感情和意志的形式，呈現特有的「泛靈性」思維方式，從而給孩子們聯想、想像提供了充分的自由發展空間。

　　想像是智力發展也是創造力發展的一個重要方面。想像被心理學家譽為「智慧的翅膀」，它可以使孩子衝破狹小的生活領域飛向廣闊的認知世界，使孩子超越時間和空間的限制，從遊戲中去模擬成人的行為，體驗成功的快樂。要使孩子的創造力得到完善的、良好的發展，想像力的培養與訓練是非常重要的。

　　星期天上午，媽媽正在包餃子，5歲的女兒王小善坐在旁邊看著。忽然，王小善問了一個問題：「媽媽，星星是從哪裡來的？」

　　媽媽雖然都已經習慣她這些奇怪的問題了，但沒有急於回答，而是耐心地說：「你想想看呢？」王小善出神地注視著媽媽揉麵的動作。媽媽揉麵，揪麵糰，擀皮，包餃子……

　　看了不一會兒，王小善突然說：「媽媽，媽媽，我知道星星是怎麼做出來的了，是用做月亮剩下的東西做的。」

　　媽媽聽了先是愣了一下，顯然，她沒有料到女兒的回答如此有趣，然後，她特別激動地親吻了一下女兒：「寶貝，你的想像真奇特哦，太棒了！」

　　後來，媽媽把這件事告訴了王小善的爸爸。爸爸聽了後也非常高興，拉過女兒給她講女媧造人的傳說 …… 這大大地激發了王小善對生活的熱愛。

　　有位兒童專家指出：「凡是兒童自己能夠做的，應該讓他自己去做；凡是兒童自己能夠想的，應該讓他自己想。兒童自己去探索、去發現，自己所求來的知識才是真知識，他自己所發現的世界才是真世界。」

　　家長一定要注意，幼兒期是孩子想像力最豐富的時期，孩子在學齡前想像力的發展是人一生創造力的基礎。在這個時期，孩子會認為小白兔能說話、布娃娃有感情、太陽公公每天都會笑瞇瞇地看著自己等。因此，這一時期也是培養孩子想像力的關鍵時期。那麼，在培養孩子想像力的過程中，父母應該注意哪些細節呢？

● 尊重孩子的想像力

　　教育要順其天性，崇尚自然。對於孩子的想像，無論怎樣怪異離奇，原則上都要尊重他自由幻想的權利，這是對孩子創造天性的最大保護。

　　孩子的想像是豐富而大膽的，他們常常會和小兔子說話，還喜歡問「為什麼」，這是發展想像力的起點。爸爸媽媽一定要抓住這樣的機會，不僅不要對孩子不理不睬，更不能嘲笑，相反，要給予孩子合理的解釋，並且試著反問孩子：「這個你是怎麼想的呢？」尤其注意要提孩子感興趣的問題，引導孩子進行主動想像。孩子的回答可能會充滿童趣，這時候你一定要真誠地鼓勵他們，不要有任何不予重視的表情或做法，因為那樣會打擊孩子的積極性，影響他們的自信心。

　　4 歲的彤彤正在專心地畫畫，爸爸饒有興趣地走到她身邊，然後對她的畫大大讚美一番：「哇，這是誰在和小猴子一起捉迷藏啊？真快樂！」「這是我呀。」彤彤抬起頭笑著說。「爸爸也想和你們一起玩呢，怎麼辦呀？」「那我把爸爸也畫上去吧。」「真的嗎？太好了！」爸爸說著非常高興地拍著彤彤的頭。

爸爸這樣做的好處顯而易見，他保護了彤彤的好奇心，愛護和重視了彤彤的想像力，並培養了她進行主動想像的能力。

　　這裡還有一個故事，同樣具有很大的借鑑意義。

　　有一天，高曼曼對媽媽說：「好久沒有看月亮了，想去陽臺上看看月亮。」媽媽說很好，過了兩分鐘，高曼曼興奮地跑過來：「媽媽，今天的月亮很漂亮，像一顆燈泡！」媽媽忍不住大笑，因為從來不曾有人將月亮比作燈泡。高曼曼頓時愣在那裡，她感到自己一定說了什麼傻話。此時，媽媽馬上意識到自己犯了一個錯誤：為什麼年幼的孩子不能有自己的想像？古人比喻月亮像一個亮晃晃的銅鏡，現在的小孩到哪裡去見這樣的鏡子？

　　於是，媽媽立即丟下手邊的事情，和高曼曼一起來到陽臺上，是啊，多漂亮的月亮，何必在乎它究竟像什麼呢？如果媽媽今天對高曼曼說，月亮根本不像燈泡，它是一面鏡子，孩子可能從今以後再也不會想像月亮是其他東西了。所以，十幾天後的一個晚上，高曼曼又去陽臺上看月亮，同樣興奮地跑來告訴媽媽說月亮今天像個香蕉。媽媽這次微笑地點點頭，說：「很好，今天的月亮彎彎的非常像香蕉。」也許，媽媽的心裡從來不曾認為月亮與香蕉有何相像，但今天經高曼曼這一說，哎，真的像呢！

● 用文藝形式啟動孩子想像思維

　　文學和藝術不僅僅是大人們的享受，對培養孩子的興趣，啟動孩子想像的思維，促進孩子想像力的發展也同樣具有很重要的作用。

　　童話故事是孩子們的最愛，那些豐富奇特的想像和大膽奇妙的誇張故事，深深地吸引著他們。勇敢的王子、可惡的巫婆、純潔的公主 …… 都能引起孩子無限的遐想。對於年齡較小的孩子，要選擇合適的讀物，幫助他們培養閱讀興趣，啟動孩子想像的思維。而稍大一些的孩子，有時在讀完某些故事後可能會覺得意猶未盡，這時候爸爸媽媽可以鼓勵他大膽地把故事續編下去，這樣不僅會讓孩子覺得趣味盎然，還促進了孩子想像力的發展。另外，音樂和畫畫也是培養孩子想像力的有效途徑。

精心呵護孩子的想像力

這裡有個故事，讀來讓人心情異常沉重。

一位父親帶兒子去旅遊，到了一個著名的風景區，那裡峰巒疊嶂，千姿百態。導遊小姐一路介紹風景給遊客 …… 遊客們無不點頭，嘆為觀止。在一個山坳，導遊又停步了，指著對面一座山峰，告訴遊客們：「那山峰上兩塊巨石，就像兩隻雞在爭鬥，我們叫它『鬥雞』。」於是遊客都說，哎，真像，真像鬥雞！那個六七歲的孩子眼睛瞪得大大的，卻搖搖頭，說：「不像。」他父親一聽，又耐心地講解了一番，問孩子：「像，還是不像？」孩子仍然一臉疑惑：「不像，我怎麼看上去像沙漠上行走的駱駝呀。」孩子的父親急了：「你這孩子，怎麼這麼沒有想像力？你再仔細看看，那個不是雞冠嗎，那個不是雞嘴嗎，那個 …… 你說，像，還是不像？」「不 ……」孩子剛要往下說。「你說說看，像，還是不像？」父親粗暴地打斷了他的話，導遊和遊客也在看著他。「像。」孩子的嘴不自然地撇了一下，半天終於吐出一個字來。

為什麼要培養孩子想像力呢？這，也許就是最好的解釋，實在不是孩子想像力天生就差，而是家長活活扼殺了孩子的想像力。這是多麼可悲的事情啊。

有個研究單位決定進行一次想像力調查，他們分成人組、青年組和兒童組進行調查。

研究單位先來到某公司，在黑板上畫了一個圓圈，問這是什麼。從主管到人員幾十人，竟沒有一個人敢回答。這時女祕書靈機一動請示主管。主管憤然說：「此事待我們開會研究後再說吧。你們不打招呼就進行調查，這是干擾我們的工作。」

研究單位接著來到某大學，問大學生們黑板上的圓圈是什麼。大學生們冷笑，「拿這樣的小兒科考我們，太好笑了。」

研究單位又來到幼兒園，仍然在黑板上畫了一個圓圈，問孩子們這是

什麼。孩子們爭先恐後地回答，有的說像月亮，有的說像太陽，有的說像蘋果，有的說是月餅⋯⋯

據此，研究單位得出了「我們是怎麼喪失想像力的」這一結論。

從這個故事可以看出，成人之所以不願意說或不敢說，是因為他們在腦子裡早已有一個固定的思維模式，不敢拓展其想像空間。而孩子們思維最活躍，不受某種思維的限制，任意發揮自己的想像。孩子的想像也許有時候看起來有些可笑和不切實際，但是作為成人的我們是否想過，詹姆士·瓦特（James Watt）正是有了「為什麼蒸汽能把壺蓋頂起來」的思考，才有了後來蒸汽時代的到來。萊特兄弟（Wilbur and Orville Wright）正是有了「人能否長上翅膀，像鳥一樣在天空中飛翔」的異想，才有了飛翔天空的現實⋯⋯

的確，古往今來，很多傑出的人士之所以取得成功，與其家長從小重視他們的想像力有著莫大的關聯。

達爾文（Charles Robert Darwin）從小就愛幻想，他熱愛大自然，尤其喜歡打獵、採集礦物和動植物標本。他的父母十分重視和愛護他的好奇心和想像力，總是千方百計地支持他的興趣和愛好，鼓勵他去努力探索。

這天，達爾文和母親到花園裡給小樹培土。母親說：「泥土是寶物，小樹有了泥土才能成長。別小看這泥土，是它長出了青草，餵肥了牛羊，我們才有奶喝，才有肉吃；是它長出了小麥和棉花，我們才有飯吃，才有衣穿，泥土太寶貴了。」聽到這些話，達爾文疑惑地問：「媽媽，那泥土能不能長出小狗來？」「不能呀！」母親笑著說，「小狗是狗媽媽生的，不是泥土裡長出來的。」達爾文又問：「我是媽媽生的，媽媽是祖母生的，對嗎？」「對呀！所有的人都是他的媽媽生的。」母親和藹地回答他。「那最早的媽媽又是誰生的？」達爾文接著問。「是上帝！」母親說，「那上帝是誰生的呢？」達爾文打破砂鍋問到底。母親一下子答不出來了，但她親切地對達爾文說：「孩子，世界上有好多事情對我們來說是個謎，你像小樹一樣快快長大吧，這些謎等待你去解答呢！」

達爾文七八歲時，在同學中的人緣很不好，因為同學們認為他經常「說謊」。比如：他撿到了一塊奇形怪狀的石頭，就會煞有介事地對同學們說：「這是一枚寶石，可能價值連城。」同學們哄堂大笑，可是他卻並不在意，繼續對身邊的東西發表類似的另類看法。有一次，他向同學們保證說，他能夠用一種「祕密液體」製成各種顏色的西洋櫻草和報春花。但是，他從來就沒有做過這樣的試驗。久而久之，老師也覺得他很愛「說謊」，把他的問題反映到了達爾文的父親那裡。父親聽了，卻不認為達爾文是在撒謊，而是在想像。

還有一次，達爾文在泥地裡撿到了一枚硬幣，他神祕兮兮地拿給他的姐姐看，並一本正經地說：「這是一枚古羅馬硬幣。」姐姐接過來一看，發現這分明是一枚十分普通的硬幣，只是由於受潮生鏽，顯得有些古舊罷了。對達爾文「說謊」，姐姐很是惱火，便把這件事告訴了父親，希望父親好好教訓他一下，讓他改掉令人討厭的「說謊」習慣。可是父親聽了以後，並沒有在意，他把兒女叫過來說：「這怎麼能算是撒謊？這正說明了他有豐富的想像力，說不定有一天他會把這種想像力用到事業上去呢！」

果不其然，達爾文最終取得了輝煌的成績。他後來在回憶中說道：「如果沒有爸爸媽媽對我的想像力的『寬容』，我也只不過是個再普通不過的老百姓而已。」

總之，想像力是孩子靈感的源泉、成功的根基，呵護孩子的想像力是每個家長的責任。

了解孩子想像力的特點

一次，媽媽和女兒曉秋在家裡，電視裡正播出一個地板廣告，其中有一句廣告詞：「好地板自己會說話。」

後來的一天中午，正在吃午餐時，電視上又播出這則廣告，媽媽就順口說：「小秋，地板怎麼會說話呢？」

曉秋瞅著電視，說：「假如把自己想像成一塊地板，也許它們自己也

會有家庭，也會有自己的生活呢！」

媽媽接著說：「大概是吧，有的木頭本身就是藥材，這藥材就是樹家族中的醫生，人們有了病都會去找它看。」

曉秋聽了媽媽的話，有了更多的想法，唧唧喳喳地就說開了：「有的樹是歌唱家，小鳥的叫聲其實是它在練習唱歌呢。有的樹還特別有學問，人們叫它博士。」

媽媽趕緊點頭稱是，並問：「這些樹都有自己的名字，你叫它們什麼呀？」

曉秋想了一會兒說：「有兩塊地板，一塊來自智慧樹，是一個善良的女孩子，人們叫她艾麗絲，小學生的作業她都會做，每次都能考一百分。她的哥哥，另一塊地板，是用藥樹做成的，叫凡卡，能治很多人類治不了的病。」

媽媽聽曉秋這麼說，也插嘴替曉秋想像情節，說它們喜歡穿什麼樣的衣服，妹妹還紮著一對辮子。大家你一言，我一語的，好像生活中真有這樣一對兄妹一樣。

幾天過去了，曉秋興沖沖地從自己的屋裡拿出一疊稿子，說童話寫出來了，題目就是〈神奇的地板〉，並念給媽媽聽。媽媽聽了後，先是誇女兒寫得好，肯定女兒的成績，然後指出其中的不足，提出了具體的修改意見。

女兒聽了媽媽的意見之後，又改了很多遍，直到自己感到滿意，才讓媽媽列印出來，寄給了兒童雜誌，並很快在該刊物發表。

瞧！孩子的想像力是多麼的豐富。有人說：「孩子是可敬佩的，他常想到星月以上的境界，想到地面下的情形，想到花卉的用處，想到昆蟲的語言，他想飛到天空，他想潛入蟻穴。」誠然，孩子沒有成人所擁有的遼闊的視野、豐富的生活閱歷，但他們卻比成人多了一份天真、一份爛漫、一份想像遨遊的無拘無束。

課堂上——

老師：「雪融化了是什麼？」

孩子：「雪融化了是春天。」

老師：「樹上的葉子是怎麼掉到地上來的？」

孩子：「爬上樹摘、用剪刀剪、用力搖……」

午餐期間 —— 老師：「你左手拿著蔥油餅，右手用筷子夾菜吃，這樣速度快」。

孩子邊說邊比劃：「老師，我覺得人應該長好幾張嘴，這，額頭，耳朵邊，一張嘴用來吃飯，一張嘴用來吃菜，一張嘴用來喝湯，一張嘴還能說話。」

有教育家曾說過：「想像力是人類獨有的才能，是人類智慧的生命線。在創造發明和探索新知識的過程中，想像力是一切希望和靈感的源泉。想像比知識更重要。因為知識是有限的，而想像力概括著世界上的一切，並且是知識進化的源泉。」每個孩子都是極具想像力的天才，還未經文明薰染的孩子，其思維模式還沒有被納入社會公認的體系中，他們天馬行空、稀奇古怪的想法其實正是可貴的想像力的火花。

有專家指出，培養孩子的想像力，除了要有科學的方法外，家長還應了解孩子想像力的特點。是的，只有在對孩子想像力特點有了準確的掌握後，培養起來才事半功倍。

那麼，孩子的想像力具有哪些特點呢？

▶ **幼兒早期，孩子的想像一般是無意想像**：幼兒以不受意志控制的無意想像和再造想像為主，創造想像開始發展。他們的想像力在未發展之前是一種自由聯想。比如：你看到一個 3 歲左右的孩子拿著畫筆畫畫，他根本不知道自己要畫些什麼，只是想到什麼就畫什麼，也不知道自己畫畫的重點在哪裡，所畫的內容也許還會有很多重複。

▶ **幼兒的想像是在活動中產生的**：如兩三歲的孩子把枕頭當做娃娃，煞有介事地抱著它走來走去，這就是想像。這時的想像只能在具體行動中進行，離開了行動，沒有實物刺激，孩子就不會靜靜地在腦海中聯

想。如果沒有看到娃娃和碗，孩子就不容易主動地想到玩「給娃娃餵飯」的遊戲，而一旦看到了就會要求去玩，邊玩邊想像出各種情景 —— 娃娃不肯吃飯，娃娃想喝水 …… 總之，孩子這時想像的內容簡單，一般是自己生活的翻版，記憶的成分多，想像的成分少，而且是和具體行動相結合，沒有預定的目的和過程。

▸ **孩子早期的想像具有特殊的誇張性**：孩子容易誇大事物的局部特徵或者情節，這特別展現在他們的圖畫當中，他們會把自己印象中比較深刻的部分，如衣服、扣子或自己喜歡的其他東西畫得很大。

▸ **想像很簡單或者零碎、不夠完整**：幼兒因為想像的水準較低，想像很簡單或者零碎、不夠完整。如 3 歲的孩子，看到玩具的方向盤就會手握方向盤，嘴裡不停地「嘟嘟 —— 嘟嘟 ——」叫著，想像著自己是司機在開車。至於開車到哪裡、去做什麼則不清楚、不確定了。

▸ **孩子早期的想像以複製和模仿為主**：孩子的早期想像是由一個無意想像到有意想像的過渡。比如：他們和其他朋友玩「扮家家酒」的遊戲時，通常都會模仿爸爸媽媽在家中的言行舉止，充當爸爸媽媽的角色。因此，家長要特別注意在家中的形象，樹立起有益於孩子學習的榜樣。

▸ **學齡前期，孩子的「有意想像」開始發展**：學齡前期，孩子雖然依然沒有辦法主導自己的想像，但他們的「有意想像」已經開始發展。這時，他們的想像力的應用越頻繁，發展得就越快，想像的內容越是豐富，過程就越有目的性。

▸ **5 ～ 6 歲，孩子已經有了創造想像的萌芽**：5 ～ 6 歲孩子的創造想像多依賴於過去感知過的事物或聽過的故事，或由成人語言的描述而產生創造想像。另外，此時的孩子能按一定的目的想像遊戲如何開展，而且可以根據自己的知識經驗，較有系統而完整地想像出遊戲主題和如何豐富主題，深入開展遊戲。因此，家長應多豐富孩子的感性知識和經驗，並在遊戲中多為其準備一些遊戲材料，這有利於孩子透過遊戲發展想像力。

讓孩子從此愛上幻想

幻想是指一個人向自己所希望的未來事物展開想像的過程，是創造想像的一種特殊形式。孩子的思維不受限制，所以常常會產生一些子虛烏有的幻想。

4 歲的小男孩阿龍每天晚上都跟媽媽說，他在幼兒園認識了名叫「查理」的好朋友，還誇獎「查理」如何勇敢、如何聰明，對自己又是如何講義氣等，簡直把「查理」形容得活靈活現。

然而，阿龍的媽媽去幼兒園開家長會時問老師，才得知幼兒園根本就沒有叫「查理」的孩子 —— 顯然這個「查理」子虛烏有，完全是兒子杜撰的人物。

與阿龍一樣，3 歲的小女孩小玉也喜歡幻想 ——

小玉把自己的一個布娃娃取名為「簡」，並一口咬定「簡」就是自己的妹妹。此後，小玉便在一個完全臆造的世界裡盡情遨遊，嚮往著姐妹倆一起上天入地，甚至想像著她們都嫁給了一個古代王子……

像阿龍和小玉這樣的孩子，在現實生活中還有很多。這些孩子沉溺在自己的幻想當中，喃喃自語，與幻想中的人物、事物為伴。在孩子的幻想世界裡，蝴蝶會唱歌，花兒會跳舞，自己是無所不能的大俠、是飛行員、是火車司機……更有甚者，還有一些孩子無法區分幻想與現實之間的界限，經常把幻想與現實相混合。這讓許多家長非常困擾。

事實上，父母大可不必為孩子的「幻想」不安。美國教育權威認為，每個孩子都會幻想，也都愛幻想，幻想是孩子成長過程中的一種自然表現。即便有些時候，他們的幻想甚至帶有荒唐的色彩，可它對孩子的人格成長與發展一樣有著積極的推動作用。

幻想對孩子的成長有著諸多好處。

▶ **幻想能幫助孩子培養想像力**：幻想是想像力的基礎，善於幻想的孩子長大後往往會擁有較豐富的想像力。而眾所周知，想像力對培養一個

人的形象思維能力和藝術、科學才能是至關重要的。

▸ **幻想能豐富孩子的情感體驗**：在幻想世界中，孩子可以透過扮演各種各樣的角色來體驗喜怒哀樂以及遺憾、嫉妒、驚恐等種種在現實生活中難以體驗到的情感，由此對人的情感世界便可能擁有更為真切、感性的認知。

▸ **幻想能增強孩子的社交能力**：孩子在幻想世界裡，可以有機會充當形形色色的人物，同時也可以與形形色色的角色相遇、相處，由此孩子便可能在真實世界以外的另一個虛擬世界學到如何與形形色色的不同人物交際或交流的本領。

▸ **幻想能提升孩子分析、解決問題的能力**：別以為孩子的幻想世界裡充滿了荒誕不經，其實，幻想是幫助孩子提升分析和解決問題能力的大課堂。要知道，正因為孩子的幻想，世界可能無所不包，他們才可能遇到比現實生活更為豐富、複雜的問題或難題，而透過對假設問題或難題的解決，他們分析和解決問題的能力也可以獲得提升。

▸ **幻想能幫助孩子保持心理平衡**：隨著孩子漸漸長大，他們開始了解世上有不少東西是自己永遠無法擁有的，有不少事情也是自己無能為力去做的 —— 面對這些無望、無助的消極感受，幻想卻是絕好的幫助他們躲避的港灣和發洩情緒的出氣口，由此心理便可獲取平衡。

▸ **幻想能增添親情和友情**：在孩子的幻想世界中，「粉墨登場」的大多是爸爸媽媽、爺爺奶奶和最要好的朋友，當然更少不了孩子自己。而正是在一幕接一幕的「熱情演出」中，親情和友情在不經意中獲得了提升。

身為家長，要發展和利用孩子的幻想，理智地鼓勵他們張開幻想的翅膀，讓他們像小天使一樣自由地飛翔。

那麼，家長應如何發展孩子的幻想能力呢？

▸ **讓孩子擁有一雙善於發現的眼睛**：孩子在玩樂中主要是用眼睛來認識這個豐富多彩的世界的，所以，眼睛看到的形象是孩子累積表象的第一條途徑。因此，家長要從孩子幼小的時候起，盡可能地多讓孩子感

知客觀事物，並引導孩子全面、仔細而且深刻地觀察，以便孩子頭腦中累積大量的真實的事物形象。

家長可以擴展孩子的活動空間，帶他們走進名山大川，看看長河落日、看看秀山麗水的自然風景，帶他們到名勝古蹟、烈士陵園中參觀、瞻仰。美麗的自然景色和人文景觀能夠陶冶孩子的性情和情操，提升他們的審美能力，啟動他們靜態的想像思維。

▶ **讓孩子多聽故事**：多聽故事，就是透過語言的描述使孩子在頭腦中進行再造想像。因此，家長要讓孩子經常聽廣播中的評書連播、電影錄音剪輯、相聲等節目，還要抽空多給孩子講故事。同時，還要啟發孩子自己多講故事 —— 開始時可以讓孩子複述故事，漸漸地，再讓孩子自編故事。這對發展孩子的幻想能力是非常有益的。

▶ **陪孩子一起讀書**：如果孩子能夠自己看書，那麼這對他幻想能力的發展就更有利了。因為靠聽別人講故事，總歸有局限，如果自己透過視覺來閱讀，就可以經常主動地進行再造幻想。孩子可以根據已有的故事自己來猜測和想像下一步是什麼。所以，只要孩子達到一定的識字量，家長就要及早指導孩子閱讀，而且還要多給孩子買些書，為孩子大量閱讀提供條件。讀後最好還能鼓勵孩子增添人物和情節，並由此創造出一個更為引人入勝的幻想世界。

▶ **教孩子繪畫和寫作**：從小教孩子畫畫，有助於發展他的觀察力，也有利於幻想能力的培養。因為無論畫什麼，總是先想像而後才畫出來的，即使三、四歲的孩子，有時畫什麼也不像，但這培養了他的幻想能力。而孩子如果學習到一定數量的字之後，家長就可以讓他把想說的寫下來，這也是培養孩子幻想能力的好辦法。因為要透過文字寫清楚一件事，沒有反覆認真的想像是不可能的。

▶ **陪孩子做遊戲**：經常讓孩子完成一些力所能及的任務，支持孩子多做一些自己喜歡的遊戲，讓孩子適當地看看電視和電影 …… 這都有助於孩子累積經驗，以便充分地展開幻想的翅膀。當然，家長也可以親自設計並與孩子一起參與各種富於幻想的遊戲，如扮家家酒、警察抓小偷等，這也不失為鼓勵孩子張開幻想翅膀的好方式。

有專家指出，幻想能開拓孩子的想像力。讓孩子暢遊在他們的幻想世界裡，對他們以後在學習和勞動中創造性地發揮都有重大意義！因此，家長要積極給孩子提供幻想的天地。

訓練孩子的聯想思維

在創新過程中，聯想思維是一種常見而有效的方法，這是因為自然界中的一切事物都有著某種內在的連繫，從茫茫宇宙天體到點點個體粒子，從飛禽走獸的特殊本領到機械和建築的精巧設計，創新者都可以從中發現互通的東西。

1941 年，第二次世界大戰的炮火彌漫歐洲，機槍和火炮的發展使戰鬥越加殘酷，大批傷兵被運到後方。

一天，法國將軍亞德里安去醫院看望傷兵，一位傷兵向他講述了自己受傷的經過。原來，在德國炮擊時，這個士兵正在廚房值班，炮彈突然地打來，彈片橫飛，他急中生智，忙把鐵鍋舉起來蓋在頭上，結果很多同伴都被炸死了，而他只受了點輕傷。

亞德里安由此聯想到如果戰場上人人都有一頂鋼盔，不就可以減少傷亡了嗎？於是，他立即指定一個小組進行研究，製成了第一代鋼盔，並在當年裝備了部隊。據統計，在第二次世界大戰中，世界各國的軍隊由於裝備了鋼盔，使幾十萬人免於死亡。

由別人不經意的一句話中，亞德里安從鐵鍋聯想到了鋼盔，從而有了自己的創新之舉。可見，在生活中，我們不僅僅要學會聯想，還應該及時捕捉到被他人忽略的資訊，這樣才能做他們不曾做過的事情。

每個人在兒時都曾有過這樣的經歷：每當把手中的萬花筒轉動一下，或者再放進一塊小玻璃時，萬花筒裡就會出現一幅新的景象。創新思考就好比是一個萬花筒。每當進行新的聯想時，就好像把創新思考又轉動了一次，再放進了一塊小玻璃，於是，又一個美妙的新設想從這個萬花筒裡迸

發出來。如果家長希望自己的孩子富有創新能力，不妨送孩子一個萬花筒，讓孩子從這個萬花筒裡聯想到更多美妙的景象。

身為家長，要想啟動孩子的想像力，讓孩子學會聯想，首先應該知道聯想有哪些思維方法。心理學家根據聯想思維產生的目的性，將聯想思維方法分成自由聯想法和強迫聯想法兩種。

▶ **自由聯想法**：自由聯想法是一種主動自由的積極聯想，是在自由奔放毫無顧忌的情況下進行聯想，該方法是屬於探索性的，它是由美國芝加哥大學的心理學家們首先提出並開始實驗的。

心理學家提出了一個有趣的問題，要求試驗的人盡快地想到許多觀念，再從這些觀念中選擇出新的觀念來。例如：提及「飛機」一詞，就可以聯想到航空、機身、機翼、機尾與著陸裝置等，還可以聯想到飛機的原理、起飛的上升力、著陸的下降力以及飛機衝力必須超過它的阻力等等。經過一系列的追蹤研究發現，自由聯想越豐富的人，做出創新的可能性也往往越大。

▶ **強迫聯想法**：強迫聯想法是蘇聯心理學家哥洛萬斯和塔斯林茨發明的，其方法是要求拿一本產品目錄，隨意翻閱，聯想翻看到的兩種產品能否組成一種新事物。

日本軟體銀行總裁孫正義認為自己的成功得益於他早年在美國留學時的「每天一項發明」。那時候不管多忙，他每天都要給自己 5 分鐘的時間強迫自己想一項發明。他發明的方法很奇特：從字典裡隨意找三個名詞，然後想辦法把這三樣東西組合成一個新東西。一年下來，竟然有 250 多項發明。在這些發明裡，最重要的是「可以發聲的多國語言翻譯機」。這項發明後來以 1 億日元的價格賣給了日本夏普公司，為孫正義賺到了創業的資金。在這裡，孫正義所用的就是強迫聯想法。

當然，不管是自由聯想法還是強迫聯想法，它們都能達到創新的目的。孩子的聯想思維能力除了天賦之外，後天的訓練也是舉足輕重的。那

麼，家長應該如何對孩子進行聯想思維訓練呢？

● 透過圖形對孩子進行聯想思維訓練

家長向孩子展示兩個圖形，讓孩子選擇其中一種圖形聯想與其相關的事物。透過圖形引導孩子聯想到相關事物，其目的是讓孩子掌握聯想的最基本方式 —— 相似聯想。這樣，今後孩子看到某些形狀，自然而然就會聯想到與這個形狀相關的東西。

● 透過詞語對孩子進行聯想思維訓練

家長出示一個詞語，比如「圓圈」一詞，然後讓孩子從空間角度延伸聯想的內容，這樣，孩子可能會很快想到「地球」、「月亮」、「包子」等。此外，還可以透過若干沒有任何關係的詞語對孩子進行聯想思維訓練。如出示「鉛筆」、「小白兔」、「汽車輪子」等一些詞語，讓孩子圍繞這些詞語展開聯想，所想像的故事情節中，必須涉及這些物體。這樣的訓練方式，能讓孩子的思維變得越來越敏捷、活躍。

● 透過圖畫對孩子進行聯想思維訓練

家長向孩子出示一幅圖畫，讓孩子說出上面的景物，進而展開想像，說一說圖畫上所沒有的景物。

當然，對孩子進行聯想思維訓練的方式還有很多，只要家長能夠用心思考，一定能夠總結出適合自己孩子的聯想思維訓練的方法。

值得注意的是，對孩子進行聯想思維訓練的同時，家長還應該做到以下幾點：

▶ 培養孩子敏銳的觀察力和良好的記憶力。聯想能力是以經驗和知識的累積作為基礎的，它有賴於敏銳的觀察和良好的記憶。

▶ 經常根據事物之間的矛盾關係對孩子進行聯想練習，從而使孩子的聯想能力不斷得到鍛鍊和提升。要知道，世界上的事物雖然千差萬別、

形態各異，但卻又都是互相連繫的。即使是在具有反對關係或矛盾關係的事物之間，也不是絕對的「井水不犯河水」。因此，要能夠明確地從事物的互相對立的關係中看出它們的連繫。

▶ 孩子天花亂墜的聯想，家長不要斥責其為胡鬧、不做正事，應該鼓勵孩子積極地展開自己的聯想，並試著把聯想到的事物或者故事情節寫下來、畫出來。

鼓勵孩子自由地塗鴉

孩子漸漸長大以後，開始喜歡塗鴉，他們常常拿著蠟筆或粉筆在紙上、地上、牆上隨意地畫著各種圖案。可是，在有的家長看來，孩子塗鴉似乎沒有任何價值，也不明白他們所要表達的是什麼。家長甚至很煩惱孩子的亂塗亂畫，總是搶下孩子手中的筆，並呵斥孩子：「你怎麼這麼不懂事，不要再搗亂了，弄髒了很麻煩。」

面對孩子的塗鴉，家長不應阻撓，反而應該大力鼓勵。孩子透過塗鴉感受這個世界，表達自己的內心。如果家長一味反對、干涉孩子塗鴉，就會扼殺孩子對繪畫的興趣。

兒童時期，是對一切充滿好奇、求知欲和想像力最活躍、最大膽、最率真的時期。孩子的畫裡充滿了童心、童趣和成人難以企及的率真。孩子塗鴉是天性使然，需要家長靠興趣引導，塗鴉對兒童的感知力、創造力的啟蒙，對表現力和自信心的培養具有特殊優勢。

這一天，6 歲的陳瑩瑩在爸爸的帶領下，走進文創園區，這裡正在舉行的是以「夢想樂園」為主題的幼兒原創繪畫大賽及展覽。對於參加這樣的活動，陳瑩瑩特別感興趣，也信心十足。從工作人員手中領到五顏六色的油畫棒和大白紙後，陳瑩瑩開始了她的創作。先是娃娃躍然紙上，接著是一艘小船，一個多小時後，「我的夢想」作品便呈現在人們面前。那種想像力，那種充滿夢幻色彩的童真，讓朝夕相處的爸爸大吃一驚。當得知

女兒獲獎的消息後，全家人欣喜不已。

　　陳瑩瑩能取得這樣的小成就可是有根源的。陳瑩瑩從一歲多起便喜歡拿筆，在紙上亂塗亂畫。到了 3 歲時，這種現象更加強烈，有時陳瑩瑩找不到紙，甚至會在牆壁、桌子上塗鴉，因此偶爾被挨罵。歪歪扭扭的線條、沒有規則的風格、微笑的鈕扣、長了翅膀的火車等都會出乎意料地出現在塗鴉作品上。這些成年人看來胡來、不講章法的畫作，她卻畫得津津有味，也樂於欣賞，並很想博得家人的讚賞。後來，在幼兒園老師的建議下，陳瑩瑩在幼兒園附近報名了繪畫班，走進這裡，她彷彿走進了天堂，每週都要將兩幅色彩大膽濃烈、創意奇特的畫作帶回家，供大家欣賞。「看到孩子拿筆表達，千萬不要打擊，要鼓勵她、指導她，只有這樣她的想像力、創造力才會激發出來。」指導老師對陳瑩瑩的爸爸說。

　　從那個時候開始，爸爸開始注意女兒塗鴉，也看到她不少得意的畫作，並主動帶她參加了不少幼兒的原創繪畫比賽，「我的家」、「我是太空人」等作品都在各級幼兒畫展中得了獎。

　　如今，陳瑩瑩是班級裡最能異想天開的孩子，她的想像力和創造力都超乎尋常，同時她又是一名專心聽講、積極發言、勇於表現自己的孩子。

　　塗鴉看似很隨意，卻是孩子對身邊事物感興趣、想表達想法的一種行動。塗鴉在客觀上對增強孩子手、眼、腦的協調配合能力和增強腦、眼對手的指揮能力有著巨大的促進作用。這種作用，是其他活動所不能替代的。同時，透過塗鴉，可以激發幼兒繪畫潛能，讓孩子自己動手，留下童年的點點滴滴，自然地培養孩子的藝術細胞及審美觀。另外，塗鴉還是家長與孩子溝通的橋梁，牙牙學語的寶寶，往往表達不清楚自己的需求，繪畫可以幫助家長了解孩子，增進親子關係，有助於孩子性情的穩定發展及勇於表達自我的能力。塗鴉還能幫助幼兒宣洩不良情緒，滿足幼兒在動作上自然發展的需求，培養幼兒的獨立性，提升孩子學習的信心，增強孩子發表、創造、審美與欣賞的能力。要讓孩子自由地塗鴉，家長應怎樣做呢？在此，給家長幾點建議。

▶ **設置情景引導孩子發散思維**：孩子塗鴉，家長喜歡用大人的思維來衡量孩子的作品，線畫得不直啦，畫畫得不像啦，甚至對孩子一些創造性的好作品，一句「沒道理」就把它否定了，不僅打擊孩子創作的積極性，而且扼殺了孩子的創造性思維，而這兩方面卻是孩子作畫最寶貴的東西。

▶ **不要過於強調技法**：為了激發孩子的想像力，在孩子畫畫時，家長應該是讓孩子自主創作，按他們內心的表象和心理空間自由地發揮，大膽想像，大膽去試，充分抒發他們自己內心的感受和情感。技法不是首要的，但如果在孩子有良好的技法基礎上，經過充分的自主創作，孩子的繪畫水準才能真正提升。

▶ **鼓勵孩子多想**：對於孩子的畫，家長不要只追求畫得多麼「像」，而應鼓勵他「想」得越多越好。如在紙上畫出許多圓，讓孩子按自己的想像添加內容。孩子可能會從單一的一個太陽、一塊餅乾、一個肖像、一朵花、一個皮球。想到用圓組合出熊貓、一束氣球、一群小雞、一堆鵝卵石、天上的星球等情節畫。

　　另外，還可播放不同情緒的音樂，讓孩子根據音樂的表現畫出自己對樂曲的理解。對孩子的畫，家長不要先做鑒賞家，而要先做想像力的評論家，不要著眼於孩子能否成為一個畫家，而要先看孩子的想像力是否得到了充分的發揮。

▶ **讓孩子補畫面或者畫意願畫能激發孩子想像**：補畫面是畫一幅未完成的畫，是讓孩子去補畫其餘的內容。而所謂意願畫，就是讓孩子想畫什麼就畫什麼，不要規定畫的主題和內容，只要孩子願意塗鴉，開心就行。

▶ **讓孩子多接觸各種圖形**：圖形能夠激發孩子的想像能力，家長應有意識地讓孩子多接觸各種圖形，並鼓勵孩子試著以此為基礎畫出來……

▶ **正確面對孩子的「失敗」作品**：塗鴉是孩子的「另一種童言」，也是承接、釋放孩子情感的載體。當孩子塗鴉出一幅幅「作品」時，面對

他的傑作，家長說什麼、怎麼說甚至家長的眼神、動作都會對他產生影響，令他信心百倍或讓他深感失落。因此，面對塗鴉中的孩子，必須正確面對他的「失敗」。

塗鴉最能展現孩子的真我、本能和個性，所以，家長應善待孩子塗鴉，讓孩子快樂健康地成長。

用故事激發孩子的想像力

每晚臨睡前，聽媽媽講故事、和媽媽一起看故事書成為 4 歲的嘉嘉一天中最美妙最令人期待的時刻。嘉嘉會事先挑選好要講的書，然後就鑽到被窩裡安安靜靜地等候著。有時碰到媽媽偷懶，把書中的幾句話省略未講，她就會不滿地提醒道：「媽媽少講了一句啦，重來！」

講故事的時間，隨著嘉嘉的漸漸長大而不斷延長著。原來講一個短故事只需要十分鐘左右，可嘉嘉的胃口越來越大，聽了一個，還要聽一個，媽媽只能口乾舌燥地講上好幾個。有時媽媽實在累了，就試探著和嘉嘉商量說：「今天就講一個故事好嗎？」嘉嘉點點頭，說：「行！」媽媽剛要誇她答應得如此痛快，不曾想，小丫頭已經伸出三個手指頭，補充道：「這個故事講三遍就行了。」

媽媽發現，故事帶給嘉嘉的不僅僅是樂趣，更多的是其想像力的提升，比起同齡孩子，她的想像力豐富得多。

故事作為一種形象的語言藝術，深受孩子的喜愛，孩子在聽故事的過程中，透過詞語的描繪，自然而然就會聯想到相對的形象與活動。可以說，家長給孩子講故事是激發孩子想像力的最簡單、最有效的途徑。孩子可以透過「故事」這個小小的視窗去認識這個世界上各種千奇百怪的新鮮事物，也可以對自己聽到的故事產生聯想和大膽的想像。

除此以外，給孩子講故事還有很多好處。

英國廣播公司曾經報導，英國教育研究所的研究人員說，家長是否在

孩子嬰幼兒時期經常給他們講故事，與孩子們日後的學習能力好壞有著直接的關係。這項由英國政府資助的研究調查了 8,000 多名 5 歲兒童在打基礎階段的情況，以及在學校學習一年後老師對他們的能力的評價，並對他們的認知能力進行了測試。研究結果顯示，家長如果能每天花些時間給孩子講故事，那麼這些孩子長大後行為出現問題的風險可能會降低。此外，如果家長能夠了解到在嬰幼兒時期開發智力的重要性，並每天在孩子身上投入一點時間，那麼孩子日後的認知和學習能力都會得到改善與提升。

而日本一項最新研究顯示：家長經常給孩子講故事，不僅能增進親子交流，還可以促進孩子大腦發育。孩子在聽故事的時候，大腦內側邊緣系統相當活躍，這個邊緣系統主要掌管人類的喜怒哀樂各種情緒。家長在講故事的同時，孩子的喜怒哀樂等情緒也跟著產生和發展。同時，在家長的陪伴下，對於兒童的情緒管控及腦部智商發育也有相當顯著的影響。

家長別以為講故事很容易，無非就是開口講嘛，有什麼難的？其實不然，為孩子講故事也是需要技巧的。

● 要養成習慣

每天可以選擇一個固定的時間和固定的場合給孩子講故事。比如在每天臨睡前，為孩子講一些睡前故事。早上孩子醒來的時候，家長可以在床上給孩子講故事。這樣可以培養孩子聽故事的習慣，一旦養成了習慣，就容易長期執行了。

● 讓講故事的過程變得有趣

家長在講故事的過程中，不要只是把這件事作為例行公務，語氣枯燥、乾巴巴地念課文。雖然孩子在聽故事，但是他同時也在學習，如果能夠同時調動他的各種學習器官，如眼睛、耳朵、鼻子、雙手、大腦等，就會很好地吸引孩子的注意力。所以，在選擇故事書的時候，最好選擇那些圖文並茂的。在開始階段，以圖畫為主，色彩鮮豔，形式多樣，會吸引孩子的注意。同時，講述時不一定很快就進入故事情節，為了讓孩子感興

趣,使他熟悉故事,家長可以先指著故事書上的各種小動物、物體和色彩,讓孩子尋找和辨認,等到孩子建立了興趣以後就可以講故事了。同樣的故事,可以換不同的人來講,比如媽媽、爸爸、爺爺、奶奶,他們在講述的時候,語氣、語調都不一樣,孩子會覺得非常有趣。有的故事書的文字過於書面化,這時也不必拘泥於文字的限制,媽媽可以用孩子聽得懂的語言和方式,讓孩子明白。過於深奧或者不適合孩子聽的情節,完全可以略去,不一定要完全按照書本來講。

● 善於設置懸念

某位瑞士教育家說過,教育最偉大的技巧是:知所啟發。為了讓孩子聽而有發,家長在講故事的過程中,靈活運用懸念十分重要。懸念就是掛念,它是孩子聽故事時持有的一種對故事發展和人物命運關切的心態反映。有人說故事是人類靈感的橋梁,懸念就是靈感集成的火花。懸念的引入,就是打破故事完整的格局,在關鍵處置疑,讓孩子按故事的脈絡去思考,索探餘韻。故事懸念通常有開篇懸念、情節懸念和結果懸念等,應視具體的故事內容和聽故事的對象擇用或兼用。懸念的設置和運用,需要家長講故事前認真鑽研故事,精心設計講法。懸念分布既可以從故事內容的教育性入手,分解為情感懸念、問題懸念、事件懸念等,也可以從故事的結構上設置,如層次懸念、連鎖懸念等。當然,講故事設置的懸念,是為了使故事跌宕起伏,曲直交錯,增強故事的藝術感染力。不過,懸念設置的頻率、深度要因孩子而異,不能因為設置懸念而讓孩子聽故事的興趣受損。一般情況下,講故事過程中設置的懸念,隨著故事的推進,都要揭破,不能懸而不揭。

● 讓孩子參與到講故事的過程中

每次講故事,都可以由孩子自己選擇想聽的故事。當孩子對於一個故事比較熟悉的時候,就可以在聽故事的過程中設計各種問題,鼓勵孩子回

答和參與，甚至發揮孩子的創造力來改寫故事。比如問孩子，「這個故事叫什麼名字呢？」「後來怎麼樣了呢？你知道嗎？」「大灰狼在奶奶的屋子裡做什麼呢？」「你要是小紅帽，會怎麼辦呢？」等等。

● 誦讀也是比較好的方法

誦讀可以豐富孩子的詞彙，累積知識，使孩子的語言表達更加準確、生動、規範。誦讀時，家長應用飽滿的感情，抑揚頓挫的語調吸引孩子。在講故事時可以提一些孩子感興趣又能增長知識的問題，也可以孩子提問，家長回答。這樣不僅可以提升孩子的興趣，激發他們的思維，而且能讓他們變被動為主動，提升孩子閱讀活動的積極性。

要想提升孩子的想像力，就多給孩子講故事吧！

孩子接觸大自然好處多

大自然不僅是孩子最好的老師，也是孩子最喜歡、最樂於研究的一本書。它能給孩子無窮無盡的知識，能啟發孩子提出各種各樣新鮮的問題，能豐富孩子的想像空間。

教育家認為，觀察大自然也是智慧的一種。在大自然中，孩子可以透過觀賞植物或動物及探索天文地理來獲得知識 —— 透過看、嗅、觸摸、把玩、探索不同的對象，不知不覺地學會觀察、比較、分類。同時，在與草、木、蝴蝶、螞蟻等生物共處中，他們的愛心及尊重生命的觀念也獲得了提升。可以說，這也是培養孩子健全性格的重要元素之一。

大自然的花草樹木、山水蟲魚無不蘊涵著美的因素，這對於豐富孩子的想像力是不可替代的素材。家長應該經常帶著孩子多接觸大自然，透過引導孩子從觀賞個別的、具體的自然物開始，再擴大視野，觀賞周圍的自然景物。

家長還可以引導孩子從四季的變化中感受大自然豐富的變化：春天草

長鶯飛，桃紅柳綠；夏天荷花飄香，蛙鳴蟬叫；秋天處處豐收，氣候涼爽；冬天動物冬眠，水河成冰。引導孩子傾聽自然界的各種聲音，觀察各種色彩，讓孩子從中體驗大自然千姿百態和千變萬化的美，讓孩子在想像的空間裡任意馳騁。

另外，透過對大自然的觀察，可以開發孩子的智力。一般可以邊觀察邊講述，以故事的形式使孩子在不知不覺中學到知識。孩子對自然界中的事物有著強烈的興趣，什麼都想知道，又很好問。如「樹的底下有什麼？」「蜜蜂用什麼採花蜜？」「桃子和李子是親戚嗎？」如果家長能把這些知識講得娓娓動聽，將使孩子的興趣高漲，不斷地累積知識，想像力就會越來越豐富，思路就會越來越開闊。

有兒童作家就主張讓孩子「多到大自然中去直接學習，獲取直接的體驗」，他認為「大自然、大社會是我們的活教材」。讓大自然啟發孩子的想像力。對於家長來講，應常常帶孩子到戶外看看美麗的花朵，摸摸大樹、觀察小動物等，這樣孩子的興趣一下子就會被啟動，想像也就隨之迸發。

在大自然中，孩子們會主動探索知識，積極參與活動。可見大自然不僅增添了孩子們的知識和經驗，也促進了他們智慧的發展，豐富了孩子們的整個精神世界。例如給孩子布置以「森林」為題寫作的時候，就可以讓孩子到戶外觀察各種各樣的樹木，然後請孩子自由地講述他們看到了什麼樣的樹，樹葉、樹枝、樹下分別是怎樣的，透過孩子的回憶再現觀察的物體。

此外，家長還可以鼓勵孩子們按自己的想像創造出一幅關於森林的作品，結果會發現，孩子們畫出了千奇百怪的樹木。可能有人會說：「怎麼會有這樣的樹木？」但那又怎樣？有一句話說得好：想像力沒有對和錯！在這種基礎上，爸爸媽媽可以再請孩子在自己畫的這片樹林裡進行添畫，孩子們會更加興致勃勃。

當然，家長還可以對孩子的觀察進行總結歸納，並與幾何圖形、誇

張變形等相連繫，使孩子了解到樹木之間的差異，但彼此又有著共同的規律。

玩沙玩水也是孩子在接觸大自然的過程中培養想像力的重要途徑。沙和水是柔性的自然物，親近這些自然物，對孩子的身心只有好處沒有傷害。孩子玩沙、玩水的時候往往非常開心，可見有愉悅身心的作用。而且，孩子玩沙、玩水的時候總是不停地活動，既能活動身體，又能發展動手能力。孩子玩沙、玩水的時候總是變花樣，還能玩出情節、玩出道理，這就是在體驗、在動腦、在創造，由此感知了物品的性質，獲得不少物理的感性知識，特別可貴的是得以充分發揮創造性。

沙和水有一個共同的特點，就是它們都沒有固定的形狀，可以根據孩子的意願，變幻莫測地玩。水可以靜靜地流過，也可以拍打著濺起水花，用手指畫圓圈，會出現一個個小漩渦，掬起水可以從指縫間看到水漏出來，水灌進小瓶子裡，能再倒出來。把玩具扔進澡盆，如塑膠小帆船、鯨魚、海龜等，頃刻間，洗澡盆變成了「大海洋」。小紙船為什麼能漂在水面？什麼東西這麼重，一下子直衝「海底」？思考、探究、思索、聯想層出不窮。同樣地，在沙堆上能建水庫、挖洞、築堤壩，孩子們成了小建築師。孩子們在沙和水中，千變萬化地玩個不停，感受到了無窮歡樂，並大大地發展了想像力和創造力。

但是，許多大人總是在孩子玩水玩沙的身後指責、阻撓，無非是怕弄髒衣服、手和臉，擔心孩子摔著。因此，家長可以要求孩子有節制、有選擇地玩，在時間上不要影響孩子吃飯和睡眠，在衣服上可以給孩子準備一套舊衣褲作為「玩樂服」，在玩的時候給他穿上。衣服的領口要扣住，袖口用鬆緊帶扎緊，這樣沙子就不會弄到裡層的衣服了。場地也應加以選擇，玩水的澡盆放在浴室或院子裡，以便玩後容易整理。玩沙的沙盤可放在陽臺、戶外，不至於弄髒屋子。

自然界的景色千姿百態，斑駁陸離，紛繁變換，美不勝收。大自然是孩子的最好課堂，欣賞大自然的景物為孩子開啟了想像的大門，發現了美並創造了美。

第四章　想像力激發創新靈感

　　儘管大自然像法國著名藝術家羅丹（Auguste Rodin）所說的「總是美的」，但部分家長卻並沒有給孩子創造多少接觸大自然的機會。他們雖不愁吃穿，生活全由大人照顧，但和西方國家孩子相比，他們的生活空間非常狹小，與大自然的接觸更少。

　　曾有一位教自然課的老師不無憂慮地說：「有些都市的兒童，整天待在『圍城』中，身邊陪伴的是爸爸媽媽或老師，玩的是手機，看的是動漫，最激動的事就是手遊、遊戲破關，最不想的便是天空和大地……」

　　中西方的研究皆顯示，現在的孩子缺乏想像力和創造力，動手能力差，這與他們遠離大自然、遠離綠色不無關係。研究也顯示出，親近大自然的孩子，情緒較穩定，遇到壓力也容易緩解。所以，為了孩子的未來，為了孩子能夠健康全面地成長，請多領孩子接觸大自然吧！

測試：孩子的想像力有多豐富

下面是測試想像力的題目，請孩子如實回答，並根據所得分數查閱答案。

1. 你不得已要對長輩說一個善意的謊言時：

    A. 總是慌亂，不抱有希望，結果讓對方聽出你是在說謊

    B. 編造過於詳細，結果引起對方的懷疑

    C. 話講得恰到好處，令人信服

2. 你對自己編造的謊言：

    A. 相信

    B. 不相信

    C. 差不多相信

3. 你來的時候，同學們突然不說話了，你認為：

    A. 他們肯定是在談論你

    B. 這是談話中的正常間斷

    C. 他們是在與你打招呼

4. 你對夥伴倒楣、失意的經歷的反應是：

    A. 流眼淚

    B. 同情

    C. 厭煩

5. 你受到老師批評時：

    A. 你完全拒絕批評

    B. 你認為這些批評是合理的，正當的

    C. 你覺得做的事情總是不對的

6. 你晚上外出消遣時：

　　A. 總是在你熟悉、喜歡的地方
　　B. 每次都試一試不同的地方
　　C. 有時換新的地方

7. 在你盼望什麼人來時，而他卻時時不到：

　　A. 你擔心他出了什麼交通事故
　　B. 你會假定他被什麼事情耽擱了
　　C. 你至少在一小時之內不會擔心

8. 你在劇院或影院看演出時：

　　A. 哭過
　　B. 沒有哭過
　　C. 已經很久沒有哭了

9. 如果你晚上孤身一人：

　　A. 你覺得害怕
　　B. 覺得不煩惱
　　C. 有點怕，但是又能夠消除

10. 聽鬼神故事時：

　　A. 會使你發笑
　　B. 會令你感到毛骨悚然
　　C. 會使你對超自然的事情感興趣

11. 你盯著有圖案的牆壁紙時：

　　A. 看了很長時間你才能看出其中的圖案
　　B. 你不怎麼注意它
　　C. 你只不過單純注意它的設計圖樣

12. 你在一處陌生地方睡覺被奇怪的聲音弄醒時：

    A. 會想起鬼
    B. 會想到盜竊
    C. 會想到是熱水管

13. 交友時：

    A. 儘管你們相識不久，你也認為對方是有理想的
    B. 你想使你交往的人進一步理想化
    C. 你看得出你喜歡的人實際上很優秀

14. 當你在看一部由熟悉的小說改編成的電影時：

    A. 你想到看電影更能夠享受其中的樂趣
    B. 你覺得自己很失望
    C. 你發現這個故事由於電影的特點而改變了

15. 你空閒時：

    A. 能夠以思考為自娛
    B. 要是能夠找到事情做會覺得很快活
    C. 要是有特別感興趣的事情考慮，覺得很高興

16. 你對一本書或一部電影會有什麼更好的主意嗎？

    A. 經常有
    B. 有時有
    C. 實際上從來沒有

17. 假如你知道班級聚會去旅遊的地方最近曾發生過搶劫案：

    A. 你無所謂，仍堅持去，好像什麼都沒發生一樣
    B. 你會立即放棄這次旅遊
    C. 你根本不會想到這種事情會發生在你身上

18. 你在心裡改寫過小說或電影的結局嗎？

    A. 只是這個故事給你很深印象時才會想過
    B. 經常如此
    C. 從來沒有

19. 在講述你自己的經歷時：

    A. 你總是誇大其詞以便把自己的經歷說得更好
    B. 坦率地敘述自己的經歷
    C. 只修飾某些細節

20. 你幻想嗎？

    A. 經常
    B. 有時
    C. 很少

21. 你幻想的時候：

    A. 能夠虛構出大量的詳細錯綜複雜的事情
    B. 只能模糊地想出一些中意、合乎需求的情節
    C. 偶爾能夠把某些細節安插進去

22. 假如看報紙時發現這樣一條資訊 —— 飢餓的第三世界：

    A. 你會迅速翻過不看
    B. 你會發現自己沒有食慾
    C. 你告誡自己應該為其做一些什麼

23. 你能在想像中與別人交談嗎？

    A. 只是在辯論之後才能
    B. 不能
    C. 經常這樣

24. 強烈的視覺意象總是伴隨著你思考嗎？

    A. 通常如此
    B. 很少
    C. 有時

25. 你認為自己：

    A. 對於冒險很有經驗
    B. 對冒險不感興趣
    C. 對冒險感興趣，但不總是很有信心

26. 暴力電影、電視劇：

    A. 使你厭惡
    B. 使你無動於衷
    C. 刺激你

27. 如果同桌給你講述一個他想像中的同伴的故事：

    A. 你完全進入他的幻想
    B. 你會告訴他說謊不對
    C. 你只是寬容地微笑一下

28. 你通常偏愛哪種款式的衣服？

    A. 奇裝異服，使人看一眼不能忘
    B. 時髦的，我不會領導潮流，但也不是守舊的人
    C. 非常隨便，不喜歡穿套服

29. 當你發現鄰居被盜竊時：

    A. 你會查看自己門上的鎖是否牢固
    B. 你想買一隻看家犬
    C. 你覺得無所謂

30. 你能否假設自己可能會遇到像坐牢這類麻煩的事情？
   A. 不能
   B. 在情況稍有不妙時可以想像到
   C. 這似乎是不可能的事情，所以做不到

題號與選項及分值：

1. A：1　B：3　C：5
2. A：5　B：1　C：3
3. A：5　B：1　C：3
4. A：5　B：3　C：1
5. A：1　B：3　C：5
6. A：1　B：5　C：3
7. A：5　B：1　C：3
8. A：5　B：1　C：3
9. A：5　B：1　C：3
10. A：1　B：5　C：3
11. A：5　B：1　C：3
12. A：5　B：3　C：1
13. A：5　B：3　C：1
14. A：1　B：5　C：3
15. A：5　B：1　C：3

16. A：5　B：3　C：1
17. A：1　B：5　C：3
18. A：3　B：5　C：1
19. A：5　B：1　C：3
20. A：5　B：3　C：1
21. A：5　B：1　C：3
22. A：1　B：5　C：3
23. A：3　B：1　C：5
24. A：5　B：1　C：3
25. A：5　B：1　C：3
26. A：3　B：1　C：5
27. A：5　B：1　C：3
28. A：5　B：3　C：1
29. A：1　B：3　C：5
30. A：1　B：5　C：3

分析：

　　整體來說，分數越高，想像力就越強。

　　得分在 30 ～ 50 分之間：這類孩子的想像力屬於弱型類，令人十分遺憾，似乎一點都無法進入想像的世界。這類孩子可能都很注重於實際情況，很現實，不喜歡幻想。儘管如此，這類孩子也會因為自己的想像力弱而感到失望。

　　得分在 51 ～ 74 分之間：這類孩子不太喜歡想像，具有一定的想像能力，但只要可能，總是盡力消除幻想。人們可能對這類孩子的冷靜、講究實際的做法表示讚賞。但是，這類孩子也失去了想像本可以帶給他們的樂趣。

　　得分在 75 ～ 109 分之間：這類孩子具有想像力，甚至可以站在別人的立場上去思考問題，從而使事情做得很有效果。想像會給這類孩子帶來一定的好處。但這類孩子的想像力還為他們的見識所限制，所以應該努力擴大這類孩子的視野，向高度想像邁進。

　　得分在 110 ～ 129 分之間：這類孩子具有很強的想像力，有時他們的想像過於豐富，對周圍的事物過度敏感。另一方面，這類孩子可能具有較高的藝術天賦，每當設法利用自己的想像力時，便產生一系列豐富的想像。

　　得分在 130 ～ 150 分之間：這類孩子具有相當強的或者說過於豐富的想像力，擁有一個多彩斑斕的內心世界。

　　如果孩子的想像力豐富，那麼可以為他創造條件，引導興趣，讓他向文學家、藝術家、設計家方向奮鬥。如果孩子的想像力不強而又沒有這方面的潛力，你就不要趕鴨子上架了。否則，不但做不出太大的成就，還會使孩子很苦惱，耽誤了孩子的前程。

第五章　好奇心孕育創新的種子

　　好奇是孩子的天性。對於孩子來說，周圍的事物無一不充滿了神祕感。因為對神祕世界的好奇，他們不管看到什麼事物，都要問一問、摸一摸，試圖弄個明白。孩子的這種天性恰是創新的源頭、探索的最初動機 …… 孩子一旦具備了強烈的好奇心，就會努力去了解現實中的許多東西，掌握更多的創造材料。可以說，孩子好奇心越強，掌握的現實材料就越多，就越有利於創造出新的成果。

好奇是創造發明的驅動力

　　富有創新精神的人往往有著強烈的好奇心，因為對於創新來講，好奇心是至關重要的。許多創造和發明不是事先能夠預料的，它們往往是在創作者好奇心的推動下，經過創造性思維才得出來的。對於創造者來說，好奇心對於形成創新的動機有著重要的作用，它是興趣的先導，是人們積極探求新奇事物的傾向，是人類認識世界的動力之一。有創造力的人都有一個共同的特徵，那就是有強烈的好奇心。一個人只有對客觀世界抱有強烈的好奇心，希望去了解它，然後才有可能發現可以改變的方面，而這正是創造的基礎。

　　發明者必然具有強烈的好奇心理，這是許多看似偶然的發現所隱含的一種必然的東西。如果缺乏好奇心，就必然對外界的資訊反應遲鈍，對諸多有意義的現象視若無睹，對問題無動於衷，這就根本提不上創造與發明。愛因斯坦有一句名言：「我並沒有什麼特殊的才能，我只不過是喜歡尋根問底地追究問題罷了。」這段話一語道破了創新和發現的真諦：好奇心理、問題意識以及鍥而不捨的探求，是科學研究獲得成功的前提。

　　另外，創造的過程往往伴隨著很多的困難與挫折，如果沒有強烈的好奇心驅動著，就不會有持續不斷的動力。具備了強烈的好奇心，就會努力去了解現實中的許多東西，掌握更多的創造材料。可以說，好奇心越強，掌握的現實材料就越多，就越有利於創造出新的成果。

　　早在 500 多年前，人們已經能夠製作凹透鏡和凸透鏡，並利用這些透鏡磨出的鏡片配製眼鏡了。荷蘭的眼鏡製造商強森在工作之餘，常常拿著鏡片研究。

　　有一天，他無意中把桌子上的兩個凸透鏡重疊在一起，沒想到透過重疊的凸透鏡，他看見一隻很大的螞蟻正在桌上爬著。

　　「哇，天哪，這是什麼？世界上還有這麼大的螞蟻嗎？」他放下鏡片，想抓住這只特大號螞蟻！可是，這時卻發現桌子上只有一隻正常大小的螞蟻。

　　強森又把鏡片貼近螞蟻，呀！螞蟻又變大了。強森明白了，螞蟻變大的祕密肯定出在自己手中的兩個凸透鏡上。他繼續重疊著凸透鏡東瞧西看，果然，屋子裡的所有東西在重疊的凸透鏡下都大了很多倍。

　　於是，他馬上想到可以用兩個凸透鏡製成某種特殊的具有放大效果的工具。經過反覆研發，最初的顯微鏡問世了！

　　強森的發現首先引起了生物學家的關心，因為顯微鏡可以幫助生物學家把微生物以及人體內部看得更清楚。不久，英國生物學家安東尼．范．雷文霍克（Antonie van Leeuwenhoek）在強森發明的顯微鏡的基礎上，安裝了能夠調節焦距的回轉裝置，還安裝了便於觀察的堅固架子，這樣，顯微鏡能看得更加清晰了。

　　強森和雷文霍克發明的顯微鏡，將生物學引領到了一個全新的領域。

　　螞蟻為什麼會變大了呢？正是這樣的好奇促使強森不斷探索，發明了顯微鏡。在生活中，我們也經常會遇到這樣的事情，但因為忽視了這種現象背後的價值，沒有深入探索，因此失去了可能創新的機會。

　　每一個孩子都有好奇心，這是孩子的生理和智慧發展的標誌。古今有不少偉人就因幼年好奇心強，長大後做出了卓越的貢獻。

　　安德魯．約翰．懷爾斯爵士（Sir Andrew John Wiles）是英國著名的數學家，他的傑出成績之一就是證明了法國數學家皮埃爾．德．費馬（Pierre de Fermat）提出的 360 多年來沒有人能證明的「費馬大定理」。這與他從小就有的好奇心有著莫大的關係。

　　我們知道畢氏定理（Pythagorean theorem），就是直角三角形斜邊的平方等於兩邊平方的和。但是，法國的數學家費馬提出過這樣一個疑問：平方成立，那麼 3 次方成立不成立，4 次方成立不成立 …… 他認為，在 n 是大於 2 的自然數時沒有正整數解。這個問題激起好多人去證明，但 360 多年來，費馬問題有幾千種「證明」，卻沒有一種經得起推敲，成了數學上的一道難題。懷爾斯在 10 歲的時候，老師教他畢氏定理時便跟他講了「費馬大定理」，並說這是一個世界數學難題。沒想到，這個 10 歲小孩竟

對這個問題產生了強烈的好奇心和巨大的興趣。從此以後，他非常喜歡學數學、研究數學，並最終成了一名著名的數學家，解決了「費馬大定理」的問題。

愛迪生就曾說：「天才就是百分之一的靈感加上百分之九十九的勤奮。」這百分之一的靈感其實就是好奇心。特別是孩子在幼兒時期，他們對周圍世界充滿好奇，這種好奇心使他們能夠認識世界，也正是這種好奇心，伴隨著他們創造力的發展。好奇心是孩子學習的火花，是孩子探索世界的動力，而家長在孩子好奇心的發展中，扮演著非常重要的角色。身為家長，應該珍視孩子的靈感，對孩子進行有效的啟發和誘導，幫助孩子發展健康的好奇心。如果孩子的好奇心因家長的態度而被壓抑，孩子就會失去渴望學習的欲望。

因而，在對待孩子的好奇心上，家長應正確看待和因勢利導，為孩子提供安全的探索環境，點燃孩子學習的火花和探索世界的欲望。

是的，孩子在好奇心的基礎上才會生出探索與發現世界的熱情，家長應該讓孩子的好奇心不斷地向正確的方向擴張，也只有如此，孩子探索、發現的興趣和精神才能夠得到更好的發展。家長可以耐心地回答孩子的問題，時常參與孩子的活動，並且給予孩子正面的獎勵，這些都會使孩子的好奇心朝正面發展。而斥責、處罰或無理地制止孩子，則會阻礙孩子好奇心的發展或將其引向不正確的方向。

當然，家長還要注意的是，啟發引導孩子的好奇心既不能操之過急，也不能要求太高，更不要認為孩子有了好奇心就一定會有發明創造，將來要成為科學家。因為好奇心畢竟只是創造發明的萌芽，真正的創造發明還有一個曲折複雜的過程。

家長要善待孩子的好奇心

好奇心是人類認識世界、探索自然和社會奧祕的重要心態。

1964 年的一天，美國雷西恩公司工程師珀西·勒巴朗·斯賓塞（Percy Lebaron Spencer）應聘參觀一個實驗室。當他站在一臺驅動雷達的磁電管前進行研究時，突然覺得肚子有點餓，於是想起早上放在上衣口袋中的一塊巧克力還沒吃。就伸手去掏，可是，他發現巧克力不知什麼時候已經融化了。

口袋裡的巧克力為什麼會融化了呢？斯賓塞覺得奇怪極了！跟他一起來的人都認為是實驗室裡太熱，才使巧克力融化的。但是，實驗室裡面的溫度並不高呀，一定是另有原因！斯賓塞認真地觀察周圍的環境，忽然看到正在發射強大電磁波的雷達。「是不是磁電管發射的微波使巧克力融化的？」對此，斯賓塞十分好奇。

回到家後，斯賓塞還在思考這個問題，並且開始動手做起了試驗。透過試驗，他發現，微波真的具有加熱效應，而且微波的熱效應與其他熱源產生的熱量完全不一樣。用微波加熱食物，可以使食物的裡外同時受熱，從而更節省熱量和時間。根據這個原理，斯賓塞試著製造出了一個可以利用微波烤肉的廚具 —— 微波爐，同時，這也是世界上的第一個微波爐。如今，微波爐已被世界無數家庭迎進了家門。

其實，很多著名科學家從小都具有超出常人的好奇心和旺盛的求知欲。尚 - 亨利·法布爾（Jean-Henri Fabre）從小就對昆蟲有濃厚的興趣，最終成了著名的昆蟲學家。

凡此種種，都說明好奇是一個人探索未知領域的開端，它能激發人們去積極思考，並引導人們去對那些不了解而又渴求知道的事物和現象產生疑問，提出「是什麼，為什麼」等問題，從而增長知識和見聞。如果把強烈的好奇心和科學的想像力結合起來，就會表現出很大的創造性。

對於我們的孩子來說，好奇使他們的心靈深處充滿了探索、求知的欲

望，這寶貴的好奇心正是他們智慧的火花，更是促使他們學習求知的原動力。一個缺乏好奇心，對什麼事物都覺得平淡無奇、麻木不仁的孩子，是不可能有強烈的求知欲望的，更不可能做出偉大的事業來。

那麼，家長應如何培養和保護孩子的好奇心呢？

● 抽時間多給孩子介紹周圍的世界

家長不管多忙，都應該盡量多抽時間給孩子介紹周圍的世界。與大人不同的是，孩子對周圍了解得越多，對世界的好奇感就越強烈。因為孩子的求知欲很強，在掌握一定的知識技能後，能注意到、接觸到的新事物更多，反而會大大地激發好奇心。孩子喜歡做沒做過的事，嘗試沒玩過的遊戲，並能從中表現出他們的創造力。因此，家長在各種可能的場合，盡量多給孩子介紹周圍的世界。家長在給孩子介紹一些新事物時，要相對簡潔，跳躍性強，注意力要跟隨孩子的視線做一些調整，這是由於年幼的孩子注意力難以長時間集中於同一事物的原因。

● 充分利用家庭環境激發孩子的好奇心

在家庭生活中，有許多事情可以激發孩子的好奇心。例如：當水燒開的時候，可以問問孩子為什麼水壺裡會發出「嘟嘟」聲。可以讓孩子摸摸不同材質衣服的手感，讓他們比較出不同。或者電視機畫面不清楚時，讓孩子看一看插頭是否接觸不良、是否與電視機連接好……家庭裡有許多事物都是孩子感興趣的，關鍵是抓住機會，讓孩子從看似平淡的生活中找到興趣點。

● 多給孩子講故事

講故事能夠激發孩子的好奇心，孩子一般都愛聽故事，不管是老師或家長講的故事，還是電視、YouTube 播放的影音故事，他們總是會專心致志地觀賞。特別是當主持人繪聲繪色地講故事時，最能吸引他們。家長應多給孩子講故事，激發他們的好奇心。

● 大膽地讓孩子搞「破壞」

事實表明，孩子愛搞「破壞」屬天性使然，是其創造萌芽的一種展現。他們對各類陌生事物充滿新鮮、好奇，並身體力行，欲用自己的雙手探求這未知的世界。家長要合理利用孩子這種天性，多方引導、鼓勵，孩子的創造萌芽就會得到進一步深化。反之，老實文靜聽話的乖孩子，家庭雖少了「破壞」氣氛，大人安心，但孩子的天性被扼殺了，培養出的孩子多半循規蹈矩，缺少頭腦，依賴性強，泯滅了愛動、好奇甚至冒險的天性。

● 鼓勵孩子多動手

在動手的過程中，孩子會不斷有新的發現，他們的好奇心也得到了保持和發展。而且，孩子在動手做事情的過程中，手的動作會在腦的活動支配下進行，這也是孩子觀察、注意等能力的綜合運用過程。同時，手的動作又刺激腦的活動支配能力，促進觀察、注意等能力的發展。動手做事不僅可以激發和滿足孩子的好奇心，而且是孩子成長發展的基礎，是開發孩子智力的基礎。

支持孩子多問「為什麼」

生活中，孩子總愛問「為什麼」，面對孩子各式各樣的提問，很多家長常常不能給予滿意的答案，有的甚至對此感到不耐煩。家長如何對待孩子的提問，直接影響孩子智力和思維的發展，這是不可輕視的問題。孩子渴望了解世界，提問正是他認識世界的開始，其正確的思維方法就是在這個過程中漸漸形成的。

作家李敖在談到對孩子的養育話題時曾指出：「一個嬰兒誕生到這個大千世界，世界上的一切，對他們來講都是陌生的、新奇的，所以，他們對什麼都好奇。好奇是對自己所不了解的事物的一種求知欲，好奇心能促使孩子的大腦對刺激物產生興奮中心，產生一種發現與探索的欲望。」然

而，可惜的是，隨著童年期的過去，許多人的好奇心漸漸地消失了，這往往是由不正確的教育方式造成的。所以，在孩子的早期教育中，家長要特別注意保護孩子探索事物的好奇心，當孩子提出各種「為什麼」的時候，家長不論多忙，都應該以熱情的態度來解答。儘管有時回答起來很麻煩，但也應盡力而為，引導孩子去觀察、發現、認識新的事物。

1847 年 2 月 11 日，在美國俄亥俄州的一個叫米蘭的小鎮上，一個長著圓臉蛋、藍眼睛、淡黃色的頭髮的小男孩誕生了。男孩長得很秀氣，跟媽媽像極了。但男孩的身體卻很單薄，一副弱不禁風的樣子，嬌嫩得讓人心疼，可是他的腦袋出奇地大，讓人擔心長大了自己的脖子都頂不動。

這個小男孩就是後來聞名世界的「發明大王」湯瑪斯‧愛迪生（Thomas Edison）。愛迪生從小體質比較弱，卻愛動腦筋。他的好奇心特別強，老愛問為什麼，看見想不明白的事情就問，問了還轉著眼珠想。

「為什麼石頭長得不一樣？」、「為什麼椅子有四條腿？」、「金子到底是什麼？」小愛迪生凡事「打破砂鍋問到底」的好奇沒有受到爸爸媽媽的斥責，反而獲得了高度的肯定。他媽媽是小學老師，深知「好奇是打開神祕知識寶庫的一把萬能鑰匙，沒有好奇心的孩子成不了大器」。所以，每當愛迪生問她「為什麼」時，她總是微笑著耐心地開導他並把其中的道理娓娓道來。這個時候，愛迪生總是歪著大腦袋，睜大眼睛認真地聽著，聽完後，馬上還會有一大堆新的「為什麼」從他的頭腦中冒出來。

問題的存在是思維的起點，當孩子問「為什麼」的時候，其實代表孩子正在主動思考。同時，孩子愛提問、愛質疑，正是好奇心和求知欲的外在表現，孩子向父母、老師、書本發問的過程，就是累積知識的過程。有一位教育家曾說：「發明千千萬，起點是發問。」孩子發現問題的能力很重要。質疑是創新思維的源泉，是孩子在學習的過程中另闢蹊徑、探索新知識的重要途徑。一般來說，孩子見到、聽到的事物越多，提出的問題也就越多，提出問題越多的孩子，知道的東西也就越多。所以，家長一定要善待孩子的提問。

● 必須接納孩子的問題

孩子經常提出一些令人忍俊不禁、無法回答的問題，如果家長不接納孩子的問題，只是一笑置之，敷衍了事或煩躁制止，久而久之，孩子就不想再問了，這將導致其智慧的萌芽逐漸枯萎。因此，家長必須接納孩子的問題。

● 盡可能立即回答

孩子注意力都不持久，家長如果不馬上回答，孩子或許會很快忘掉剛剛提出的問題，或者降低了對問題的興趣，這些都會影響其智力的發展。當然，這裡所說的立即回答，並不是主張馬上把問題的標準答案直接「告訴」孩子，而是說應該立即受理孩子所提出的問題，並努力透過對問題的受理來促進孩子對有關問題的思考，促進其能力的發展。

● 以問代答

為了鼓勵孩子養成有問題先自己動腦筋思考的習慣，對孩子提出的問題可適當地反問，反問時要啟發、引導，問題的難度要適宜。平時，許多父母慣於用「對」與「不對」、「可以」與「不可以」、「好」與「不好」等詞語肯定或否定地回答。如孩子問：「媽媽，你看我算得對不對？」媽媽回答說：「對！」孩子問：「爸爸，這朵花漂亮不漂亮？」爸爸說：「不漂亮。」這樣的回答雖然簡潔明瞭，但不如回答「你認為怎麼樣？」「你認為美嗎？」這樣的回答更能促進孩子的思考。如果孩子回答：「不美。」你又可以這樣問：「為什麼不美？」總之，經常用反問的方式，能促使孩子主動積極地思考問題，並漸漸地形成對周圍事物特有的、屬於自身的認知。

● 間接回答

家長經常會遇到這樣的情況：孩子的提問很簡單，可答案卻並不簡單，有些現象在大人眼裡很普通，可對於孩子來說，則很難理解。這樣就

會使家長左右為難，有時即便回答了，孩子也不感到滿意。如果這種體驗連續幾次之後，孩子提問的次數就會減少，甚至會使孩子對事物失去了應有的好奇心。如面對「太陽為什麼會落下去」這個問題，家長從太陽與地球的關係上回答，或是用動力學說來回答，孩子肯定不能理解。因此，要根據實際情況和孩子的年齡特點，採用擬人化的方法給予間接回答，「一到晚上，動物們回家睡覺了，太陽公公也到山的那邊去啦。」又如，晚上在外面散步，孩子看見月亮後會問：「媽媽，月亮為什麼跟著我們走？」你可以這樣回答：「因為月亮喜歡我們。」這樣的回答雖然不符合相關的科學原理，但卻能使孩子的好奇心得到滿足。

● 和孩子一起看書研究

當遇到無法解答或難以系統而科學地回答的問題時，家長應和孩子一起看書研究。當然，在此過程中，要邊查找邊用孩子能夠理解的語言向孩子解釋。這樣做最重要的一點是，會使孩子從小養成查字典、看書、上網找資料的習慣，而將來遇到什麼疑難問題時，孩子也就懂得如何自己去找答案了。

「好問是求知，是探索，是思考的花園裡開出的花，是智慧的夜幕中閃著的光。」是的，疑問是開啟成功之門的鑰匙，遇事總問「為什麼」，有助於培養孩子積極動腦的習慣，勤問「為什麼」能幫助孩子建立起對事物的濃厚興趣，而只有對某種事物有興趣，孩子才有可能在這一個領域裡有所建樹，獲取成功。鼓勵孩子提問，培養孩子多問「為什麼」的習慣，是開發孩子好奇心的最佳方法。

培養孩子大膽質疑的能力

在當今社會，一個孩子如果從小就只會人云亦云，別人說什麼是什麼，缺乏獨立思考、大膽質疑的能力，那麼，這個孩子長大以後一定不會有什麼大的出息。相反，一個懂得質疑問難、求索創新的孩子，他的智慧

之樹必然能開出豔麗之花。結出豐碩之果。有質疑，孩子才能進步，敢質疑，孩子才能獲得真理、有所發展。

孟子認為「盡信書不如無書」，有地質學家也曾對他的學生說：「不懷疑就不能見真理。」因此，身為家長，要鼓勵孩子大膽質疑。

疑是深思的結果。愛因斯坦說：「提出一個問題比解決一個問題更重要。」如果沒有深入的思考，沒有潛心的研究，是很難發現問題的。有些孩子在成長過程中無疑可問，這與他們不深入思考是密切相關的。能思則能疑，思得越深，提出的問題就越多，就越深。相反，不思考，當然也就無所謂疑了。

疑是追求新知識的起點。有了疑問，孩子的思維並沒有結束。相反，懷疑意味著思維獲得新的起點。新知識的獲得，總是從疑開始，透過步步釋疑，獲得新知。這和人類文明進步一樣，科學家們若沒有對自然事物的好奇心理，沒有「疑」，是不可能有什麼新發明的。如果有疑而不問，思維的鍊條就會斷裂，獲得新知的途徑也會被切斷。因此，疑能促進問，問能獲得知，疑是獲得新知的起點。

疑是創新的動力。在成長過程中，透過質疑，能使孩子擺脫書本的束縛，發現前人認知上的不足，提出自己獨到的見解而不人云亦云、隨波逐流。尤其是在科技迅猛發展的今天，鼓勵孩子大膽質疑，對於培養孩子的創新意識，培養創造型人才尤其重要。因循守舊、墨守成規是永遠無法超越前人的，不敢質疑是難以創新的。

所以，我們說，質疑是孩子成長的鑰匙，是求知的起點，是增長智慧的階梯，是創新思維的啟蒙。如果孩子能夠做到不唯書、不唯師，勇於對書本知識和他人的觀點進行質疑。那麼，他就一定能夠成為適應社會發展變革的時代新人。

伽利略‧伽利萊（Galileo Galilei）是義大利物理學家、數學家和天文學家。他發現了擺動定時性定律，提出了自由落體定律，發明了比重秤、空氣溫度計，發明了伽利略望遠鏡，證明了哥白尼的日心說是正確的 ……

伽利略從小多才多藝。他會畫畫、彈琴，非常喜歡數學，會製造各種各樣的機動玩具。他本可以成為一個大畫家或者大音樂家。但是，他更愛自然科學。他的心中充滿了各種各樣的疑問。他老是問父親，為什麼煙霧會上升？為什麼水會起波浪？為什麼教堂要造得頂上尖、底層大？長大以後，他的疑問就更多了。他深入鑽研了亞里斯多德的著作，常常陷入沉思之中。他想，亞里斯多德的許多理論並沒有經過證明，為什麼要把它們看作絕對真理呢？

　　伽利略少年時代所質疑的很多現象，後來都由他自己找到了答案。在伽利略的故鄉比薩城裡，有一座既莊嚴又華麗的大教堂。一天下午，伽利略來此參觀。一個司事開始給一盞油燈注滿油，把燈掛在教堂的天花板上，漫不經心地讓它在空間來回擺動。伽利略看到，吊燈開始以一個很大的弧度擺動著，弧度變小時，擺動的速度也變慢了。他覺得鏈條的節奏好像是有規律的，雖然往返的距離越來越小，但吊燈每往返一次所用的時間似乎都一樣長。沒有鐘錶，他用右手按住自己的脈搏，默默地數著吊燈擺動一次脈搏跳動的次數。他發現，吊燈每擺動一次所需的時間卻是相同的。

　　伽利略心裡突然一亮，他想到：「亞里斯多德說過，擺經過一個短弧要比經過長弧快些。亞里斯多德是不是弄錯了？」他回到家裡找來材料，做了幾個擺。他把短擺掛在屋子裡，長擺掛在大樹上，然後精確計算一個擺從弧的一頭運動到另一頭所花的時間。實驗結果證明，擺來回擺動一次的時間是由繩子的長度決定的，不管擺的重量如何，與振幅也無關。但伽利略還有些不明白。因為亞里斯多德說過，物體從高處落下時，速度是由重量決定的。物體越重，下落速度也越快。但是，擺不也是從高處落下嗎？為什麼只要擺的繩長相同，擺落到最低點的時間都相同，而跟重量沒有關係呢？

　　他決定到比薩斜塔上進行下一步的試驗。他發明了一個小機關，只要一碰按鈕，盒中的物體就能同時落下。試驗的那一天，他讓學生們拿著盒子站在二層、三層、五層及塔頂視窗，他發出了訊號，二樓的學生打開盒

子，把一個 1 磅重的鐵球和一個 10 磅重的鐵球同時從塔上落下。這樣一層一層地試驗，每一次試驗下來，不同重量的鐵球都同時到達地面 ⋯⋯著名的比薩斜塔成了伽利略推翻亞里斯多德錯誤的落體理論的歷史見證者。

權威說的、老師說的、課本上說的不一定全是正確的，如果有懷疑，那就應該付諸於實踐，用實踐、用事實說話才是最有說服力的。沒有比證據有更好的說明了！

家長應如何培養孩子的質疑能力呢？

▶ **鼓勵孩子多思多問**：家長要有意識地鼓勵孩子多思多問。當孩子提出問題時，家長應盡量給孩子以較圓滿、正確的答案，並不失時機地肯定、表揚孩子的行為。

答案和表揚一方面滿足了孩子的求知欲，另一方面更激發了孩子的好奇心。如果孩子提出的問題較深奧，家長自己也弄不明白，或者有些問題的答案可能不健康，或不便於直接告訴孩子，遇到這種情況，也要正確處理，而不能打擊孩子質疑的積極性。正確的做法應該是，謙虛地告訴孩子：「你提的問題真好，但這個問題我也不懂，等我查完書再回答你，或者你自己查書找答案，好嗎？」

▶ **用質疑引導孩子質疑**：家長除了盡量滿足孩子的各種提問外，還應主動地、經常地向孩子提一些問題，引導孩子觀察事物，發現問題，激發孩子的質疑興趣和欲望。當然，家長在向孩子提出問題時，要符合孩子的年齡和知識範圍，問題不能提得過難或過易，不然都會挫傷孩子思考的積極性。

放開手讓孩子盡情玩樂

這是一位年輕媽媽的「投訴」：

我最近已經忍無可忍了，寶貝兒子小華實在是太鬧了，以至我狠狠地

打了他一頓，心裡卻越更加難受了。

小華最大的「特點」是，一天內能把抽屜翻七八次，直至底朝天為止，光碟扔得滿地都是，他更是 5 分鐘就往播放機裡換一張光碟。剛買的光碟已經讀不出來了。小華還一直追著問：「光碟為什麼壞了？」如果有什麼東西找不到了，肯定是在垃圾桶裡，那時只能慶幸還沒有倒掉。往日的窗明几淨變成了如今的戰場。

最惱火的時候是吃飯，據保守估計，平均每頓飯小華最少十次擅自離開座位，磨蹭半天還是剩了半碗冷飯不肯再吃，最後還打翻了碗筷。

還有，當他興奮地在屋裡跑來跑去，一屁股坐在花盆裡，把無辜的杜鵑花碾成一團時，我只感覺到自己的心跳在加速。

小華還有一個「愛好」：收藏垃圾。每次出門，他總是帶回大量的石頭、樹葉、爛木頭、碎紙片 …… 並且當寶貝似的放在沙發上、抽屜裡，甚至是窩藏在被子裡。從此，那些無休無止源源不斷來自任何一個骯髒角落的垃圾成了我的心腹大患。

睡覺也是難題，早已過了睡覺的時間，我好言相勸、三令五申，放了兩遍催眠曲，三遍唐詩，講了四個故事後，早已疲憊不堪，小華卻把被子蒙住全身，嘻嘻哈哈地翻騰，還精神抖擻地在我頭上跨過，在我身上跳過，碰巧又踩痛了我的胳膊 ……

生活中，很多家長對孩子的學習都很重視，一遇到孩子貪玩，便「嚴」字當先。殊不知，玩是孩子的天性，世間有些發明創造就是天真的兒童「玩」出來的。

16 世紀末，荷蘭的一位眼鏡商有一個聰明好動的孩子，很頑皮。這個孩子經常到磨鏡房玩樂。一天，他和磨鏡片的工人一起玩鏡片遊戲，他把近視鏡鏡片和老花眼鏡鏡片放在一起，想看看鏡片的變化。他一會兒拉開一點距離，一會兒又放近一點。當他一前一後舉起鏡片向前望時，不由得驚奇地大叫起來。原來，透過兩層鏡片，遠處的景物被拉在近前了。眼鏡商人從兒子的遊戲中發現了鏡片的奧妙，望遠鏡就這樣發明了。

不讓孩子玩，等於泯滅他們的天性，也讓他們失去了創造的動力，一切創造發明就都無從談起。這一點往往是家長最容易忽視的。孩子一生下來，就開始透過玩來了解世界。玩，不僅有助於培育孩子的好奇心，還可以培養他們堅強的毅力和互助精神，增加他們與人交往的機會，以及學會理解他人、控制自己的本領。

同時，玩還可以啟動孩子大腦，使其智力獲得更快的發展。根據大腦機能定位理論，人體手、足等各器官的每塊肌肉，在大腦皮質上都有相通、相對的「駐腦點」和「駐腦機關」。手、足等器官上的肌肉活動越多、越豐富，就越能激發各自相對的「點」，擴大「點」在大腦皮質中的面積，也就越能開發大腦潛力，發展人的智力。人們常說「心靈手巧」就是這個道理。

有這麼一對年輕夫婦，總是埋怨孩子笨，並懷疑孩子心理不正常。為此，他們帶著孩子去請教一位專家。誰知這位專家和孩子交談後，給其家長開了這樣一個家教偏方：「一張笑臉，兩句鼓勵，三分野餐，須在草地、河邊、陽光照耀下全家一起食用。『藥』不分劑數，週六、週日常用。」

原來，這位專家和那個小男孩交談了一個多小時，發現孩子頭腦清晰，反應靈敏，用詞準確，看不出孩子有什麼不正常。孩子向專家吐露：「我每天的生活很枯燥、乏味，早上吃完飯就上學，放學回家吃完飯寫作業，然後睡覺。星期六還要去補習班上課，有空還要練音樂。好不容易爸媽說帶我出去玩一天，爸爸又說有事。我現在就想玩。」他還悄悄告訴專家：「你別跟爸媽說，我很想看卡通，爸媽一回家就打開電視看新聞、追劇，都不讓我看。」根據孩子的訴說，專家得出結論：孩子一切都很正常，不正常的反倒是孩子的家長，於是為他的家長開出了上述家教偏方。

事實上，玩是孩子的天性，是孩子的權利。聯合國《兒童權利公約》規定：「兒童有權享有休息和閒暇，從事與兒童年齡相宜的遊戲和娛樂活動，以及自由參加文化生活和藝術生活。」由此，家長在面對孩子「玩」的問題上，一定要從以下幾方面做起。

▶ **給孩子寬鬆的環境**：只要沒有什麼危險，孩子玩樂時就盡量不要干涉他。某作家有一套與眾不同的教子「章程」，其中有一條：「應該讓孩子多玩，不失兒童的天真爛漫。」他深得順其自然、因勢利導之妙，認為孩子畢竟是孩子，應從孩子的實際出發，給他們營造一個自由的小天地，不必規定過多的條條框框。

▶ **給孩子玩樂的空間**：不要以為孩子太小，不需要自己的空間，並且會將空間弄得亂七八糟。其實，孩子也需要自己的遊戲空間，一個好的遊戲空間，能吸引孩子想玩的動機。

▶ **鼓勵孩子和別的小朋友一起玩**：家長不可能整天陪著孩子，沒有那麼多的時間，但是可以鼓勵孩子和別的小朋友一起玩。孩子們有共同的語言和愛好，因此他們也很樂意一起玩。在和別的孩子玩的過程中，家長可以教給孩子一些怎樣與人和睦相處，如何處理臨時衝突等知識。

▶ **與孩子共同制訂作息時間**：有的家長是按照自己的意願給孩子制訂作息時間的，孩子無法實行或者是根本就不願意實行。家長應該注意讓孩子參與到制訂過程中，因為孩子最了解自己，只有他最清楚自己能否做到。

▶ **玩和學要結合**：有些家長總希望孩子學習，一看到孩子在玩就特別不高興，甚至出面制止。這並不是明智的做法，因為孩子有可能會因此而產生厭學情緒。家長可以常常帶孩子出去玩一玩，或者讓孩子和別的孩子一起玩，不能讓孩子連續學習很長時間。

正確引導孩子的好奇心

要保持孩子與生俱來的好奇心，有助於家長的正確引導。孩子的好奇心伴隨在他的一切活動中，所以，家長要注意教給孩子一些探索答案的方法，以維持其探索熱情。

● 用小實驗激發孩子的好奇心

多做一些科學的小實驗有助於引起孩子的興趣，激發他們的好奇心。科學是很有趣的東西，有些實驗孩子儘管還不知道背後的科學原理，但卻能激發孩子的好奇心，甚至對他們今後的人生志向有很大影響。下面介紹幾個有趣的實驗，家長最好與孩子一起參與。

康乃馨的葉脈

在罐子裡裝滿水，滴入幾滴食用色素。把剛切下來的新鮮白色康乃馨放入水中。讓康乃馨在水裡泡上幾個小時，不時去檢查一下。幾小時後，康乃馨的葉脈就會變成和水一樣的顏色。用一棵剛切下來的芹菜也可以做同樣的實驗，芹菜越新鮮，效果越好。

雞蛋

將一個連殼水煮蛋放入乾淨的罐子中，以白醋淹泡。隔幾天就把白醋換一次，堅持一週以上的時間，一直泡到蛋殼全部化掉為止。再把雞蛋晒乾，這就是一個真正有彈性的雞蛋了。不過不要把雞蛋從太高的地方扔下來，否則它還是會碎的。

同樣，也可以用新鮮、沒有煮過的雞骨頭來做這個實驗。把骨頭洗乾淨放進罐中，用白醋淹泡差不多一週後就會出現一塊可以任意扭曲的骨頭，甚至可以把它打成結。

風暴預告

只要數一數每一次閃電和雷聲之間的時間，就可以知道暴風雨是正在逼近還是漸漸遠去了。如果這個時間是越來越短，那麼表明暴風雨正在逼近。如果間隔越來越長，那麼它就是離開了。

蟋蟀溫度計

在炎熱的夏日傍晚到戶外去聽蟋蟀的叫聲，數一下每 15 秒鐘蟋蟀叫了幾次，加上 40，就是當時大概的華氏溫度了。

微型火山

把一個漏斗插入一個乾燥的小塑膠瓶口，灌入兩勺蘇打水，蘇打水越新鮮效果越好。把瓶子放到水槽或者浴缸裡，緩緩加入一杯白醋。白醋和蘇打水會發生化學反應產生很多泡沫，泡沫會衝出瓶口（瓶子越大，需要的醋就越多）。若加入幾滴食用色素就可以得到一座彩色的「火山」。要想讓火山噴發得更為激烈，可在放醋之前加入幾滴洗潔精。記得讓孩子帶上護目鏡，以免他過於接近「火山」而受到傷害，尤其是在加入了洗潔精之後。

● 用玩磁鐵遊戲激發孩子的好奇心

讓孩子玩磁鐵的遊戲，可以步步深入激發孩子的好奇心。在此，介紹遊戲的過程，供家長參考。

▸ **第一步：認識磁鐵** —— 準備磁鐵、別針、鑰匙、鐵鎖等鐵製的東西，讓孩子自己隨意玩樂。玩樂過程中，家長可以用磁鐵隔著紙板讓別針走走路、跳跳舞等，進一步增強孩子對磁鐵的興趣。然後再告訴孩子這是「磁鐵」。這種操作可以讓孩子對磁鐵產生興趣，增強孩子的探索欲望。

▸ **第二步：找磁鐵的「好朋友」** —— 拿一些物品，有鐵製品和其他的如木頭、塑膠、布製品等物品，鼓勵孩子自己嘗試，用磁鐵去找找「好朋友」，把磁鐵的「好朋友」都找出來，讓孩子摸摸這些東西和其他東西有什麼不同。然後再告訴孩子磁鐵的「好朋友」是鐵。然後再換一些物品，讓孩子再找找磁鐵的「好朋友」。

遊戲的進一步深入，讓孩子學會利用已掌握的概念「學以致用」，激發孩子思考問題的意識，這樣可以讓孩子感知磁鐵吸引鐵製品這個複雜的物理性質。在這裡，提醒家長不要用一些其他金屬干擾孩子思維，比如用銅製品，孩子還沒有對金屬有那麼好的認知程度呢。

▸ **第三步：生活用品按材料分類** —— 接下來可以給孩子一些鐵製品、塑膠製品、木製品、玻璃製品等，讓孩子用視覺、觸覺或其他形式來

區別這幾種材料的不同。在這個過程中，家長可以告訴孩子它們都是什麼，然後讓孩子對其進行分類。這一步是在上一步遊戲的引導下，孩子對「材質」發生了興趣的情況下繼續的。

這類活動能夠讓孩子先透過分類遊戲明確事物可以根據組成物質的不同分成多種，還能考察孩子對事物物質屬性的認知，增加認知能力。同時還讓孩子結合視覺、觸覺學會識別區分不同的物品。

▶ **第四步：介紹磁鐵的用途**——展示廢物回收利用，把鐵渣從一些沙子裡找出來。可以利用改造過的「大吊車」（在吊臂上裝一塊磁鐵），演示吊車怎樣把很重的鐵塊吸起來，並運送到另一邊。一邊演示一邊用生動的語言為孩子講解，激發孩子思考磁鐵的用途，並對此產生興趣。

在孩子早期教育中要結合認知的事物，給孩子關於這個事物的更多資訊。在遊戲中，如果家長只是告訴孩子磁鐵吸引鐵，那麼孩子是不會主動思考磁鐵這個特性有什麼用途的。遊戲透過講故事的形式，形象生動地把這個特性的用途表達出來，就能促進孩子思維的深刻性了。

▶ **第五步：恢復原樣**——再給孩子兩塊磁鐵，讓孩子把它們接起來。孩子努力嘗試以後就會發現，有時候可以接起來，有的時候卻接不起來。家長此時再告訴孩子磁鐵有「磁性」，它們遇到磁性一樣的東西就不喜歡，就要把它趕走，這叫磁鐵的「排斥性」。

透過兒童的語言把深奧的科學道理講給孩子聽，讓孩子對磁鐵的「吸引性」和「排斥性」的特徵全面了解，激發孩子對科學的探索欲望。

當然，在實際生活中，家長還可以引導孩子認識以下這些事物以擴展好奇心。

▶ 答錄機（為什麼會有聲音、各個按鍵的用途是什麼等）。

▶ 放大鏡（包括系列的光學鏡，比如三稜鏡、平面鏡、凹透鏡等）。

▶ 電話（為什麼會傳播聲音，話機結構、形式是怎樣的等）。

▶ 指南針（指一一個方向的特性、用什麼材質的東西做指針等）。

　　家長要注意的是，在給孩子用來操作的事物中，最好選用孩子可以單獨操作而又沒有危險的。家長需要做的是，在給孩子之前，要仔細地想清楚這個東西哪些地方最有趣，是外觀還是性能，哪些功能或性能想讓孩子了解，然後用這個興趣點吸引孩子，讓孩子產生好奇心，然後再探索事物的本質。

孩子缺乏好奇心究竟誰之過

　　愛因斯坦說：「誰要是不再有好奇心、不再有驚訝的感覺，誰就無異於行屍走肉，其眼睛是模糊不清的。」這句話形象地道出了好奇心缺失的嚴重後果。可是，在現實生活中，就有那麼一些孩子，隨著年齡的增長，天真之心漸失，好奇心不再。這些不再有好奇心的孩子經常把這些話掛在嘴邊：

　　「無聊，這有什麼大不了的。」

　　「沒動力，也不知道生活有什麼意義？」

　　「我不感興趣，你不要強迫我去做。」

　　身為家長，不要把孩子的問題歸咎於他本身。事實上，孩子之所以對生活缺乏感知能力，變得麻木不仁，缺乏動力，跟家長的教育是有很大關係的。

　　楊志穎今年 5 歲，他對什麼事情都表現得十分好奇。在家裡，他一天到晚好奇得要命，總是愛問一些無聊的問題。這讓他的爸爸媽媽很苦惱。

　　這一天，楊志穎又跑過來問爸爸問題了：「爸爸，為什麼林書豪那麼高，我這麼矮呢？」

　　爸爸正看著電視，所以心不在焉地回答道：「林書豪是大人，你是小孩，所以你比較矮嘛！」

　　楊志穎對爸爸的舊答並不滿意，他繼續追問：「那爸爸也是大人，為什麼爸爸也是那麼矮呢？」

爸爸不耐煩了:「因為爺爺比較矮呀!」

「為什麼 ……」楊志穎依然不停地問著,到最後,爸爸實在答不出來了,就對他吼道:「問什麼問,有什麼好問的,這麼無聊!」

楊志穎嚇得哭了起來 ……

可以說,在生活中,像故事裡楊志穎的爸爸粗魯對待孩子提問的家長有很多。他們也許不知道,正是自己的「苦惱」,扼殺了孩子對生活的熱情,挫傷了孩子的好奇心與自尊心。日本著名教育家池田大作在其著作中就曾這樣寫道:孩子的求知欲非常旺盛,母親常遭到孩子們問:「這是什麼」、「為什麼」之類的連珠炮式提問圍攻。但是因為怕麻煩,母親常常不好好回答,有時會說出「煩死了,這孩子」之類的話。沒有什麼比這更傷孩子的心了。應該明白,這樣做等於親手掰掉茁壯成長的嫩芽,這可不行呀。你們要把這些問題當做不可或缺的階梯,引導孩子走上寬廣的教育之路。

家長挫傷孩子好奇心的表現具展現在以下幾方面。

▶ **禁止孩子「調皮搗蛋」**:當孩子因為好奇,做出一些出乎大家意料的舉動時,身為家長的你,是否不問青紅皂白就開始大聲訓斥孩子並武斷地說「不行」、「你不可以這樣做」、「我的話你怎麼不聽」之類的話呢?
孩子在成長的過程中,如果總是不斷地聽到大人禁止性的言語,那麼他就會變得缺乏熱情,對什麼都失去了興趣。

▶ **敷衍孩子**:生活中,孩子常會提問「鳥為什麼會飛」、「魚為什麼待在水裡」一類的問題,而且喜歡追根溯源。而一些家長往往會用「我現在忙」、「以後你就會明白了」等敷衍、塞責的話回應孩子,這種漠然的態度恰恰扼制了孩子的好奇心。

▶ **嘲笑、挖苦孩子**:有的家長面對孩子提出的問題時,可能會不經意地說「怎麼連這也不懂啊」,「某某人都知道,你怎麼會不知道呢」。這種看似無心的話,卻可能傷害到孩子稚嫩的自尊心,使他因此變得

沒自信起來。家長應了解到，好奇是孩子認識世界、實現社會化的起點，如果不予以支持和鼓勵，將會挫傷其積極性。

可以說，孩子之所以變得缺乏好奇心，是後天的教育導致的結果。孩子的心靈發育一輩子只有一次，每一階段的發育都是無法重複的，好奇心的發育同樣如此。家長應珍惜和滿足孩子的好奇心，不斷提升孩子好奇心的水準，充分利用孩子求知的最佳時期，講究科學的育兒方法，促進孩子的智力發展和身心健康。

當我們的孩子對世界上的一切事物還是充滿熱情與好奇的時候，家長不但不能漠視他們的好奇心，還應該保護孩子的好奇心，使其對生活、對世界始終保持著一副特殊的探究欲望，這才能進一步培養他們的創新意識，使好奇心發揮重要的作用。

當然，在激發孩子好奇心的過程中，家長還要避免走進以下盲點。

▸ 孩子因為好奇犯了錯，家長不是做實質性的引導，而是放大孩子的錯誤，讓他們因此變得戰戰兢兢，從此不敢再「胡鬧」。這種做法限制了孩子好奇心的發展，挫傷了孩子探討的積極性。

▸ 漠視孩子的好奇心，覺得孩子這種做法純屬胡鬧，孩子因自己的行為得不到激勵與表揚，時間久了，也就覺得百無聊賴起來。

▸ 挑剔孩子，總對孩子所做的事情不放心，孩子因此會變得不自信，愛依賴人。如果別人不告訴他的事情，他也不會好奇。

第六章　創新需要全面豐富的知識

　　創新思維的培育離不開學習，學習是累積和擴展知識的基本途徑，而知識是一切創新與創造之源。牛頓（Isaac Newton）說：「我比別人看得更遠一點，無非是我站在巨人的肩膀上。」這句話充分說明了知識的累積與經驗的借鑑對創新的重要意義。在成長的過程中，孩子如果能夠認真學習、刻苦鑽研、儲備更多的知識，那麼他就擁有更多創新的可能。所以，身為家長，應為孩子汲取知識創造一切有利條件。

知識可以轉化為創新力量

有一天早上，法國化學家亨利‧莫瓦桑（Henri Moissan）來到實驗室，忽然，他發現一個鑲有鑽石的器具不見了。實驗室的門鎖很明顯被人撬開過，肯定是小偷看上了器具上昂貴的鑽石，把器具偷走了。

這樁意外使莫瓦桑萌生了製造人工鑽石的念頭，可是莫瓦桑心裡很清楚：「點石成金」不過是美好的神話，要想製造鑽石，首先要弄清楚鑽石的主要成分，並了解它是怎麼形成的。

翻閱了許多資料後，莫瓦桑了解到，鑽石的主要成分是碳，至於它是如何形成的，確實一無所知。這時，一件往事在他腦海裡浮現。

有一回，有機化學家和礦物學家查爾斯‧弗里德爾（Charles Friedel）了一個關於隕石研究的報告，莫瓦桑也參加了。在報告中，查爾斯‧弗里德爾說：「隕石實際上是大鐵塊，它裡面含有極多的鑽石晶體。」

想到這裡，莫瓦桑意識到，鑽石的主要成分是碳。隕石裡含有大量鑽石，而隕石的主要成分是鐵。如果把鐵熔化，加入碳，使碳處在高溫高壓狀態下，會不會生成鑽石呢？

歷史上第一次人工製取鑽石的實驗開始了。

第一次失敗了，認真總結經驗，找出問題的癥結所在。

第二次失敗了，繼續查找「原因」。

第三次失敗了，還是不放棄。

第四次失敗了……

經過無數次的反覆探索，莫瓦桑的實驗室裡終於爆發出一陣激動的歡呼聲 —— 人造鑽石誕生了。

從此，人造鑽石在社會生活中發揮出了它那堅不可摧的威力。

創新不是靈機一動的結果，它是和長期累積的知識分不開的。正如這則故事所描述的，要想製取人造鑽石，不僅僅要了解鑽石的主要成分，還應該知道鑽石的形成過程。只有具備了相關知識，才能把製造人工鑽石的

夢想轉變為可能。莫瓦桑正是深知這樣的道理，才最終有了突破與創新。

對於孩子來說，深厚廣博的知識是他們創新的土壤，只有在肥沃的知識土壤裡，創新的種子才能開出美麗的花，結出豐碩的果實。

創新的基礎是累積。知識經驗的累積是創新的準備。愛因斯坦以相對論聞名於世，但相對論絕非天上掉下來的餡餅，它是以廣博學識為根基、各類知識綜合運用而得來的。如果愛因斯坦沒有幾何學等方面的知識，便不可能有相對論的產生。

當然，有了知識，如果不懂得學以致用，也同樣不可能創新。所以，家長不僅應該要求孩子認真學習，掌握一定的知識，還應該要求孩子把學到的知識轉化為創新的動力。

與許多孩子一樣，今年念中學的趙柏旗是個聰明的孩子，他思路寬，點子多，因此，同學有什麼問題都會請教他。以下是趙柏旗利用自己學到的知識創新的故事。

有個星期日，有幾個同學在郊外野炊，需要買些香油和醋，但他們只帶了一個空瓶子。怎麼辦呢？趙柏旗想了想，主動承擔了任務。

趙柏旗買回來後，大家一瞧，不禁吃了一驚，原來他把香油和醋都混裝在一個瓶子裡了。有的同學埋怨他不會做事：油和醋裝在一起，怎麼分開呢？

趙柏旗胸有成竹地說：「別著急，有辦法分開，請看！醋比油的密度大，醋在下面，油在上，不會混合的。」

掌廚的小捷說：「要用香油還好處理，油在上面容易倒出來，可是我現在需要用醋怎麼辦？總不能先把香油用完了再用醋吧？」

趙柏旗微微一笑說：「沒問題！」說完，他用瓶塞把瓶子塞緊，把瓶子倒過來，瓶下層是醋，上層是油。過了一會兒，他輕輕鬆開瓶塞，醋就順著瓶塞的縫隙流了出來。

這下子，大家都「領教」了趙柏旗的厲害，紛紛誇他「不但腦袋瓜聰明，還懂得學以致用。」

趙柏旗之所以能把油和醋巧妙地分離出來，解決了難題，不是因為趙柏旗真的就比其他同學聰明，而是趙柏旗懂得「巧」用知識。如果他不掌握一定的化學知識，抑或是掌握了知識，卻不懂得運用於創新，他就不可能想出這樣的好點子來。所以，我們讓孩子學習知識，還應該讓孩子運用知識。

　　那麼，我們應該如何讓孩子學會將知識轉化為運用到生活中呢？

▸ **讓孩子多動腦**：孩子遇到問題時，家長不要替孩子去解決，而是讓孩子結合自己學過的知識，多動腦、動手，最終自己解決問題。如果孩子依然沒有辦法解決，家長可在旁邊引導他們，讓他們慢慢完成。

▸ **讓孩子學以致用**：如果孩子學到了一些新知識，就應該引導孩子用一用，檢驗一下自己學到的知識是否正確。

▸ **不要打擊孩子**：有些家長慣於打擊孩子，如孩子把學校的一些小製作帶回家做，把家裡弄得亂七八糟的，這時候，家長一生氣就開始口不擇言：「你弄得到處都是，你還想成為科學家？就你這樣子也能嗎？」孩子原本是滿懷希望的，如今聽到家長如此的諷刺與辱罵，他們哪還有什麼心情繼續自己的「工作」呢？

▸ **多給孩子鼓勵**：當孩子想出一個好點子的時候，家長應鼓勵孩子，讓孩子感受到父母的關愛與支持，從而激發他們更加努力的念頭。

▸ **給孩子自由的空間**：多給孩子一些自由的空間，讓他們做自己想做的事情。即便是玩遊戲，只要不沉迷於其中，也未嘗不可。

▸ **讓孩子多參與到大人的難題中**：家長遇到什麼問題，可以請孩子出謀劃策，讓孩子覺得自己受到重視，從而調動他們動腦的積極性。

　　總之，家長應該讓孩子從小掌握好基礎知識，建構起自己的知識體系。這樣，孩子才有可能站在巨人的肩膀上去探求未知的世界，創造新的輝煌。

為孩子創建學習型家庭

常聽有些孩子抱怨 ——

「我爸媽天天招來一幫人在家打麻將，吵吵鬧鬧的不說，看看他們那副德性，真讓人噁心。一個個敞胸露懷，捶桌、跺腳，一雙雙血紅的眼睛盯著對方手裡的鈔票……」

「爸爸媽媽一打牌我就煩，稀哩嘩啦的洗牌聲，『叭叭』的拍桌子聲，吵得我心煩意亂，我強忍著用手堵住耳朵背課文，可爸爸還不斷地叫我給他的牌友遞菸倒水……」

「家裡什麼都不缺，電冰箱、冷氣、跑步機……唯獨沒有找到一本書籍，連筆都沒有，就更別說會有墨水了。」

試想，孩子生活在這樣的家庭環境裡，怎能健康成長？

可以說，家庭是孩子的第一個學習場所，家長是孩子的啟蒙老師，家庭教育是早期開發孩子智力的關鍵。家庭精神文化生活氣氛對孩子的成長、智力的發展具有特別重要的意義。為孩子營造一個良好的學習環境，將有益於孩子的學習和身心健康，這對孩子一生的成長也是非常重要的。

身教重於言傳，家長有多少時間在家讀書，家中有多少書，培養出的孩子的境界是不一樣的。事實證明，生長在學習型家庭的孩子，很容易萌發一種自發的學習要求，形成一種自覺的學習行為。

為了孩子，創建學習型家庭，不僅是權宜之計，更是百年大計。國家的未來靠的是青年一代，家庭的未來指望的是孩子。國家未來命運怎麼樣，的確要看今天孩子受教育的效果如何。那麼，同樣，從小的方面來說，未來個人家庭情況怎麼樣，也要看今天孩子的學習、掌握知識程度的情況。

在學習型家庭裡，家長的學習態度和學習精神不僅決定著能否成為優秀的家長，而且影響孩子是否好學、能否成為學習型的人。為此，家長要帶頭學習，養成好學習慣，成為愛學模範，以助好學家風的形成。好學家風是無價之寶，有了好學家風，好學之人、有學之才就會從這家中源源不

斷地湧現。學習型家庭提倡家長和孩子一起學習，相互學習。特別是在網路時代，家長與孩子都處於同一條起跑線。

同時，一個學習氣氛濃厚的家庭，每位成員都會確立終身學習的理念，都會懂得終身學習的意義，始終明白每一個人在任何生命階段均需不斷學習。學習不再是孩子特有的活動，而是人生永恆的主題。學習成為生活中不可缺少的一個組成部分，每個人只有透過學習才能有良好的適應性以跟上社會的變遷與時代潮流，真正獲得生存與發展的空間。

那麼，如何創建學習型家庭呢？家長在實踐中應注意以下幾點。

● 讓整個家庭充滿著愛

愛不僅是家庭教育的一個部分，而且是家庭教育的前提。家庭教育必須在愛的基礎上建立，少了愛就無法實施教育。一家人相親相愛，必然會產生很好的家庭氛圍。一旦產生了良好的家庭氛圍，教育就會進入良性循環狀態，這個時候，孩子學習，主要不是靠父母的督促了，而是靠這種美好的家庭氛圍的滋潤。在這種氛圍中，孩子的心態必然是良性發展的，他們樂觀而又積極向上，求知欲望也得到空前發展！

● 著力形成講民主、求上進的家庭風尚

家庭人員之間存在著文化、年齡、輩分、受教育程度、從事工作等方面不同，生活態度、興趣愛好等都不相同。身為家長，要從家庭生活實際需求出發，尋找家庭成員能夠共同接受的學習支點。家長每天要抽出一部分時間與孩子共同閱讀，共同分享心得體會，創造家庭軟環境，對孩子來說，這種無聲的教育也許比嘮叨更為有效。一個孩子在成長的過程中，同時需要三個世界的豐富和成熟：生活世界、知識世界和心靈世界。而要豐富成熟這三個世界離不開廣泛而有意義的閱讀和學習。家長和孩子一起討論的過程中，還融洽了關係，增進了親情。同時，家長會逐漸發現孩子的許多優點，更理解孩子，從而提升了家庭的生活品質，使和睦的家庭更加溫馨。

● 著力於孩子認知觀念的不斷提升

如果把家長對孩子成長的期望局限在「分數」上，那麼這種期望是片面的。如果拋棄家長自身的發展，把一家數代人的希望都押寶在孩子一人身上，孩子稚嫩的肩膀是難以承受的。在成長的道路上，孩子難免會遇到挫折、困難、失敗，甚至災難，但只要有了家庭中人與人之間的情感支持，就會有家，就會產生堅不可摧的力量。

● 堅持家長引導與孩子自主相結合

無論是在學習環境條件的創設上還是學習內容的確立上，家長要注重確立孩子在創建學習型家庭中的主體地位，充分發揮孩子的主體作用，這同時是創建活動能否取得期望效應的關鍵所在。孩子參加學習的積極性一旦被調動，就會增強主人翁意識，激發自主精神，就會朝著自訂目標去發展。但是，在強調孩子發揮家庭學習主體作用的同時，不應忽視和削弱家長的主導作用，因為這種主導作用的發揮能有效地提升創建活動的品質。

● 堅持學習互動與學習互助相結合

家庭是屬於全家人的地方，不只是家長的，也是孩子的，每個家庭成員都希望在這裡得到自己所需要的照顧和心靈的支持，所以「家」需要大家共同來維持。因此建立家庭遊戲規則，包括學習習慣，不僅可以養成家人良好的生活習慣，而且可以讓家庭生活步調更有節奏，家庭氣氛更加快樂。家長要主動承擔指導工作，同時調動和發揮孩子的積極作用，不斷實現孩子與家長之間的雙向互動。家長還要積極組織家庭成員之間的互助，進行學習的滲透，交流學習中的得失體會，取長補短，共同探討，共同進步。

點燃孩子的學習熱情

每個人體內都有非凡的潛力，都有一座奔湧澎湃的火山，這座火山一

旦噴發，人生將會因此更加絢爛多姿。這一非凡潛力的激發需要的正是熱情。

熱情是成功的引擎、潛能的觸發器，孩子學業成績的好壞，往往取決於孩子對學習的熱情程度。一個擁有學習熱情的孩子能做到廢寢忘食地學習，即使在嘈雜混亂的環境中，也可以全身心專注於自己的學業，從而最大限度地提升學習效率，取得更好的成績。在熱情的支配下，孩子會主動約束自己不利於目標實現的各種不良習慣，以積極的心態面對未來，以不屈的努力克服各種困難，以頑強的意志將奮鬥堅持到底，直到目標實現為止。在有學習熱情的孩子面前，永遠有一個看得見的「靶子」。

然而，在現實中，有很多孩子對學習缺乏熱情，對他們而言，學習就像吃藥，苦不堪言，只要一提到學習，他們就情不自禁地皺起了眉頭。在學習時，這些缺乏學習熱情的孩子很難將注意力集中在所學的內容上，正因為如此，他們的學業成績比較差。孩子具有這種不思進取的個性，可能有先天的因素，但更多的是由後天環境的影響造成的。歸納起來，孩子缺乏學習熱情的原因有。

▶ **願望太容易得到滿足**：如今的孩子生活條件優越，想要什麼很輕易就能得到，因此很多孩子看起來對什麼都不在乎，成績一般沒關係，對班級幹部競爭沒興趣，比賽得不十了名次也無所謂。

▶ **缺乏學習的動力**：缺乏學習動機的孩子沒有學習動力，缺乏學習熱情，把學習看成是一件苦差事，在學習中沒有目標，得過且過，其學習行為完全是一種被動的應付。表現在方法上，必然會死記硬背、投機取巧，沒有計畫。一個喪失學習動機的孩子，在學習上一定無精打采。

▶ **家長的不良影響**：有些家長本身缺乏上進心，工作不思進取，生活上平平庸庸，更忽視孩子情感與智力方面的需求，對孩子沒有明確的行為指導和要求，平時極少和孩子談話、遊戲、講故事，壓抑了孩子的上進心。另外有些孩子則因為年齡較小，生性好玩，不能對自己做出正確評價，不能自我調節、自我監督，因此，不能自我教育、自我

激勵。

美國教育學家班傑明‧山繆‧布魯姆（Benjamin Samuel Bloom）說過：「一個帶著積極的情感學習課程的孩子，比那些缺乏熱情、樂趣和興趣的孩子，或者比那些對學習材料感到焦慮和恐懼的孩子，學習得更加輕鬆、更加迅速」。身為家長，我們有責任讓孩子熱愛學習，並把學習的熱情保持終身。為此，針對每個孩子個性與特點的不同，家長應因材施教，以最大限度地發揮孩子的能量。

教育學家經過長期的分析、觀察獲悉，一個優秀的家長同時也是優秀的導師，他必能在家長與師長之間巧妙地互換角色，從而在不知不覺中激勵著孩子不斷進步。具體來說，一個優秀的家長在激發孩子的學習熱情、催促孩子上進時，應該做到以下幾點。

● 和孩子討論未來

每個孩子都會對自己的未來充滿憧憬。身為家長，不妨讓孩子充分發表他們對未來的希望，不管是多麼不切實際的想法。家長和孩子一起討論為了實現自己的理想需要具備哪些知識，讓孩子知道，為了自己的將來，目前辛苦讀書是必要的，從而激發孩子學習的積極性。

沒有哪個孩子自甘落後和不求上進，幾乎所有的孩子都希望自己在學習上出類拔萃，只是因為種種原因造成了他們暫時的落後。一旦找到了對症的方法，每個孩子的學習願望被強烈引發之後，他的進步就會出人意料。

● 提出恰當的目標

孩子的進取心大多是由外在的要求進而轉化為自己的願望的。因此，目標教育是必須的。目標可以樹立孩子的雄心，雄心可以引導孩子追求，拿破崙‧波拿巴（Napoleon Bonaparte）的名言「不想當元帥的士兵不是好士兵。」實際上是有激勵作用的。

應該注意的是，短期目標應按照孩子的能力來定，長遠目標是明天的，短期目標則是今天的。目標定得太高實現不了時，會挫傷孩子的積極性，也影響其上進心。

最恰當的短期目標是稍微高於孩子的能力，讓孩子經過努力能達到的。例如：孩子過去考試分數一般在 80 ～ 85 分之間，那麼短期目標可以定在考到 85 ～ 90 分之間。

● 做孩子的榜樣

人們常說，孩子總是把父母當做一面鏡子，對父母的一言一行、一舉一動都會有意無意地去模仿。因此，家長要培養孩子的求知欲，就必須自己先做出個樣子來。這是教育孩子的一條捷徑。

一位講師在短短的一年時間裡便被大學評為副教授，並可帶研究生，處理系裡的工作，負責大型研究課題，同時完成了多部著作。在他積極進取的精神的影響下，他的兒子也勤奮好學，積極上進，不僅功課優良，而且也考上國立大學。

● 用表揚喚起孩子的求知欲

任何人都需要鼓勵，需要表揚。在教育孩子的過程中，家長應經常為孩子提供或創造獲得成功的機會。諸如提些簡單的問題讓該子思考，安排一些力所能及的事情讓孩子去做，使孩子從中體驗到成功的歡樂。對於孩子的成績，家長一定要看到，只要有進步，就要給予肯定、鼓勵和表揚，這樣才能激發孩子更大的熱情。

● 對孩子進行危機、挫折教育

現在的孩子大都是在萬千寵愛中長大的，許多家長都有這樣一種心態：為了孩子少吃苦少挨累，自己再苦再累也心甘情願。眾多的事實證明，這樣的教育方式是錯誤的。眾所周知，一旦雛鷹能夠起飛，老鷹便會立即將牠們逐出巢外，讓牠們在空中做飛翔的鍛鍊。正是有了這種鍛

鍊,雛鷹才能夠更好地展翅飛翔,才能做追逐獵物的高手,將來成為百鳥之王。

家長不可能永遠陪在孩子身邊,替孩子去解決困難,所以,應該培養孩子克服困難的能力,讓孩子自己去解決困難。正如一位教育家所說:「不要擔心挫折,應該擔心的是,怕挫折而不敢讓孩子做任何事情。」讓孩子在克服困難中前進,孩子就會獲得多方面的發展,孩子也會更加積極地去奮鬥、去努力。反之,如果孩子沒有危機感,整天躺在安樂窩中,是難以激發出強烈的上進心的。

興趣是最好的老師

8 歲的陳心怡正在讀小學二年級,原先是一個十分活潑的孩子。然而,自開學以來,陳心怡的家長便對孩子的表現憂心忡忡。原來,開學以來陳心怡非常害怕到學校上學。每天早上,她都千方百計找藉口賴在家裡不走,不是說肚子痛、頭痛,就是說晚上沒有睡好。家長催得急了,她就哭鬧,情緒異常對立,還時常跺腳摔東西。可到了週休日不上學時,陳心怡的一切不適和異常情緒都會煙消雲散。為了能讓陳心怡上學,焦急的家長先是勸說、安慰甚至陪她去學校,可都沒有效果,她的厭學情緒反而越來越嚴重,最後家長不得不帶她到醫院求助。

每一位家長都希望自己的孩子聰明好學,學有所成。但現實是,不少孩子一上課就想睡,一寫作業就煩惱,一提到學習就頭疼,更有甚者已到了曠課、蹺課的地步。為此,家長們苦惱不已,「好好的孩子為什麼會產生厭學的情緒呢?到底是哪一個環節出了錯?」事實上,快樂的事情,大家都願意去做。學習也是一樣的道理!如果能讓學習變成一件快樂的事情,那麼,誰還會不熱愛學習呢?

歌德 (Johann Wolfgang von Goethe) 說,「沒有興趣,就沒有記憶。」《論語》中也提到,「知之者不如好之者,好之者不如樂之者。」如何讓孩子對學習產生興趣,這是教育孩子的一個根本著眼點。對於孩子來說,興

趣是一種動力，它對孩子所從事的事情有著支持、推動和促進的作用。如果孩子對某一事物有了興趣，他就會展開豐富的聯想，持之以恆地去接觸它、探求它。他不僅會熱情地投入到這項活動中去，還會最大限度地發掘自己的創造潛能，出色地完成它。因此，要想讓孩子獲得優異的成績，身為家長，必須善於激發孩子學習的興趣。孩子一旦對學習有了興趣，就能自覺自願、主動愉快地去學習。

那麼，應如何激發孩子的學習興趣呢？教育專家認為，對孩子學習興趣的培養，應著重於以下幾個方面。

● 家長要言傳身教

家長的讀書興趣對孩子有著潛移默化的影響，那些音樂世家、書香門第正是這樣產生的。實際上，興趣教育比強迫孩子去做連家長自己都不感興趣的事更容易，效果也好得多。所以，培養孩子讀書的興趣，家長的言傳身教至關重要。同時，隨著孩子年齡的增長，家長還要在孩子讀完書後對其進行思想引導，如：「書可以給我們打開一扇窗戶，發現另一個美麗的世界。」「世界上誰的力量最大？有智慧的人。有智慧的人是無法戰勝的。那智慧從哪裡來？從書裡。」「將來我們都會變老，無論長得美的醜的，老了大家都差不多，不同的是什麼呢？用一生累積智慧財富的人，也就是一生都在讀書的人，即使老了，也是美的。」在思想引導之後，孩子自然會更喜愛讀書了。

● 讓書籍成為孩子生活的一部分

讓孩子的生活離不開書，是培養孩子讀書興趣的有效途徑。

▶ **讓孩子及早接觸文字**：平時不妨將食品包裝上的文字指給孩子看，然後大聲念給孩子聽，讓孩子逐漸了解到這些文字元號是有一定意義的。除此之外，將報紙上的大標題念給孩子聽，或者在上街時，將看板上的內容指給孩子看，這些都是讓孩子及早熟悉文字的好方法。

▶ **每天給孩子念書**：不論孩子多大，他都可以和家長一起享受讀書的樂

趣。幾個月大的孩子雖然還聽不懂家長念的是什麼，可是他能從家長柔和的讀書聲裡體會到讀書帶來的安慰。除了家長之外，家裡的親友和孩子的保姆也都可以給孩子念書。孩子上小學以後，雖然可以自己讀書了，但是如果每天仍能有一段時間和家長一起讀書，那麼這種溫馨的體驗對孩子來講還是很難忘的。

▶ **不限制閱讀內容**：美國人認為，閱讀不應限於讀書，凡是幼年時期對廣義的閱讀感興趣的孩子，長大了自然也會愛讀書。鼓勵孩子從小讀「雜」。這就是說，不但讀故事性強的童話和小說，也讀歷史、地理、天文、社會和自然科學等方面的書籍。事實上也正如此，一個人小時候書讀得越雜，日後的知識面就越廣。

● 因人施教

根據教育心理學家的建議，對不同智商的孩子，興趣培養也應不同。對智商一般的孩子，不宜提出過高的要求，應隨時注意並盡力幫助其克服畏難情緒，增強自信心，養成勇往直前的習慣。對智商較高的孩子，應適當增加其學習的難度與強度，經常肯定與鼓勵他們取得的進步，激發他們向更高臺階邁進的濃厚興趣。對智商低的孩子，要提出符合實際的要求，利用其好強心理，發掘其對某一學科的「興奮點」，並以此作為突破口，使其學業成績接近或超過智商較高的同學，從而克服自卑心理，培養其學習興趣。

興趣對學習有著神奇的內驅動作用，能變無效為有效，化低效為高效。所以，家長一定要努力培養孩子的學習興趣。

不妨與孩子一起閱讀

很多人回憶起自己的童年，都會有一段屬於故事書的快樂時光。他們坐在家長的膝下，聽著家長繪聲繪色地把有趣的故事娓娓道來，自己也不禁嚮往起屬於書裡的那個世界 …… 這是一份只屬於自己的美好回憶，更

是一份彌足珍貴的回憶。隨著孩子的漸漸長大，孩子掌握了閱讀的能力，家長也不再耐下性子為孩子講故事了，而為了把這份快樂傳遞下去，家長應和孩子一起快樂地閱讀。

　　與孩子一起讀書，給予孩子的成長價值無法估計，給家庭帶來的幸福感也無可限量。

　　與孩子一起讀書，可以培養孩子良好的閱讀習慣。家長經常讀書，孩子從小耳濡目染，久而久之，就會形成喜愛閱讀的習慣，甚至哪天不讀書，總感覺欠缺點什麼。調查得知，凡是有閱讀習慣的學生，都有很好的家庭閱讀環境。據說猶太家庭會將孩子讀的書上都抹過蜜，孩子捧過書的手就是甜的，這讓孩子從小嘗到了讀書的甜頭。

　　與孩子一起讀書，可以培養孩子良好的意志品格。《圍爐夜話》裡說「教弟子求顯榮，不如教子弟立品行。」也許今天家長能給孩子萬貫的家財，無上的地位，炙手的權力，但這些在未來有太多的不確定因素，萬貫的財產有散盡的時候，權力地位也總會有逝去的日子。古語說「遺子千金，不如遺子一經」，這一經，就是和孩子一起讀書，從小培養好孩子的品格。有了良好的意志品格，無論順境還是逆境，無論大富還是貧賤，孩子都能坦然面對。「喜歡讀書的孩子，你能從他的臉上看到他內心的寧靜。」這話一點不錯。

　　與孩子一起閱讀，可以形成良好的家庭環境。且不說蘇洵、蘇軾、蘇轍一起讀書最後三父子皆登進士榜的美譽，也不說曾國藩經常與子女分享讀書心得的佳話。

　　可以想像，家長與孩子一起讀書的情景：家長和孩子坐擁書城，滿面春風，那是一份多麼愜意的感覺。而在家裡，家長沏一杯清茶，茶香借著嫋嫋蒸汽上升，在輕柔的音樂聲中，家長和孩子的讀書聲也在彌漫……沒有人強求我們讀書，沒有物欲引誘我們讀書，讀書如同一種生活方式、一種生活需求，又如同飲食、空氣一樣自然。這，也許就是讀書的最高境界了。

▶ **創設良好的閱讀環境**：最好給孩子一個單獨的書櫃，放著孩子喜歡的各類書籍。在特定的時間內，全家一起閱讀，關掉電視和手機，並且家長身先士卒。

▶ **幫助孩子選擇合適的書**：不同年齡層的孩子有不同的識字能力和理解能力，要根據孩子的閱讀能力來選擇書籍，只有合適的才是最好的。孩子在閱讀中感到快樂，就會逐漸產生閱讀興趣，產生閱讀欲望。

▶ **培養孩子良好的讀書習慣**：培養孩子良好的讀書習慣包括愛惜圖書，保持圖書整潔，不撕書，不折頁；鼓勵孩子保存看過的圖書；合理安排時間，家長每週可為孩子安排一次或數次專門用於閱讀課外書籍的時間；定期買書或借書，教給孩子利用圖書館的技能；鼓勵孩子寫讀書筆記。

▶ **勤於指導，優化方法**：孩子閱讀，不能只注重過程，更要注重結果。走馬看花式的閱讀方法是不足取的。朱熹說過：「讀書之法，在循序漸進，熟讀而深思，字得其訓，句索其旨。」閱讀與思考要緊密相連。深入領會文章語言的運用、內容主旨、布局謀篇等方面的精妙，從而掌握文章的精髓。家長不僅要引發孩子的閱讀興趣，還要在此基礎上，對孩子的閱讀進行有效地指導。在指導時，家長最好根據作品的情況和孩子的實際，有選擇有重點地向學生講清寫作背景、作者情況、作品中的疑難問題、閱讀時應注意的問題、閱讀時可運用的方法等。同時家長要對孩子在課外閱讀中遇到並提出的疑難問題予以及時有效的指導和解決。

▶ **因勢利導，提升水準**：一位教育家曾說過：「閱讀是寫作的基礎。」在讀寫的關係上，他強調了讀的重要性，「唯有先讀書，打好基礎，才能做好寫作。」古人說的「勞於讀書，逸于作文」，也是這個道理。閱讀可以開闊孩子的視野，陶冶孩子的情操，增長孩子的知識，啟迪孩子的智慧。家長要自覺地掌握孩子閱讀心理發展情況，因勢利導，把孩子的獨立閱讀能力提升到一個新的水準。

在閱讀的問題上，孩子既是家長的學生，又是家長的老師，更準確地說是合作者。孩子被家長引入閱讀的殿堂，其根本目的並不是為了僅僅學會閱讀的方法，而是為了獲得一種了解世界、了解自身的途徑，同時獲得一種生活的趣味。在這個過程中，家長也有新的機會去分享童年的祕密，重新了解世界、了解自身。這可是一件兩全其美的事，家長何樂而不為呢？

分數不應成為孩子的生命

「分數、分數，學生的生命。」這樣的順口溜正說明考試對學生來說是何等的重要，甚至學生將考試的分數等同於自己的生命。我們在目前的體制下對人才的選拔主要採用考試的方式進行，在沒有找到比考試更合理公正的選拔方式的前提下，考試仍會存在相當長的一段時間。因此，對於父母來說，一旦將自己的孩子送進學校的大門，就會很少看孩子的考試分數的。

自然，父母重視孩子的考試分數可以理解，因為分數畢竟是學習狀況的一種重要反映。可是，採取如此簡單化的做法，只看分數，對孩子的成長會造成很不利的影響。更何況，傳統的考試方法單調、模式單一、測試手法雷同、試題答案唯一，缺乏靈活性和創造性。如此考試得出的分數，又怎麼可能衡量孩子的優劣呢？

只看分數，會增加孩子的心理壓力和學習焦慮感，從而導致厭學。分數絕不是學生的一切，某一次考試絕不代表孩子學習的全部。可惜父母們往往是望子成龍，望女成鳳，急功近利，如此反而適得其反。父母過度看重分數，無形中給孩子增加了重重的心理壓力，導致學習的過度焦慮，這種焦慮就是對當前或潛在威脅自尊心的一種過度擔憂，嚴重的就是孩子對某些學科失去信心，導致厭學。

只看分數，會極度挫傷孩子的學習積極性。每逢考試結束，孩子帶著試卷回家，很多父母的第一句話總是「考幾分？第幾名？」當獲知成績

後，父母總是表現出不滿意的表情，「才 98 分呀，下次要努力。」「這次考了 100 分，下次要繼續保持啊！」事實上，父母對孩子的要求從來就很高，對孩子的現狀從來就沒有滿足的時候。孩子在得到這樣的答覆後會怎樣想呢？這樣的孩子還有多少學習的動力呢？

只看分數，不利於孩子形成良好的人際關係，甚至出現人格缺陷。現在，很多人以分數來衡量一個孩子，這個孩子學業成績好，就是乖小孩；學業成績差，就是沒前途。身為父母，如果只是看分數，就可以發現考試分數低的這些孩子，往往是孤立的，朋友不多，喜歡的人不多，別人談笑風生，自己卻躲在角落當邊緣人。別人討論題目，這些孩子要故意岔開迴避。看到老師，遠遠就躲起來，要不就裝作沒有看見一樣，長此以往，導致孩子不說話，內向、孤僻、偏激，甚至自甘墮落。

考試分數是學校在教學過程中，對學生課程進行階段上的檢查所做的成績評定。它只是在一定程度上反映學生的知識掌握情況，而不能全面反映孩子的智力水準和綜合素養，更不能以分數的高低來衡量學生優劣。身為家長，注重孩子的學業成績，是關心孩子的具體表現，但應如何看待分數，卻是一個科學而又嚴肅的問題，其反映著家長對子女教育的態度、方法及其成敗。

● 家長既要看孩子的絕對分數，又要看相對分數

這就是說，家長在看待孩子的分數時，既要看分數的多少，又要看所得分數與孩子自己比是進步了還是退步了，與班內同學比是位於上等、中等還是下等。如果與自己比進步了，那麼家長就應賞識和鼓勵孩子，反之，就要幫孩子全面分析退步的原因。當與同學橫向比較時，也就更加清楚自己的孩子在班級所處的位置，以便為孩子制定好下一步的學習計畫或方案。

● 衡量分數時，要具體情況具體分析

一般而言，孩子所在年級越低，學習內容就相對越簡單，考試所得分

數也就相對高些。而隨著年級的升高，科目的增多，內容的加深，相對來說考高分就不那麼容易了。另外，隨堂測試和單元測試，得分可能高一些，而期中期末考試，得分就可能低一些。至於學年末及畢業考試等，要考高分就難得多了，而且分數往往還受題目的難易程度、覆蓋面的大小、孩子身體狀況、考前複習準備以及心理狀態等多方面因素的影響。因此，家長不要只看分數的多少，而應具體情況具體分析才是。

● 家長要幫孩子對試卷做出科學、準確的分析

蘇霍姆林斯基（Sukhomlinskii）曾經說「一個學校只有當它能看到少年孩子的優點比缺點、壞處多十倍、百倍的時候，它才能有強大的教育力量」，這對家庭教育同樣具有指導意義。因此，明智的家長應正視孩子的考分，幫孩子科學、準確地分析試卷，總結經驗教訓，肯定成績，指出不足，並耐心地和孩子一起制定出切實可行的改進和提升的措施。同時，還應看到成績以外的東西，也就是孩子其他方面的優點和長處，從關愛出發，揚長避短。在打好基礎的前提下，讓孩子的個性及其特長得以充分發展。

事實證明，應試教育下的高分低能，早已不受人們的歡迎。因此，家長們不要一看到孩子的某次分數不高就失望。「天生我才必有用」，孩子各有各的特長，他做這行不行，做另一行很可能就是高手。所以，在大力提倡素養教育的今天，孩子考試分數的高低，不足以反映其綜合素養的水準，也不應將其作為論其成敗的唯一標準。

體驗成功，孩子更愛學習

心理學家曾做過這樣的一個實驗：

把一條梭魚放養在有很多小魚的魚缸中，讓牠隨時可以吞吃小魚。一段時間後，心理學家用一片玻璃把牠與小魚隔開。這樣，梭魚再想去吞吃小魚時自然就遭到了一次又一次的失敗。隨著失敗次數的增加，牠吞食小

魚的希望和信心也逐漸下降，最後完全喪失信心。在實驗的最後，心理學家把玻璃拿開了，可那隻梭魚依然無動於衷，最終餓死在魚缸裡。

接著，心理學家又做了同樣的一個實驗：

把一條梭魚放養在有很多小魚的魚缸中，在中間隔了一個玻璃板，當梭魚第一次、第二次要吃小魚時，心理學家並沒有採取任何行動，而是認真觀察，等到梭魚第三次游向小魚的時候，心理學家悄悄地拿走了那塊玻璃。於是，梭魚吃到了小魚。這樣的實驗在繼續進行著，之後，失敗的次數越來越多，但因為知道總有「吃到小魚」的可能，那條梭魚始終敗而不餒，充滿了旺盛的鬥志。

對許多孩子來說，學習本身就是一件苦差事，如果只是一味地苦讀，卻嘗不到一點成功的回報，時間長了，勢必會像那隻備受挫折的梭魚一樣，對學習產生了厭倦。從教育學的原理來說，讓孩子喜歡學習一點也不難：所有的孩子都追求成就感，只要孩子能夠在學習中體驗到成就感，他就會很有興趣也會很努力地學下去，其努力程度會讓大人都吃驚。因此，要想讓孩子在學習的過程中有不竭的動力，家長必須讓孩子體驗到成功的快感。唯有體驗到成功的快感，才能激發孩子學習的信心與上進的勇氣，從而激勵自己再下苦功夫去爭取更大的成功。

那麼，怎樣讓孩子從成功中獲得快樂的體驗呢？家長們不妨從以下幾個方面入手。

● 為孩子創造學習成功的預感

心理學研究和生活經驗都告訴我們這樣一個道理：如果一件事情有很大的價值，透過我們的努力後又可以實現，那麼我們肯定會對它產生興趣，並願意做出努力。培養孩子的學習興趣時，家長也應注意運用這個規律，那就是為孩子創造學習成功的預感。

● 積極鼓勵孩子從事有興趣的活動

正常的嗜好與充分的運動，不但有助於調劑生活，更可培養積極健康的人生觀。比如：當孩子在節假日要求父母陪同玩遊戲時，父母大可不必嚴肅地說：「不准玩，快去做功課！」因為遊戲不但能訓練個人的思考力與臨場反應，亦可提升其理解力，對前途也有莫大助益。反之，若孩子因缺乏理解力的訓練而無法領會課業的內容，必將隨年級的升高與課程的加深，更難產生學習興趣了。因此，當父母發現孩子興趣廣泛並喜愛運動時，應該積極地加以鼓勵。

● 讓孩子發揮自己的擅長

有一位教育專家認為：「大腦猶如一條圍巾 ── 只要提起一端，便可帶動全體。為何擁有一技之長的人，通常其他方面也會有優異的表現呢？正因為頭腦有如圍巾般的特性，只要有一端被開啟，其他部位也會相對地活躍起來。因此，若對某一課題產生好奇心，集中精力去做，必能促進全腦的活性化。」例如：有個學生數學方面的表現不理想，但是他語文成績獨占鰲頭，卻是老師和同學們一致公認的。因此，他因擁有一門擅長的科目而充滿自信與快樂。

● 鼓勵孩子獲得成功

對孩子不提過高的要求，讓孩子獲得成功，體驗到成功的快樂，孩子才會對學習有興趣。比如：低年級的孩子學會注音和常用國字後，可以讓他們寫訊息給親戚，並請親人抽空回訊息，讓他們嘗到學習的實際效用，這樣能培養孩子的學習興趣。

● 讓孩子做老師

家長可以讓孩子做老師教自己，試著交換一下教和被教的地位，孩子

站在教方的立場，會提升其學習的欲望。同時，為了使雙方明白，自己必須深入地學習並抓住學習內容的要點，這對於其自身的學習有很大的幫助。

● **試著讓孩子提出問題**

　　孩子是學習的當事人，被迫學習，被迫考試，學習處於被動狀態，時間久了，孩子對學習生厭是可以理解的。家長指導孩子學習時，可以換一種方法，不是經常讓孩子去解答問題，而是採取讓孩子提出問題的學習方法。這不僅會改變孩子的學習態度，而且會激發討厭學習的孩子的學習興趣。試著讓孩子提出問題，孩子會考慮什麼地方是要點，父母也可以在指導孩子學習時以此為中心。另外，孩子一般會對自己理解非常充分或自覺地意的地方提出問題，這對父母來說，就很容易掌握孩子在哪些方面比較擅長，在哪些方面還有欠缺。如果堅持這種學習方法，孩子就會在平常的學習中準確地抓住學習的要求和問題所在。此外，這還有助於提升孩子的表達能力，滿足孩子的自尊心，學習自然就會取得良好的效果。

● **讓孩子做力所能及的事**

　　正像我們的工作有難易的差別一樣，孩子的學習任務也有程度難易之分，倘若一開始就好高騖遠，便容易因為飽嘗失敗的苦惱而喪失自信與幹勁，最終一事無成。正所謂「好的開始是成功的一半」，如果事情開始時就順利進行，便可令人全身心投入並且提升效率，還能因滿足感與充實感的產生，激勵孩子向更高遠的目標積極邁進。

培養孩子良好的學習習慣

　　談起孩子學習習慣的培養，許多家長必定感同身受。在生活中，我們的很多孩子，因為沒有養成良好的學習習慣，以致於學習時精力不集中，

邊學邊玩。寫作業時馬馬虎虎、潦潦草草，應付過關；答題時，還沒看清題目就匆忙作答，明明會做的，可因為粗心大意，卻做錯了。類似的事情數不勝數，讓家長們不勝煩惱。

突出的學習能力、優秀的學業成績是每一個孩子與家長的共同心願。「授人以魚，不若授之以漁，授人以魚只救一時之急，授人以漁則可解一生之需。」這說的正是方法的作用，也就是說，讓孩子掌握有效的學習方法、擁有良好的學習習慣是非常重要的。因為它才是提升孩子學習能力和學業成績的重要途徑和手段。為了讓孩子更加輕鬆愉快地收穫到優秀的成績，家長們應從培養孩子良好的學習習慣開始。

良好的學習習慣包括以下幾方面。

▶ 學習時精力集中，專心致志，不做小動作，告別邊學邊玩的隨心所欲。

▶ 獨立完成作業，知難而進，樂於思考，自己動手查閱資料、解決難題。

▶ 熱愛學習，樂於學習，主動學習，不是被逼著被動地甚至委屈地學習。

▶ 有自覺學習的態度，自律性強，不用家長「陪讀」，不過度貪玩。

孩子只要養成良好的學習習慣，便可受益終身！

良好的學習習慣可以提升學習效率，使學習的過程變得非常輕鬆。這樣，孩子就能節省出很多的時間，或者是在相同的時間中就能夠學到比別人更多的東西，從而取得事半功倍的成效。

良好的學習習慣可以提升孩子的考試成績，幫助孩子樹立對學習的自信心。孩子在學習的過程中能不斷體驗到成功與自信帶來的喜悅，有益於孩子的成長。

良好的學習習慣能幫助孩子更好地發揮天賦的才能，而拙劣的方法則可能阻礙才能的發揮。學習中，不但要付出辛勤的汗水，還要採用科學的、適合自身的學習方法，更重要的就是不斷地調整適合自己的學習方法，這樣才能有更大的進步空間。

良好的學習習慣能讓孩子學習起來得心應手，以致提升學習興趣。濃厚的興趣，無疑是孩子可以獲得成功的前提條件。而不良的學習習慣，讓孩子多走了許多彎路，既浪費了時間，又降低了孩子的學習興趣，削弱了孩子學習的信心。

由此可見，學習習慣對於孩子的學習而言意義重大。身為家長，讓孩子掌握適合自己的學習習慣，任重而道遠。

要想讓孩子養成良好的學習習慣，家長應從以下幾個方面做起。

▶ **幫助孩子制訂學習目標和計畫**：在學習過程中，許多不利因素都會影響到孩子的學習狀況，導致孩子無法安心學習，成績下降。有的孩子雖然能夠承受壓力，甚至對學習的興趣還很濃，但是當面對眾多的書籍和繁雜的學習任務時，常常摸不著頭緒，不知該從什麼地方下手。因此，家長應該及時幫助孩子制定新的、正確的學習目標和計畫，積極地引導和鼓勵他。

▶ **培養以正確的姿勢看書、寫字的習慣**：在孩子剛剛學寫字的時候，家長就要協助老師認真地教。剛開始練習寫字時，不要讓孩子每次寫很多字，也不要求快，更不能催促孩子。練習寫字的初期主要應強調正確，寧可慢些、少些，也一定要寫好。不少孩子到四五年級就想學大人寫草書，這是不可取的。

▶ **培養定時、專心學習的習慣**：家長應嚴肅正視孩子的學習，給孩子提供良好的學習環境和學習時間，不能因故分散孩子的學習精力。這樣做，孩子就會把學習當成生活中的必要程序來完成，養成定時、專心學習的習慣。

▶ **培養課後複習和課前預習的習慣**：身為家長，應注意孩子對新舊知識的掌握情況，有計畫有目的地指導孩子複習，並做好複習檢查工作，培養孩子良好的複習習慣，使知識系統化、連貫化。孩子有了一定的自學能力後，即可指導孩子對即將學習的課程進行預習。這樣，老師講課時，自己就能有的放矢地突破重點、難點，有利於新知識的接受。

▶ 培養獨立完成家庭作業的習慣：不管孩子提出什麼理由和藉口，當天的家庭作業必須讓孩子當天完成。孩子寫作業遇到困難，家長只能給以講解和啟發誘導，鼓勵他自己去克服困難，找到答案，絕不能包辦代替。

▶ 培養廣泛閱讀的習慣：教育家蘇霍姆林斯基（Sukhomlinskii）說：「讓孩子變聰明的辦法不是補課，不是增加作業，而是閱讀，再閱讀。」因此，做家長的要不斷挑選各種適合孩子閱讀的書籍，引導孩子認真閱讀，養成他廣泛閱讀的習慣，這將使孩子終生受益。只要家長能持之以恆地嚴格要求孩子，必然能培養孩子良好的學習習慣。

　　孩子是未來，孩子是希望。孩子只有養成了良好的習慣，掌握了正確的方法，好成績才能延續下去。而且，更重要的是，良好的學習習慣還可以遷移到孩子的其他行為中去，使其一生都受用無窮。

學習能力決定孩子的將來

　　有人問愛因斯坦，「您可謂物理學界空前絕後的人才了，何必還要孜孜不倦地學習？何不舒舒服服地休息呢？」愛因斯坦並沒有立即回答他這個問題，而是找來一枝筆、一張紙，在紙上畫上一個大圓和一個小圓，說：「目前情況下，在物理學這個領域裡可能是我比你懂得略多一些。正如你所知的是這個小圓，我所知的是這個大圓。然而整個物理學知識是無邊無際的，對於小圓，它的周長小，即與未知領域的接觸面小，它感受到自己的未知少；而大圓與外界接觸的這一周長大，所以更感到自己的未知東西多，會更加努力去探索。」

　　是的，沒有一個人能夠有驕傲的資本，因為任何一個人，即使在某一方面的造詣很深，也不能夠說他已經徹底精通、徹底研究完全了。「生命有限，知識無窮」，任何一門學問都是無窮無盡的海洋，都是無邊無際的天空。所以，誰也不能夠認為自己已經達到了最高境界而停步不前、趾高氣揚。如果是那樣的話，則必將很快被同行趕上，很快被後人超過。

然而，即便不考慮學習的功利因素，僅是學習本身，就是一件值得追求的事情。學習本身就是一件很快樂的事情，透過學習，可以充實頭腦，開闊眼界，擴展心胸，豐富精神和靈魂。如果學習不再是為了應付考試，不再是當做謀生的需要，不再是任何現實功利性目標的手段，那麼學習的過程將會是輕鬆的、沒有壓力的、充滿樂趣的。學識淵博的人，必是內心世界豐富的人，也是對人生的美好有更深刻體驗的人。

在一次家長會上，有位母親敘述了自己輔導孩子做家庭作業的情況。「每天要孩子寫作業，就像不得不跑的馬拉松比賽一樣，說好話、嘮叨、規定做不完不能睡覺等等，都很難讓他好好地完成作業，有時熬到晚上10點，實在沒辦法只好把答案直接給他。」這時，老師問她：「孩子為什麼要寫作業？」這位母親怔了一下：「老師安排了作業就要做啊。不交作業怎麼行？」她的回答得到了在場幾乎所有家長的認同。

其實，寫作業的目的是給孩子提供練習的機會、增強學習技巧、掌握學習內容，但更重要的潛在目的是透過作業來培養孩子的責任感、自主性、耐性、時間管理、創造性、自信和應變能力。因此，身為家長，觀念需要轉變，寫作業不是為了交差，而是為了培養孩子的學習能力。

「家有黃金用斗量，不如孩子本領強。」學習能力就是要求一個人不僅要學習廣泛博學的知識，還要學會學習的方法，樹立終身學習的理念，與時俱進。一個人的學習能力往往決定了一個人競爭力的高低，也正因為如此，無論對於個人還是對於組織，未來唯一持久的優勢就是有能力比你的競爭對手學習得更多更快。一個人如果想要在激烈的競爭中立於不敗之地，就必須在生活工作中不斷地有所創新，而創新則來自於知識，知識則來源於一個人的學習能力。這一學習能力需要從孩子培養起。

在21世紀的學習將具有全新的內涵，學習的內容和範圍將大大拓展，和以往不可同日而語。科學研究證明，人類在最近30年所獲得的知識約等於過去2,000年的總和，而未來若干年內科技和知識還會在許多領域出現更為驚人的突破。預計到2050年左右，人類現今所掌握的知識屆時將僅為知識總量的1%。由此可見，在孩子的一生中，最重要的是從小

是否具有較強的學習能力。因為孩子從小具有較強的學習能力，長大了就能夠主動地獲取新知識，適應「知識爆炸」的形勢。

　　管理大師彼得‧杜拉克（Peter Ferdinand Drucker）說：「真正持久的優勢就是怎樣去學習，就是怎樣使自己能夠學習得比對手更快。」是呀，學習是一種生存能力的表現，透過不斷學習，專業能力就會不斷提升。所以，一個人不論處於人生的哪個階段，都不應該停止學習。因為在人生的進程中，需要勝任工作的能力和能夠迅速取得新能力的方法。為了求生存和求發展，每個人都必須不斷學習那些自然和本能沒有賦予自己的生存技術，而為取得新的生存技術就必須不斷學習。如果停止學習，那麼必定會落後於人，而在當今社會裡，落後就會被淘汰。

第七章　專注讓創造力發揮淋漓盡致

　　義大利著名教育家瑪莉亞·蒙特梭利（Maria Montessori）說：「注意力是發展的第一要素！」愛因斯坦也說：「成功來自於良好的注意力。」可以說，注意力在各種認知活動中都有著主導作用，尤其是在創新方面。孩子只有對自己認定的目標全力集中，不斷地了解、發現，才有可能在此基礎上進行創造。而要培養孩子的注意力，家長應根據孩子身心發展的規律與特點，從他們出生起就有意識地、科學地進行培養。

注意力強的孩子創造力強

我們都知道，要實現某一目標，或者在某一領域內取得成功，專注是必須的。所謂專注，主要是指一個人的注意力高度集中於某一事物的能力。注意力的集中與否直接關係到一個人的某項工作或事業是否能夠取得成功。學習專注是所有學者的共同特徵。一個人只有專注於一個目標，才有可能實現自己的目標，或取得一定的成就。

保持良好的注意力，是大腦進行感知、記憶、思維等認知活動的基本條件。在一個人的學習過程中，注意力是打開心靈的門戶。門開得越大，我們學到的東西才會越多。而一旦注意力渙散了或無法集中，就等於心靈的門戶關閉了，一切有用的知識資訊都無法進入。正因為如此，法國生物學家喬治‧居維葉（Georges Cuvier）說：「天才，首先是注意力。」

在正常情況下，注意力能使一個人的心理活動朝向某一事物，有選擇地接受某些資訊，而抑制其他活動和資訊，並集中全部心理能量用於所指向的事物。而如果無法將心理活動指向某一具體事物，或無法將全部精力集中到這一事物上來，同時無法抑制對無關事物的注意，今天想當銀行家，明天又想當科學家，後天又希望自己成為藝術家，如此難以在一個目標上集中，最後注定會一生無所適從，一事無成。一個人連自己該做的事情都做不好，怎麼還空談創造力呢？只有對自己認定的目標全力集中，不斷地了解、發現，才有可能在此基礎上進行創造。

注意力在各種認知活動中都有著主導作用，尤其是在創造力方面。注意力需要做到「注意聽」、「注意看」和「注意想」，這是一種耳朵、眼睛和思維活動對有關問題的指向和全力集中。不管做什麼事，只有保持注意力，聚精會神，才能事半功倍。

因此，我們說，良好的注意力是發揮創造力的關鍵。

1928 年 9 月的一天，英國聖瑪利學院的細菌學講師亞歷山大‧佛萊明（Alexander Fleming）像往常一樣來到實驗室工作。在實驗室的一排排架子上，整整齊齊地排列著很多玻璃器皿，上面還分別貼著鏈球菌（Strep-

tococcus）、大腸桿菌（Escherichia coli）、葡萄球菌（Staphylococcus）的標
籤。這些都是有毒的細菌，尤其是其中一種在顯微鏡下看起來像葡萄的細
菌，存在很廣泛，危害也非常大，病人的傷口化膿感染，就是這種細菌在
「作怪」。佛萊明培養細菌，目的就是為了找到一種能夠制服細菌、使細
菌變成無毒細菌的方法。遺憾的是，他試驗了各種試劑，就是沒有找到合
適的藥品。

　　這天，佛萊明又來到架子前，逐個檢查著培養器皿中細菌的變化情
況。當他來到靠近窗戶的一個培養器皿前的時候，他發現在貼著葡萄球菌
的培養器皿中的培養基長出了一團青色的黴。

　　這時，佛萊明的助手趕緊過來說：「這可能是被雜菌汙染了，不用它
了，還是倒掉算了！」佛萊明示意助手不要倒掉培養基，接著，他仔細地
觀察起這團青色的黴狀物。在觀察中，他驚奇地發現：在青色的黴菌周
圍，有一圈空白的區域，原來生長的葡萄球菌消失了。

　　難道是這種青黴菌（Penicillium）把葡萄球菌消滅了嗎？想到這裡，
佛萊明不禁一陣興奮，他馬上把這瓶培養基拿到顯微鏡下觀察。結果發
現，青黴菌附近的葡萄球菌已經全部死去，只留下一點殘跡。

　　於是，佛萊明立即決定，把青黴菌放在培養基中培養。

　　幾天後，青黴菌明顯地繁殖起來。佛萊明開始了新的試驗：他用一根
線黏上溶了水的葡萄球菌，然後再放入青黴菌的培養基的器皿中。

　　幾個小時後，葡萄球菌全部被消滅。

　　接著，佛萊明又分別把帶有鏈球菌、白喉菌（Diphtheria）、肺炎鏈球
菌（Streptococcus pneumoniae）的線放進去，結果，這些細菌也很快死掉。

　　為了弄清青黴菌對葡萄球菌的殺傷能力有多大，佛萊明把青黴菌的培
養液加水稀釋，先是 1 倍、2 倍 …… 最後以 800 倍水稀釋，結果，這稀釋
過的青黴菌對葡萄球菌和肺炎球菌的消滅能力依然存在。這在當時，是人
類發現的最強有力的一種殺菌物質了。

　　後來，佛萊明就把他的發現寫成論文發表。他把這種青黴菌分泌的殺

菌物質稱為青黴素（Penicillin）。

由於佛萊明在青黴素發現和利用方面做出的傑出貢獻，他於 1945 年獲得了諾貝爾醫學獎。

佛萊明發現青黴素，看似偶然，實際上是他留心觀察、不斷注意的結果。如果沒有佛萊明的留意，沒有他不間斷地注意，就不可能有青黴素的發現。這就是注意的力量。

但是，孩子的注意力是有年齡特點的，也是有一個發展過程的。不同年齡層的孩子，其注意力也是不同的，年齡越小注意力越差，同一年齡層的孩子注意力也有所不同。故孩子在嬰幼兒、學齡前甚至小學低年級時，在一定程度上的注意力差，容易分心，應該是正常的。孩子注意力集中時間的長短，主要取決於孩子的年齡、性格和其他個性。同時，又由於孩子的注意範圍較小，受情緒影響較大，注意分配能力也較差，所以常常會出現注意力不集中的現象，做事三心二意，常常半途而廢。

有一類孩子通常智力正常或大致正常，然而在學習、行為及情緒方面會存在一些過動缺陷，通常表現為注意力不易集中或集中時間較為短暫，活動過多，情緒易衝動，以致影響做事的效率，對學習不感興趣，造成學習困難。還有些孩子在家及在校時很難與同學、老師和睦相處，經常上課做小動作，跟同學說悄悄話，小屁股在椅子上扭來扭去，根本坐不住。還有的孩子就是不喜歡排隊，隊伍一到他那裡肯定就轉彎，要麼他就衝到隊伍的最前面。凡此種種，孩子注意力不集中的行為應引起家長的高度重視。

有些家長覺得這是因為孩子太小，不懂事，情況會隨著年齡的增長有所好轉。事實上，隨著他們神經系統發育的日趨健全，注意力不集中行為有時只會增強，不會降低，有時甚至會延續到成年，這樣就會嚴重影響他們的學業成績和思維發展，因此家長必須及時幫助糾正。如果不採取措施糾正，久而久之就會養成一種壞習慣，對任何事物都難以進行深入的思考，頭腦簡單，行為幼稚。這對於孩子的學習、成才都會帶來極大的不利影響。

孩子注意力不集中的表現

　　有不少孩子從上學開始，家長就不斷地接到老師的投訴：「上課10分鐘後，孩子就開始搞小動作、說話，或上課分心，不聽講。不知上課講的是什麼，不知所留的作業是什麼。有的孩子雖然看似安安靜靜地坐在那裡做功課，但實際上卻在神遊四方，心不在焉，作業中掉字、錯字、錯符號，抄錯的狀況很明顯」孩子回到家，學習時也非常不專心，一會看看電視，一會喝口水，一會兒又要上廁所。總之，不磨蹭幾個小時作業是做不完的。為此，家長們沒少嘮叨、抱怨，認為這都是因為孩子不懂事、不自覺、不懂得體諒大人造成的。

　　其實不然，這都是家長認知上的盲點。孩子之所以會這樣，並非他自己能夠意識得到、能夠控制得了的，這都是孩子的注意力不佳，也就是我們常說的注意力障礙惹的禍。主要表現為無法將心理活動指向某一具體事物，或無法將全部精力集中到這一事物上來，同時無法抑制對無關事物的注意。而一個人如果沒有了注意力，那麼他的心神永遠處於游離的狀態，他永遠不可能取得學習和事業上的成功。

　　注意力不集中屬於一種心理上的缺陷，家長要及時發現孩子的這一問題，以幫助他們糾正。而要想幫助孩子糾正注意力不集中的問題，家長首先要了解，孩子注意力不集中具體有哪些表現。心理專家透過研究表明，有注意力障礙的孩子一般會出現以下幾方面情況。

● 從事一項活動時容易分心

　　注意力差的孩子在上課時，只要聽到教室內有一點響動，他的眼睛就會立即循聲而望，而如果窗戶外面有人走過，就會馬上轉頭張望。由於分心，所以他們對於要完成的工作任務或學習任務。總是粗心大意，差錯百出。尤其是面對一些需要有耐心去觀察和完成的細節性任務時，更容易出錯。他們還經常丟三落四，把書本、鉛筆、鉛筆盒等學習用品或生活用品遺失在家或忘在學校。寫作業拖拖拉拉也是這類兒童常見的症狀，只有1

個小時的作業，他們常常拖拖拉拉，2～3個小時也完成不了，需要家長在旁邊時時督促。他們甚至在考試時也因為注意力不集中而寫不完考卷，有時候在答題的過程中，稍微有點難的題目就不願意深入思考，結果當然也解不出來。大人跟他們說話的時候，他們也經常是心不在焉，似聽非聽。剛問完他們問題，他們隨即忘記了所問的是什麼問題。

因為注意力不能集中，所以這些孩子的學業成績往往具有很大的波動性，家長與老師管得嚴格一些時就上升，放鬆管理後又下降到低谷。

● 活動過度

注意力不集中的過動症孩子通常比別的孩子精力旺盛，不能安靜下來。行走時不是走在路中間，而是在路旁跳來跳去，或是繞著障礙物行走。過馬路時不怕危險，快速地奔跑。到需要安靜的公共場所也不安靜，總是讓大人為他們繃著一根弦，擔心他們的安危。

在學校，他們上課不安靜，做小動作，玩文具、書本，用手去弄同學，製造噪音。下課後不安靜地待在教室裡，總是在教室內外與別的同學追追打打，高聲叫喊，嚴重影響學校秩序。

● 情緒波動較大，喜歡與大人唱反調

有注意力障礙的孩子，在情緒上可能波動得較為厲害，表現為經常煩躁不安、不高興，遇到不愉快的事情總大發脾氣。有極端的行為，如在家違抗家長的命令，跟大人唱反調。在學校不聽老師的話，違反紀律，有攻擊他人的行為等。

除此之外，有一些孩子還會有感知覺功能異常等不良表現。如翻掌等活動不靈活，拿筷子、握筆書寫、扣鈕扣、繫鞋帶、做手工操作等動作笨拙。眼球輕微震顫，閱讀時眼球運動不協調，認字時把偏旁相近的字搞混淆，如 6 與 9，b 與 p 之間區分困難等。

如果你的孩子出現了上述的這些情況，那麼身為家長，一定要認真對

待這一問題，除了給予孩子更多的關愛之外，還應該注重孩子注意能力的培養。唯有如此，才能幫助孩子跨越注意力障礙，取得優異的成績。

孩子注意力不集中的原因

對於每個家長來說，如果對孩子注意力不集中的行為長久的忽視，將會給孩子的將來造成難以彌補的損失。所以，家長要冷靜細心地觀察孩子的行為，找出孩子注意力不集中的根本原因，並耐心地幫助他們加以解決，以便完善智力的發展。

整體來說，造成孩子注意力不集中的原因包括以下幾方面。

▶ **飲食影響注意力**：隨著生活方式、環境及飲食結構的變化，兒童注意力不足過動症的發病率越來越高。建議家長多給孩子吃些富含維生素的水果蔬菜和高蛋白類食物，以便補充足夠身體所需的營養。

▶ **睡眠品質影響注意力**：作息不定時、生活無規律是孩子注意力分散的主要原因。學習是腦力勞動，要消耗大量的腦內氧氣，若望子成龍心切，整天強迫孩子長時間從事單調的學習活動，則必然造成孩子大腦疲勞而精神分散。心理實驗證明：3 歲幼兒注意力可維持 3 ～ 5 分鐘，4 歲孩子 10 分鐘，5 ～ 6 歲兒童也只有 15 分鐘。因此，合理制定孩子的作息時間很重要。為了養成孩子注意力集中的習慣，家長有必要讓孩子明確什麼時候可以盡情地玩，什麼時候必須專心完成學習任務。

▶ **外界環境影響注意力**：外界環境如大人看電視、大聲議論或哈哈大笑等會分散孩子的注意力。有的家長總是擔心孩子不能自覺，所以他們總喜歡在孩子做功課時問這問那。「做幾題了？還有幾題？」看起來似乎是關心孩子，殊不知這樣實際是在干擾孩子，弄得孩子無法集中注意力，思考問題的思路也總被打斷。

▶ **身心發育不健全影響注意力**：兒童心理學研究表明，孩子分心的程度與年齡成反比。孩子的年齡越小，他們注意力集中的時間就越短。對

於低年級的孩子來說，讓他們全神貫注地坐上 40 分鐘聽課那是不現實的。此外，由於身心發育的不健全，孩子無法根據實際情況將自己的注意力集中在需要注意的事物上，從而經常會過於興奮，總是「惦記」著一件事情而忽視了眼前的事物。出現這些情況都是正常的，只要教育得當，隨著年齡的增長，絕大多數孩子都能做到注意力集中。

此外，某些腦區功能的缺陷會造成注意力不集中，這些腦區活動比較弱，就容易引發問題。其中，以兒童過動症最為典型，它是兒童時期的常見病。這些孩子幾乎片刻不停，忙忙碌碌，被各種事物所吸引。雖然他們也有興趣愛好，但是對感興趣之事也無法集中注意力。大約有 1/3 的兒童過動症患者病情會延續到成年，並且會帶來後遺症，如性格問題等。像這類孩子就具有注意力分散度較大的氣質特點，應該及早到醫院給予治療。

近幾十年來，越來越多的研究發現，「感覺統合功能失調」也是導致孩子注意力不集中的一個原因。「感覺統合功能失調」是指大腦不能將來自身體各部分的感覺資訊進行充分的加工和整理，從而不能組織身體各方面的活動。醫學專家認為，產生「感覺統合功能失調」的原因有都市的高樓大廈剝奪了孩子與大自然、綠地接觸的機會；家長經常將孩子摟抱在懷中，使孩子缺少練習抬頭、在地上滾爬等成長必需的活動；並非必要的剖腹生產，使孩子失去了唯一的經過產道擠壓獲得觸覺訓練的機會等等。這些病理性的問題往往很難自癒，而且對孩子身心危害比較大。

孩子注意力的集中程度可能會隨著年齡的成長而增加，但每個孩子發育程度不盡相同，有一些孩子快一些，有一些孩子則慢一些。

總之，孩子注意力不集中的原因是很複雜的，家長應該多與孩子溝通，察言觀色，耐心詢問，全面細心地了解其所面臨的具體障礙。這樣，才能更好地採取措施，糾正孩子注意力不集中的毛病。而不了解孩子不專心的具體原因，就不可能做到因材施教、對症下藥，有時甚至會適得其反。

有勞有逸使注意力更集中

「望子成龍」是普天下父母親的共同心願。尤其是當今社會競爭異常激烈，就業壓力大，家長對孩子的期望就更高、更嚴了。為了把自己的子女打造成「龍」、「鳳」，家長們盡自己最大的努力，千方百計地給孩子創造教育的環境和發展智力的條件。孩子從上幼兒園開始，家長就急著替孩子報各類才藝班、提升班，把孩子的課內、課外時間都安排得滿滿的。他們以為，只要照著自己的安排，就有光輝燦爛的前程等著孩子。

吳海銘的媽媽就是幾千幾萬個「望子成龍」的家長中的一個。

吳海銘是國中七年級的學生，自他上七年級以後，媽媽對他的管教就變得越加嚴格了。吳海銘每天回家除了要複習學校的功課以外，還要上一個一小時的英語視訊課程，練一個小時的鋼琴。無休無止的學習占滿了吳海銘所有的課餘時間。有時候，吳海銘學習完了，想看玩一下手機，媽媽就會語重心長地說：「不行，你這樣的成績離公立高中還是有一定的難度，應該再做一些題⋯⋯」為此，吳海銘叫苦不迭，學習對他來說就是一種莫大的煎熬。在這種沉重的課業負擔下，吳海銘想集中精神學習都難。他逃避學習，逃避回家，每天放學回家的路上，他都會這裡走走，那裡逛逛，以逃避爸爸媽媽的嘮叨和學習的壓力。

這種情形在生活中經常發生。很多家長總是希望孩子能夠「固定」在書桌前認真學習，以為孩子在書桌前學習的時間越多，學習的成績就會越好。而事實恰恰相反，研究證明，那些整天忙著學習，沒有時間玩的孩子，他們的注意力通常不集中，學習效果也比較差。

這是因為，玩是每個孩子的天性，當孩子的天性沒有得到滿足時，他是不可能專注地做其他事情的。如果一個家長整天只盯著孩子學習，忽略了孩子愛玩的天性，不讓孩子玩。那麼，這些被家長剝奪了玩的權利的孩子就會失去學習的樂趣和興趣，把學習當成了一件苦差事，應付了事。與此同時，他們又會把「玩」當做一種追求。為了彌補失去的玩樂時間，他們會在學習的時候分心，以此來獲得精神上的樂趣。此外，他們還可能用

有意拖延時間等方法來達到精神上的快感。

因此，家長要重新了解一下玩樂對於孩子的意義。對於孩子來說，玩樂並不一定是荒廢時間、不務正業。相反，玩樂不僅能夠幫助孩子調節大腦，使孩子獲得放鬆，還有利於孩子下一輪的學習，孩子並不是讀書機器。

身為家長，要想孩子能夠專注地學習，就應該把玩當做孩子一天當中不可缺少的活動。

比爾蓋茲（Bill Gates）的外祖母就非常重視給孩子一定的玩樂時間。

每天，她都會抽出一定的時間陪比爾蓋茲玩遊戲，尤其是做一些智力遊戲，如跳棋、打橋牌等。玩棋類遊戲時，外祖母總是對比爾蓋茲說：「用力想！用力想！」她還常常為比爾蓋茲下了一步好棋而拍手叫好。這些桌遊都極大地強化了比爾蓋茲的專注力。

比爾蓋茲在創辦「微軟」的時候，曾經連續幾十個小時專心致力於程式開發，這是年幼時所養成的好習慣。

可見，明智的家長一定會給孩子玩樂的時間，讓孩子在玩的時候痛痛快快地玩，在學習的時候專心致志地學習。只有做到有勞有逸、張弛有度，孩子才能學而有效。

那麼，家長如何才能讓孩子有勞有逸呢？下面介紹的幾種方法，值得借鑑。

▶ **讓孩子學會科學用腦**：孩子在學習的過程中，家長可以建議孩子變換學習的內容，使內容豐富化。這也就是說，應避免單科學習時間過長，要使各科交叉安排複習。這樣可以使大腦皮質各區域輪流休息。只有大腦休息充分，才能夠更加集中精神地學習。

▶ **讓孩子意識到專注的重要性**：孩子只有認知到專注的重要性後，才會自覺地專注下來。家長應該告訴孩子，只有專心致志地學習，學習才能有成效。如果學習的時候只想著玩的事情，無論如何都不可能把學習學好。

▶ **讓孩子學會休息**：休息可分為安靜休息、活動休息和交替休息。安靜休息是指睡眠和閉目養神，活動休息也稱積極性休息，如散步、打球和輕微的運動等。交替休息是指將各種不同性質的學科交叉在一起來學習，如文、理社會性穿插複習，這樣，大腦皮質的神經細胞不僅不會疲勞，而且還會有相輔相成的作用。

▶ **聽音樂讓孩子消除疲勞**：在消除疲勞的過程中，情緒因素很重要。積極向上、樂觀、愉快的情緒能加速消除疲勞。比如優美的音樂就能振奮孩子情緒，引起輕鬆愉快的感覺。

因此，在孩子學習間隙或學習之後，家長可以透過讓孩子聽音樂來幫助孩子消除疲勞。但是，音樂必須是沒有歌詞，音樂中如有文字的話，文字資訊將進入大腦，影響大腦的休息。另外，家長還應該告訴孩子，在聽音樂時，不要邊聽邊想其他的事，必須陶醉於音樂中，才能完全得到放鬆。

▶ **讓孩子看他們喜歡的動畫節目**：每個孩子都喜歡看動漫卡通，對於孩子來說，動畫節目是他們快樂童年的寫照。因此，家長不能剝奪孩子看「動漫卡通」的權利。應允許孩子在學習之餘，適當看一些內容合適的節目，這對放鬆孩子的精神大有幫助。

▶ **讓孩子多進行戶外運動**：戶外運動不僅為孩子的健康提供了保障，對孩子的注意力發展與心理健康同樣也有所幫助。經常進行戶外運動，能幫助孩子更好地集中注意力。

安靜的環境有助於孩子專注

小梅是小學六年級的學生，平時她學習特別認真，成績也很好。可是，最近不知怎麼回事，上課的時候老是打哈欠，一副精神不振的樣子。更為嚴重的是，每次講的內容，小梅在下課後總是忘得很快，作業總是出差錯。班導提醒了她幾次，可是情況並沒有因此而好轉。這到底是怎麼一回事呢？為此，班導專門去了一趟小梅的家，對她進行家訪。

那是星期天的下午，班導來到小梅的家門口，大老遠就聽到小梅家裡傳出的麻將聲。

聽到敲門聲，小梅的媽媽出來開門，一見班導，小梅的媽媽有些不自然了，她紅著臉把老師帶進了家門。班導一看到小梅家混亂嘈雜的情景，一下子就明白了小梅注意力不佳的原因了，原來都是麻將聲惹的禍呀！

班導說明來意，並介紹了小梅最近在學校的表現情況。最後，班導意味深長地對小梅的媽媽說：「孩子要想課業好，是需要家長與孩子一起努力的，特別是家長，要為孩子創造一個良好的學習環境。」

小梅的媽媽聽了這話，不禁慚愧地連連點頭，趕緊中止了家裡的麻將活動，並承諾說，以後一定不會在家裡打麻將影響孩子學習了。

一個安靜的家庭、安靜的空間十分有利於提升孩子的注意力。相反，一個嘈雜的家庭環境會嚴重影響孩子的注意力。小梅的家長沒有意識到家庭環境對孩子注意力的影響，因此，在家裡公然開起了「麻將館」。這種做法顯然是很不明智的。當然，在現實生活中，這樣的家長畢竟是非常少數，更多的家長還是非常重視良好的家庭環境與學習氛圍的營造的。

張倍源的爸爸媽媽就是這樣做。

張倍源一家擠在一間大套房裡每當孩子開始念書的時候，張倍源的爸爸媽媽就自覺關掉電視，安靜地看書、滑手機、看雜誌。媽媽對孩子說，這是共同學習、共同進步。一般情況下，爸爸媽媽是不會去無故打擾孩子念書的，除非是孩子在寫作業的過程中遇到了難題，主動請教爸爸媽媽，這時，爸爸或者媽媽才會予以幫忙、提示。

在爸爸媽媽的影響和幫助下，張倍源不僅念書認真、專心，注意力還特別好。正因為如此，張倍源的學業成績在年級裡名列前茅，做其他任何事情也總是有始有終，讓老師和同學都非常佩服。

這個例子告訴我們，只有家長盡力為孩子排除使孩子分心的因素，給孩子創造一個安靜、獨立的環境，孩子才能夠集中精力，養成良好的學習習慣。而要給孩子創造一個獨立、安靜的環境，家長應做到以下幾點。

● 給孩子創造安靜的家庭念書氛圍，讓孩子專心地念書

孩子的注意力很容易受到外界嘈雜聲音的干擾。因此，要想孩子專心地念書，家長自己要保持安靜，不要做分散孩子注意力的事，如看電視、大聲說話或哈哈大笑等。如果是在不同的房間裡，家長也應該把門關好，把聲音調小。當然，這個時段，家長也可像故事中張倍源的爸爸媽媽那樣，認真地充實，以模範行為讓孩子效仿。在孩子念書時，家長不要過度關心地嘮叨，問這問那，這些都會干擾孩子的念書。

生活中，經常會有這樣的現象，一些家長愛子心切，總擔心孩子凍著、餓著。因此，總喜歡在孩子看書、念書、寫作業的時候「熱情」地照顧孩子。如此一而再、再而三地「關心」，只會一次又一次地打斷孩子念書的思路。試想，一個總是被打擾的孩子，如何能良好地完成自己的課業進度呢？

● 為孩子提供一個固定、獨立的念書場所

我們都知道，孩子的注意力是很容易受到習慣的影響的，因此，對於孩子來說，擁有屬於他們自己的念書場所很重要。身為家長，最好要給孩子一間屬於他們自己的房間，讓孩子在固定的學習場所念書。此外，孩子念書時的桌椅位置應固定，不能隨意搬動。這樣，孩子在固定的場所、固定的位置念書，他們很容易就能形成一種專心念書的良好習慣，只要一進入這個環境，他們的整個身心都會不自覺地投入到念書之中，從而取得良好的學習效果。

● 為孩子創造適合他們專心念書的心理氛圍

要想孩子做到心無旁騖、專心致志地念書，家庭成員之間還應該互相關心、親密融洽，這是孩子「入境」、「入靜」的重要條件。家庭人際關係如果不和諧，經常吵吵鬧鬧，對於孩子來說是一種心理干擾、情緒壓力。在這種負面情緒的干擾下，孩子是不可能做到專心學習的。

小偉是小學四年級學生，他的家庭條件很好，從小就有一間屬於自己的房間。在他的房間裡該有的東西應有盡有，小偉可以一邊寫作業，一邊聽音樂，還能隨手就拿他想吃的零食。大家都很羨慕小偉，認為他有個能幹的爸爸。可是小偉並不開心。

　　和其他的所有同學一樣，小偉也曾有過快樂的時光，那時候，他在爸爸媽媽溫柔的愛護下快樂地成長。聰明、活潑、可愛。

　　但是，好景不常，這樣的日子一去不復返了。

　　在小偉上小學後，父母常因家庭瑣事發生爭吵，甚至相互毆打。爸爸媽媽每次吵架，小偉揚都躲在牆角，用手捂住臉不敢觀望，有時通常在睡夢中驚醒哭喊。

　　從此，小偉變得膽小、寡言少語。小偉的腦海裡整天想著爸爸媽媽吵架的事，每到上課的時候，父母吵架的場面常在他的腦海裡縈繞浮現，以致於他根本沒把注意力放在老師講課的內容上。這種情況下，小偉的大腦始終處於迷糊的狀態，所學的知識忘記得很快，學業成績也越來越差。

　　小偉之所以長期處於嚴重的憂鬱狀態、注意力漸趨減弱，其主要原因是父母長期不和以及對其關心不夠造成的。孩子的成長需要一個和睦、安寧的家庭環境，家庭的矛盾對孩子的心理和智力發育有著深遠的影響。身為家長，我們與其千方百計地為孩子提供豐富的物質生活，不如為孩子營造一個和諧的氛圍，這是孩子專心學習的心理保障。

用目標引導孩子的專注力

　　對於孩子來說，是否有明確的目標很重要。有目標的孩子通常知道自己要達到什麼樣的目的、要執行什麼事情。這樣，他就能集中注意力，調控和制約自己的行為，不會在「學習」或者「活動」的過程中半途而廢。相反，孩子如果沒有計畫，缺乏目標，就會把精力放在瑣碎的事情上，從而導致注意力不集中，情緒不穩定，意志力薄弱。輕則影響到孩子的學業

成績，重則影響到孩子一生的發展。

鑒於此，家長可以讓孩子明確活動或學習的目標，當孩子瞄準目標以後，他內在的動力系統便開始啟動，而內在的動力是調動孩子有意注意和持續注意的關鍵，能夠激發起孩子無限的潛能，使孩子逐步走向成功。

有一位聰明的媽媽是這麼給孩子定目標的。

年輕的媽媽小李發現孩子在練習彈琴的時候總是沒有計畫，剛開始彈琴，不一會又去看卡通或滑手機了。

有一天，小李對孩子說：「你每天得彈半小時的鋼琴，剛回家的時候彈也行，吃完晚餐彈也行，但是，彈的時候你不能半途而廢，一定要彈足半小時。」孩子考慮到晚餐前有一個他喜歡看的卡通要播放，於是他選擇了吃完晚餐再彈。結果，他確定自己的計畫後，居然一直執行得非常好。

過了一些日子，小李對孩子說：「你計畫每天練習半個小時的鋼琴這件事情做得很好，但是我不知道，你打算用幾天的時間把一首曲子彈熟練呢？」

孩子想了想，很有掌握地說：「照我目前練習的情況來說，我覺得一週練習一首曲子，而且把曲子彈好是沒有問題的。」

小李聽了孩子的話，滿意地點了點頭。

一週的時間過去了，孩子的曲子果然彈得很好。

事實上，小李的孩子有了種種的目標以後，學習與彈琴這兩件事情都做得非常好。因為他懂得了制訂計畫、確定目標的好處。

那麼，在日常生活中，家長應如何幫助孩子確定目標，用目標引導孩子的注意力呢？專家以為，家長可以從以下幾個方面入手。

● 讓孩子了解到目標的重要性，激勵孩子實現目標

孩子一般都不願意關心自己不喜歡的東西，但是發展的需要他們必須去學習自己不喜歡的課程。家長必須使孩子充分地了解到這些課程的重要性。低年級的孩子以自己做的事情能否讓別人高興、能否獲得別人的認

同，身為評價自己行為對錯的標準，家長可以告訴他，學好某項課程，爸爸媽媽、老師、親戚、朋友都會更喜歡他。對於高年級的孩子，家長可以對他說，只要學好這項課程，才能升上理想的高中及大學，將來才能成為他理想中的人物。此外，家長還可以經常給孩子講述他所崇拜的人小時候為了成就事業如何刻苦學習的故事，這對孩子會產生很好的激勵作用。

● 讓孩子按計畫做事，實現自己預定的目標

在日常生活中，家長要向孩子強調計畫的重要性，並給孩子的各項行為制訂一些計畫。當然，這些計畫的制訂應該讓孩子參與進來。

當計畫制訂了以後，孩子必須按計畫做事，不能半途而廢。對年幼的孩子來講，家長應該要求他們在玩的時候自己把玩具拿出來，玩完以後自己收好；看書寫作業的時候要認真，寫完以後才能去玩。做事還應該有責任感，自己掌握做事的進度。

一位小學生做事非常磨蹭，本來沒有多少作業，卻非要拖到很晚，這讓媽媽又氣又急。

有一次，媽媽想了一個辦法。她跟兒子約定，寫作業的時間只有半小時。然後，媽媽把鬧鐘上好，同時，兒子開始寫作業。半小時一到，鬧鐘就響起來，兒子還差兩題沒做完。兒子向媽媽投來求助的眼神，但是，媽媽毫不猶豫地說：「時間到了，你不要做了，睡覺吧。」

第二天，媽媽把兒子沒做完作業的原因告訴了老師，老師也支持媽媽的方法。這天晚上，媽媽又設定好了鬧鐘，兒子一開始寫作業就掌握時間，效率明顯提升，居然順利地在半小時內做完了作業。

從那以後，兒子寫作業的效率都提升了。而且，做其他事情的時候，他都會有意識地給自己設定一個時限，有計畫地去做了。

● 透過遊戲目標來訓練孩子的注意力

有一個深受孩子們喜愛的傳統遊戲叫「偷象棋」。把棋子倒在棋盤

上，堆成一個堆，然後輕輕地將棋子一顆一顆地拿走，發出聲音就算失敗。這種遊戲很容易集中精神，因為孩子都有征服和獲勝的欲望，他可以透過達到不讓棋子發出聲音這個目標而得到成功後的快樂。

在日常生活中，家長還可以訓練孩子帶著目的去自覺地集中和轉移注意力，如問孩子「媽媽的衣服到哪裡去了」、「桌上的玩具少了沒有」，或是請孩子畫圖送給媽媽當生日禮物等。這樣有目的地引導孩子，可讓他逐步養成圍繞目標、自覺集中注意力的習慣。

當然，培養兒童專注力的方法有很多，其具體實施方法也不盡相同。家長可根據孩子專注力發展的特點，採取適當的方法，有計畫、有目的地進行訓練和培養。

培養自制力可提升注意力

孩子因為年齡小，自制力較差，當有外界刺激出現時，大人可以約束自己不去關心它，但孩子卻很難做到。可以說，孩子能不能控制自己的行為是非常重要的。一個孩子如果沒有自制力，就會容易不專心、盲目從事，以致難以做好與自己密切相關的事情。

一般來說，孩子因為自制力較差導致注意力分散的具體表現為精神不集中；做事虎頭蛇尾，不能始終如一；想到了，但做不到；或所謂「只有五分鐘熱度」。凡此種種，嚴重地影響到孩子的做事效率和學業成績。因此，要培養孩子的注意力，家長應有意識地提升孩子的自我控制能力。

眾所周知，人的情感、欲望和興趣這些非智力因素是人的行為動機和毅力的重要因素，但這些因素又帶有自發性。情感如果不經過自制機制的加工處理，任性而動，任情而為，就會出現一種非理性的行為，必將偏離正確的軌道，很難得到預期的效果。這說明自制力具有一種特殊的功能，它能調動其他非智力因素的積極的方面，消解它們的消極的方面，使一個人按照理性的要求去行動，從而克服各種放任、散漫、無恆心、無決心的情況。因此，我們也可以說自制力在這個非智力因素的動力系統中，有著

一種樞紐的作用。從一定意義上，可以說它是這個動力系統的調節器和保險絲。自制力能夠保證人的活動經常處於良性運行的軌道上，從而可以積極、持久、穩定、有序地實現一個又一個目標。

對此，每位家長都要有足夠的認知，但是也不必為此過度著急。因為一般兒童的通病，也正是我們施教的依據。只要從他們的實際出發，不放過每一個時機，嚴加訓練，持之以恆，自制力就一定能逐步增強起來。

具體地說，家長可以從以下幾個方面入手增強孩子的自制力。

● 家長要做孩子的榜樣

有個心理學實驗：給幼兒看有關「自制力」的影片，影片內容包括這幾項：等媽媽來了再吃餅乾、公共場所不亂跑、參觀畫展時不亂摸。結果，這部分幼兒比沒看影片的幼兒自制力強。可見，自制需要榜樣。

生活中，孩子最容易模仿的對象是家長，家長自制力的表現會影響孩子自制力的發展。比如：有位媽媽經常跟朋友打牌，孩子看到了乾脆就坐在電視機旁一邊看電視一邊寫作業；週末家長沒按時起床，孩子也趁機躺在床上看漫畫；家長忙起來顧不上整理房間，孩子書桌上的講義、考卷、筆記本也越堆越亂。所以，一個衝動的、情緒不穩定的、行動缺少自制的家長，必須先教育自己增強自制力，才能幫助孩子建立自制力。

● 透過專門訓練來培養孩子的自制力

為了更好地培養孩子的自我控制能力，家長可以對孩子進行某項專門訓練，如透過練琴、書法、繪畫等活動來培養孩子的自制力。訓練時，最好在固定時間、固定地點進行，因為這樣可以形成心理活動定向，即每當孩子在習慣了的時間和地點坐下時，精神便條件反射地集中起來。

● 透過獎勵的辦法激勵孩子提升自制力

事實表明，透過獎勵的辦法是完全可以激勵孩子提升自制力的。例如：一個平時寫字總拖拖拉拉、漫不經心的孩子，如果你許諾他認真寫

字、按時完成任務之後，會給他一些他喜歡的禮物，他一定會安下心來，集中注意力認真地完成。

值得注意的是，家長盡量不要對孩子的努力給予可觀的報酬。幫助孩子建立一種內在的獎勵制度，這樣他就能對自己做好的事情感到滿意了。

● 透過遊戲或者活動強化孩子的自制力

透過遊戲或者活動可以強化孩子的自制力，而家庭是孩子透過不斷摸索學會控制衝動和應付壓抑情況最好的場所。在遊戲與活動中，不斷強化孩子的努力與行為，他最終就能應付自如。有一個 7 歲孩子剛上學，還不適應小學生活，加上性格外向、急躁，更加難以控制自己。有的時候，他上課講話、坐不住，甚至搶同學的文具。對這樣一個年齡尚小的孩子來說，說教很難達到作用。後來，孩子的媽媽發現透過家庭的遊戲和活動培養孩子的自制力效果極佳。比如：讓孩子當「老師」，他就很有耐心和禮貌；學校組織安全教育活動，讓孩子當「交通警察」，他竟能站 15 分鐘「指揮交通」而不亂動；和同伴玩「扮家家酒」，讓孩子當家長，他立刻變得柔聲細語起來。總之，活動和遊戲能讓孩子的自制行為日益累積，最終內化成為習慣。因此，家長應鼓勵孩子參與活動和遊戲，孩子便能在自然生動的條件下發展自制力了。

● 透過道德操練增強孩子的自制力

當孩子為自己的需求得不到滿足而煩惱時，家長可以有意識地引導孩子產生積極的思維：這一切都是暫時的，自己的需求過一會兒也會獲得滿足的。例如：孩子和別的小朋友爭搶玩具，在放棄時，你可以教他這樣安慰自己：「現在讓給他玩，過一會兒就可以輪到自己了。」這樣一種「自我安慰」實際上是一種道德操練，孩子一旦對欲望有了發自內心的控制，其自制力也就真正提升了。

總之，在管教孩子的過程當中，家長要注重把對孩子外在的約束力轉化為他們內心的自制力。這樣，孩子才能逐漸提升自制力，使注意力變得

集中起來。

讓孩子任遊戲中增強注意力

蘇聯心理學家曾做過這樣一個實驗：將各種不同顏色的紙條分別裝進與之顏色相同的盒子裡，讓孩子在遊戲和單純動作的兩種不同活動方式下完成任務，同時觀察孩子的專注時間。結果顯示，在單純放紙條的情況下，4 歲大的孩子只能堅持 17 分鐘，6 歲大的孩子能堅持 62 分鐘，而在遊戲放紙條活動中，4 歲大的孩子可以持續進行 22 分鐘，6 歲大的孩子可以堅持 71 分鐘，而且分放紙條的數量比單純完成任務時多了 50%。實驗結果表明，遊戲能夠激起孩子極大的興趣，孩子在遊戲活動中，其注意力集中程度和穩定性都很好。

童話大師安徒生（Hans Christian Andersen）的父親就是這麼一位善於利用遊戲培養孩子的注意力的家長。

安徒生在學齡期雖然沒有接受過正規的學校教育，但是，他的父親經常和他一起玩遊戲。在遊戲中，父親有計畫地訓練安徒生的注意力、想像力和思維能力的發展。

有一次，安徒生的父親在工作時，剩下了一塊木頭，為了讓安徒生高興，他就動手給小安徒生做了幾個木偶。木偶做好了，父親就對安徒生說：「我們幫木偶穿上衣服吧。」

幫木偶穿上衣服後，父親又說：「我們現在有演員、有舞臺、有幕布，就可以演戲了。不過在演戲之前，要先把角色對白練熟。」

於是，父親拿出一本戲劇故事書，讓安徒生把這本書讀了一遍又一遍。

安徒生非常認真地把故事中的對白背得滾瓜爛熟。在演出時，安徒生表演得異常投入，街坊鄰居都說他們父子倆真是一對「瘋子」。

從那以後，安徒生迷上了演戲，為了演好戲，安徒生有時甚至看書看

得忘了吃飯。

正是這種對演戲的痴迷，無形中培養了安徒生做事的專注力和豐富的想像力，為其之後的成功奠定了一定的基礎。可以說，是童年時期的遊戲成就了安徒生輝煌的一生。

在日常生活中，家長應盡量為孩子提供玩遊戲的條件，鼓勵孩子玩各種各樣的遊戲。

● 撲克牌遊戲

取來三張不同的牌，隨意地排列在桌上。比如從左到右依次是紅桃A、黑桃3、方塊5，注意開始要選取一些容易記住的牌，然後拿出一張給孩子看，如黑桃3，並請他記住。再把三張牌蓋牌後在桌上，由家長隨意更換三張牌的位置，最後讓孩子報出黑桃3在哪裡，如果孩子說對就算他勝利。然後和孩子輪流玩遊戲，由家長來猜。隨著孩子注意力的提升，家長可以適當增加難度，如增加牌的數量，變換牌位置的次數和提升變換牌位置的速度等。

這種方法可以高度培養孩子注意力的集中，而且由於是遊戲，符合孩子的心理特點，非常受孩子歡迎，孩子玩起來的積極性很高。如果每天都能堅持玩幾次，孩子的注意力肯定會有所提升。

● 「開火車」遊戲

這種遊戲要三個人以上，可以一家三口來完成。方法是：三人圍坐一圈，每人報上一個站名，透過幾句對話語言來開動「火車」。如爸爸做臺北站、媽媽做臺中站、孩子做高雄站，然後爸爸拍著手喊道：「臺北的火車就要開了。」大家再一齊拍手喊：「往哪開？」爸爸再拍著手喊：「往高雄開。」於是，高雄站的孩子就要馬上說：「高雄的火車就要開了。」大家再一齊拍手喊：「往哪開？」孩子再拍手喊：「往台中開。」這樣火車開到誰那裡，誰就得馬上接上。「火車」開得越快越好，中間不能有間歇。

這種遊戲因為要做到口、耳、心並用，因此能讓注意力高度集中，同

時還能鍛鍊孩子的思維快速反應能力。而且這種遊戲氣氛活躍，能調動人的積極性，能讓孩子樂此不疲。

● 「變幻」遊戲

家長將一個小玩具握在手裡，兩手做拳狀，然後讓孩子來猜：「玩具跑到哪裡去了？」開始時，家長可以把藏有玩具的拳頭握鬆一點，讓孩子試著觀察兩拳的不同來判斷；以後再兩拳大小相當，讓孩子隨意猜測。再改為讓孩子藏，家長來猜。

猜測是一個趣味很濃的遊戲，需要集中一定的注意力。擔任藏物使命的孩子，更需要動用他縝密的心思，想辦法來「騙」過家長。家長可以經常假裝猜測失敗，讓孩子有成就感，以便孩子更有興趣將遊戲進行下去。

● 複述遊戲

可以先讓孩子看圖畫書 15 分鐘，或看一段完整的寓言動畫，然後立即闔上書或關掉動畫，要求孩子按要求複述故事。為讓孩子不覺得無聊，可靈活安排複述內容。比如可以提幾個主要問題，也可以要求孩子把剛看過的動畫人物畫下來，還可以一家人分飾其中的幾個角色。如果孩子只能完成全部任務的一半以下，可讓他重新看一遍圖畫書或動畫。漸漸地，孩子就會理解集中注意力的必要了。

● 找物品遊戲

帶孩子一起去超市買東西，可事先問問孩子想要買什麼，如牙刷、牙膏等。可以先讓孩子在家看看要買的牙刷、牙膏的牌子，到超市後隨著他的眼光詢問，並告訴他貨架上物品的名稱。然後帶他到日用品區，和他一起搜尋所要的物品。但家長要注意，你的眼力不能比他好，一定要讓孩子自己把他要買的東西找出來，興奮地告訴你：「在這裡，我找到了！」

超市是一個各種商品琳瑯滿目的地方，尋找物品是對孩子注意力的一個考驗。家長還可以順便和孩子在超市裡討論一些物品的名稱，增加他逛

超市的興趣。對孩子來說，這些東西還在他「無意注意」之中。只要你把尋找物品作為一個明晰的目標，讓孩子在「眼花繚亂」中完成任務，訓練效果會更好，也會滿足孩子的成就感。如果孩子對某件「無意注意」的物品大加注意，和你喋喋不休地「討論」，那更是一個額外收穫，因為此時他的精神正處於高度集中狀態。是否滿足他的需求另當別論，不過，原先定下的尋找目標不能放棄。

測試：孩子的注意力怎麼樣

透過以下的測試，可以準確地獲悉孩子的注意力狀況。

注意力測試一：

對下列自測題，符合自己情況的在括弧內畫「√」，反之畫「×」。

1. 上課聽講時，常常分心，心不在焉。（　）
2. 星期天忙這忙那，什麼都想做卻又沒有頭緒。（　）
3. 想做的事情好多，卻不能靜下心來認真做其中一件，結果什麼事都沒有做好。（　）
4. 做語文作業時，就急著想做數學作業，恨不得一下把作業做完。（　）
5. 擔心第二天上學遲到，有時整晚睡覺不踏實。（　）
6. 總覺得上課時間過得太慢。（　）
7. 寫作業時，常分心，想起作業以外的事情。（　）
8. 始終忘記不了前幾天被老師批評的情景。（　）
9. 在看書學習時，很在意周圍的聲音，對周圍的聲音聽得特別清楚。（　）
10. 讀書靜不下心來，不能持續 30 分鐘以上。（　）
11. 一件事做得太久，就會很不耐煩，急切地希望快點結束。（　）
12. 對剛看完的漫畫書會重新看好幾遍。（　）
13. 在等同學時，覺得時間很長，特別難熬。（　）
14. 和朋友聊天時，有時會無緣無故地說起與主題無關的事。（　）
15. 學校集會時間稍長一點，就會不耐煩，哈欠連連，也不知道主持人說什麼。（　）

記分：

「√」0 分，「×」1 分。總分為 15 分。得分越高，注意力越強。

0 ～ 3 分：注意力差。

4 ～ 7 分：注意力稍差。

8 ～ 11 分：注意力一般。

12 ～ 13 分：注意力好。

14 ～ 15 分：注意力很好。

注意力測試二：

下面是一份注意保持力的測試，主要測驗孩子在完成學習任務時的注意力保持情況。請讓孩子按照題目的要求結合自己的實際情況如實填寫，認真完成。

1. 寫作業時，你喜歡開著電視嗎？（　　）

   A. 是的，我覺得只有這樣寫作業才不會枯燥。

   B. 不是，我寫作業一向很專心，一邊看電視，一邊寫作業會互相干擾。

   C. 一般不會，但有時寫作業時間比較長的時候，也會看電視或者聽聽廣播。

2. 常常在聽別人講話時，仍會想著另一件事嗎？（　　）

   A. 是的，我會不由自主地想到別的什麼事。

   B. 我會盡量應付講話的人。

   C. 我不會一心二用，否則可能一件事都做不好。

3. 你常常在寫作業的時候還能耳聽八方嗎？（　　）

   A. 我在寫作業的時候對周圍的一切瞭若指掌。

   B. 我寫作業時不關心周圍的事情。

   C. 這種情況不常發生，除非我在抄習題。

4. 做暑假作業時，你花幾天的時間就能將所有作業做完？（　　）

   A. 是的，快速做完後，會有更多的時間可以玩。

B. 基本不是，因為這樣做會影響功課的品質。

C. 當然啦，如果有事想出去玩才會這樣。

5. 你每次看書的時間有多長？（　）

A. 我一般最長能看一個小時左右。

B. 看一下我就坐不住了，想去玩。

C. 我每次看書時間都很長，能堅持住兩小時。

6. 你經常在看完一頁書後卻不知道書上講的是什麼嗎？（　）

A. 是的，我很難集中注意力。

B. 我只能記住一點點。

C. 我看完以後，能記住書上所講的內容。

7. 做試卷時，你會經常漏掉題目嗎？（　）

A. 我很粗心，做題有點心不在焉。

B. 我做任何事情都很認真。

C. 我幾乎每次都會漏掉點什麼。

8. 上課時，你是否經常想起昨天發生的事情？（　）

A. 是的，我很容易想起昨天開心的事情。

B. 上課的時候，我會跟著老師的節拍走。

C. 上課不緊張時，我會分心一會兒。

9. 媽媽叫你拿碗筷，你卻常常拿一些其他的東西。

A. 當我在看我最喜歡的卡通時會發生這樣的錯誤。

B. 一般不會，我一向很準確。

C. 是的，我會經常拿錯東西。

10. 你放的東西經常會找不到嗎？（　）

A. 我放的東西有條有理，除非別人移動了位置。

B. 我經常會亂放東西。

C. 我常常找不到橡皮擦、尺等文具。

11. 上課時如果外面下雨，你會分心嗎？（　）

A. 我會聽一會兒雨聲，然後再繼續上課。

B. 上課時，外面的雨不會讓我分心。

C. 是的，我會被雨聲吸引。

12. 心裡一有事，你就會在上課時坐不住嗎？（　）

A. 是的，我常常會念念不忘。

B. 我會將不愉快的事情放在一邊。

C. 我會在不影響上課的前提下想想心事。

13. 班上來了新老師，你會將注意力放在老師的穿著上嗎？（　）

A. 我會花點時間想想新老師的事情。

B. 我會像原來一樣認真聽課。

C. 我會好奇地一直打量著老師。

14. 當家裡來了客人，你會取消寫作業的計畫嗎？（　）

A. 我會和客人聊一會兒再寫作業。

B. 正好有理由湊熱鬧。

C. 不會，我會按照自己的計畫寫作業。

15. 一旦身體不舒服，你就會請假不上學嗎？（　）

A. 如果不上新課的話我就請假。

B. 正好有理由不去上課。

C. 我不會因為小病而影響上課。

題號與選項及分值：

1. A：1　B：3　C：2

2. A：1　B：2　C：3

3. A：1　B：3　C：2
4. A：1　B：3　C：2
5. A：2　B：1　C：3
6. A：1　B：2　C：3
7. A：1　B：3　C：2
8. A：1　B：3　C：2
9. A：2　B：3　C：1
10. A：3　B：1　C：2
11. A：2　B：3　C：1
12. A：1　B：3　C：2
13. A：2　B：3　C：1
14. A：2　B：1　C：3
15. A：2　B：1　C：3

分析：

得分在 15 ～ 24 分之間：警鐘已經敲響了，你的孩子注意力亟待提升！你的孩子是不是經常在看電視或者玩遊戲的時候注意力很集中，而一到上課或者寫作業的時候就不能有效地集中注意力？孩子可能很容易被周圍環境所干擾，即使沒有干擾的時候也很容易不專心。為此，孩子也很苦惱，但就是管不住自己。其實，有這種情況也不要緊，每個人的注意力都是可以透過訓練得到提升的。只要父母和孩子按照科學的方法堅持訓練，這種情況是會得到改善的。不然，孩子這一輩子就可能被荒廢了，學習時不能專心學習，將來工作時也會三心二意，一事無成。

得分在 25 ～ 34 分之間：你的孩子注意力基本上能夠維持日常的學習和生活的需要。但是，還有許多事情因為孩子的注意力不夠集中而不夠完美。如果孩子能再專心一點，也許學業成績就會提升一大步。如果不是因

為上課時容易分心，老師的提問就不會答非所問。想結束上面的遺憾嗎？只要父母和孩子能夠按照科學的注意力方法加強訓練，注意力就會越來越好。

得分在 35 ～ 45 分之間：你的孩子注意力非常棒！孩子能在自己想做的事情上保持相當長的時間和高效的注意力，他具備一個成為成功人士的潛力。你的孩子是老師眼中學習認真的好學生，是家中父母懂事的好孩子，是同學學習的好榜樣。當然，有效的注意和正確地運用好注意的方法，同樣會在孩子以後的學習和生活中達到積極的作用。

注意力測試三：

這是世界著名的「舒爾特方格」測試法。「舒爾特方格」不但可以簡單測量注意力水準，而且是很好的訓練方法。「舒爾特方格」又是心理諮商師進行心理治療時常用的基本方法。其實，測量和訓練都是極為簡單的。

圖由 1 公分 ×1 公分的 25 個方格組成，格子內任意排列 1 ～ 25 的共 25 個數字。測量時，要求被測者用手指按 1 ～ 25 的順序依次指出其位置，同時誦讀出聲，施測者一旁記錄所用時間。數完 25 個數字所用時間越短，注意力水準越高。以 7 ～ 12 歲年齡組為例，能達到 26 秒以上為優秀，學業成績應是名列前茅，42 秒屬於中等水準，班級排名會在中等或中下，50 秒則問題較大，考試會出現不及格現象。

18 歲及以上成年人最好可達到 8 秒的水準，25 秒為中等水準。

第八章　動手能力是創新成敗的關鍵

　　許多創新想法必須透過操作和實踐才能不斷完善並變成現實。發明大王愛迪生還是一個送報童的時候，就經常待在自己的實驗室裡動手做實驗。他的全部發明都不是憑空「想」出來的，而是動手試出來的。由此可見，創造發明離不開實踐能力和操作能力。可以說，培養孩子的動手能力是提升孩子創造力的重要環節，家長必須從小加強孩子動手能力的訓練，使其勤於動手、主動動手，在動手和實踐中提升創新能力。

不動手，創新永遠只是空談

動手能力是創造力的組成因素，透過動手去解決問題的能力，就是動手能力，通常指的是實踐能力和操作能力。有句成語叫「心靈手巧」，這是古人以為心負責思維，於是就憑藉天才的猜測，把手巧與思維連繫在了一起。事實上，思維確實和手巧有非常緊密的連繫，這已經透過現代生理心理學的研究得到證實。

現代生理心理學研究表明，手與思維有著密切的連繫。人體的各個部位在大腦皮質上均有一個相對的區域，而這個區域的大小並不與身體這個部位的大小相當。在大腦中支配手部動作的神經細胞有 20 萬個，而負責軀幹的神經細胞卻只有 5 萬個。比如：與大腿相比，大拇指很小，但是大腦中支配大拇指動作的神經細胞所占的區域面積是大腿的 10 倍還多。因為大拇指負責的功能要比大腿精細複雜。大腦的興奮程度高，就能更有效地調節手指的活動，提升手指動作的協調性與靈巧性。幼兒手和手指動作的協調性和靈活性，已經成為衡量其智力水準的標準之一。

有位日本醫學博士對手與腦的關係做了多年研究後指出：「如果想培養智力、頭腦聰明的孩子，那就必須讓孩子鍛鍊手指的活動能力。」由此可見，大腦發育對手靈巧的重要性，而手動作的靈敏又會反過來促進大腦各個區域的發育。這就是人們常說的「眼看十遍，不如手做一遍」的道理。

動手能力不僅影響到智力的發展，而且還與創造力密切相關。

動腦不見得動手，但動手一定得動腦，動手實際上是手、腦協同的工作。許多形式的創造需要動手能力。科學實驗需要動手，技術發明需要動手，繪畫、雕塑等藝術創作也需要動手。

人類歷史上的許多偉大發明都是在動手實踐過程中創造出來的，科技發展史上靠動手而登上科學技術巔峰者可以說是不勝枚舉。

故事一：

　　大科學家法拉第（Michael Faraday）原本是個書籍裝訂工人，後來給當時的大科學家大衛做實驗助手，靠著堅忍不拔的毅力，創造了遠超過大衛的偉大成就。我們今天生產生活用的電，都受益於法拉第的發明。而法拉第當年為了實現「磁生電」的目標，做了整整十年的實驗。

故事二：

　　舉世聞名的諾貝爾（Alfred Nobel）從小跟隨父親研發各種炸藥，並把研發炸藥作為畢生的目標。在一次意外的爆炸中，實驗室被炸毀，五人被炸死，其中就有諾貝爾的弟弟，而他的父親也受了重傷。但諾貝爾依然堅持他的試驗，經過數年的努力，數百次的失敗，他終於獲得了成功。

　　對家長來講，應該學會正確引導和鼓勵孩子積極動手，動手能力絕不是一種天賦，孩子們的潛力必須在正確引導下和良好的環境中才能得到發揮和展現。如果家長對孩子一味溺愛，樣樣包辦代替，什麼都不讓他做，唯恐出事，唯恐受到了委屈，那麼這對其一生的發展都是很不利的。如孩子上學了，家長替孩子背書包，甚至還有幫孩子寫作業的家長。其實，替孩子做太多他們自己能做的事情，會使孩子失去實踐和鍛鍊機會。一切由家長包辦代替，孩子的動手能力自然也就很差了。

　　讓孩子「自己的事情自己做」，是讓孩子自立和積極動手的最基本要求。如果一個人生活上事事依賴別人，那麼不論有多大學問、多高本領，都不會有什麼創造。因此，身為家長，要切實讓孩子學會自我服務的勞動小技能和勤於動手的良好習慣。

　　讓孩子做一些日常必須做而又力所能及的事情，這種訓練能養成孩子自我服務的習慣，促進獨立性的發展。而且，孩子總要長大，他們必須在離開家長之前學會獨立生活，透過自己動手，達到豐衣足食。有了動手能力，就會增強創造的能力，發揮自身價值，從而增強做人的信心。

　　家長不要總認為孩子還小，做不了家事，其實這是錯誤的認知。一來因為孩子也是家庭中的一員，對家務也應有他自己的一份責任。二來只要

家長肯培養，孩子會做很多事，像掃地、擦桌子、擦玻璃、洗衣服、做飯等。孩子做些家事，會使家長臉上露出欣慰的笑容，孩子們也會在實踐鍛鍊中體會到勞動的樂趣。

孩子做家事，也是對孩子的一種教育。幫媽媽洗碗、倒垃圾包含著孩子對媽媽的尊敬和對勞動的熱愛；招待客人，小小事情卻展示了良好的教養；打掃房間能體會到家長平時的辛苦……如果每個孩子在家裡都能堅持不懈做一些力所能及的家務事，不僅能提升道德修養水準，提升獨立生活能力，還能不斷累積經驗，增強動手能力，為自己的成長鋪平道路。

麗麗有一個寶貝兒子，由於非常疼愛他，幾乎所有的事情都不讓他動手做。隨著時間的推移，孩子的動手能力相比之下顯得落後同儕。後來，麗麗終於發現情況不妙，就利用週末及放假時間，強迫兒子做些簡單的家事勞動，例如洗收拾玩具和書籍、洗碗、掃地，吃飯時幫忙拿碗筷等。麗麗後來無比自豪地說：「這樣做的目的不但讓孩子建立起家庭的責任感，對自己負責，對家庭和社會負責，還能讓孩子養成勤於動手做事的習慣。」

家長除了應該鼓勵孩子做家事外，還應該鼓勵孩子動手做實驗、動手製作、動手創造一些作品。讓孩子動手實驗的目的不僅僅是為了證明，更重要的是為了發現。而且，家長要允許孩子得出的結論與眾不同，並鼓勵孩子採用不同的儀器和方法。對於孩子一些「破壞性」的舉動，家長不要簡單粗暴地給予否定，要發現孩子舉動中的創造性因素，並加以保護。要知道，由動手面累積起來的經驗可以讓人正確思維，讓人在一定的條件下憑經驗產生聯想，做出判斷，遇到問題不至於像個沒有地球實際經驗的「外星人」。

事實證明，培養孩子的動手能力，有利於提升孩子的綜合素養，促使他們的各種能力得到鍛鍊。因此，為了孩子的茁壯成長，家長應盡量多抽出一點時間教孩子動手，一起實驗，不斷地做些發明和創造。

培養孩子的動手能力越早越好

有些家長讓孩子動手的機會並不太多，孩子小的時候，家長總覺得孩子小，不捨得讓他們做什麼。等孩子長大了，覺得孩子課業繁重，壓力大，也就再沒時間培養他們的動手能力了。

有位教授曾這樣比喻現在的孩子的現狀：「教育的本質是什麼？教育的規律是什麼？說得刻薄些，這恐怕是連許多動物都懂得的道理。大鳥一圈圈地帶著小鳥飛行，大雞一次次地帶著小雞捉蟲。這不就是教育嗎？後來大鳥、大雞進化了，變成了高等動物，牠們決定學習高等動物的榜樣 —— 人類，牠們建起了小學、中學和大學，從此，牠們把自己的小鳥小雞關在學校裡，讓牠們坐在那裡聽飛行課和捉蟲課，從基礎課到專業基礎課再到專業課 …… 牠們講得天花亂墜，小鳥小雞卻聽得昏昏欲睡。但最終結果怎樣呢？飛行、捉蟲的本領依然不太會 …… 終於畢業了，小鳥小雞離開學校後，發現還要重新在生活和工作中學習飛行和捉蟲的本領。」可見，不讓孩子動手，什麼都等於零。

整體來說，造成孩子動手能力差的原因包括以下三方面。一是家長過度的擔心。孩子小不會做事，怕他出事，或怕孩子損壞東西，許多事不讓孩子自己動手去做，而由家長包辦，孩子失去了一次次動手的機會。二是家庭裝飾擺設都由大人處理，沒有孩子動手的餘地。孩子進了家門，這不許動，那不許碰，玩具不能自由拿放，孩子可活動的空間太小。三是孩子動手材料少。家長花錢買的玩具，外表雖美觀，但大多數是機械或電動的，不能拆拼，孩子缺乏動手材料。

做，就是要動手去體驗 —— 體驗生活、體驗知識、體驗社會，只有這樣，孩子的動手能力才會越來越強。

那麼，具體而言，家長應該怎樣培養孩子的動手能力呢？

● 鍛鍊孩子的自理能力

在日常生活中，家長應及時為自己的孩子提供適合他們年齡層的動手

操作機會。如果孩子表示願意自己動手做事，家長應耐心地在一旁指導，而不應自己動手代替孩子去做。如孩子希望自己練習吃飯時，就不要餵他。該讓孩子自己學會穿衣服時，就不要再替他穿衣服。孩子可以自己握筆時，就可以給他紙和筆，讓他盡情寫和畫。孩子剛開始學習這些動作時，難免做得不完善，這就需要反覆練習，透過反覆運用，孩子便會掌握比較複雜的手部動作。

　　動手勞動是要付出的，會使孩子感到疲乏和勞累。但勞動是會有收穫的，當孩子看到自己的勞動成果時，會感到精神上的滿足，這種滿足感會進一步推動他喜愛動手，最終形成習慣。

● 指導孩子做手工

　　家長可以經常讓孩子做一些手作，包括畫圖、剪貼、摺紙等，這能夠促進孩子手指的動作協調。兩歲半的孩子從簡單的摺紙學起，到三歲時可學兩至三步驟的摺紙；三歲開始學拿剪刀，先學剪紙條，後學剪圖形，可以用紙條貼成條狀或方紙貼成花籃等；四至五歲可以剪更複雜的剪貼和圖案，如車、船、大炮、飛機等。家長可幫助孩子做多種手工以提升技巧，在動手的同時也能培養孩子的創造能力。

　　當發現孩子有不正確的動作時，家長應及時予以糾正。例如：家長要注意孩子拿剪刀、拿湯匙、握筆、拿筷子、握球拍以及拿其他工具時的方法是否正確，如果發現問題應及時予以指導、糾正。當然，最好從一開始就教會孩子正確的操作方法，盡量杜絕不正確的操作方法。

　　另外，家長要特別注意孩子操作時的安全衛生，同一操作活動也不應持續過久，以免孩子手部過度疲勞而失去控制力，造成「事故」，並影響手的正常發育。孩子在使用如剪刀、鑷子等金屬工具之前，應教給孩子正確的操作方法，並一定要囑咐孩子注意安全。孩子使用的工具，也應有安全措施。如剪刀最好是圓頭的安全剪刀、鑷子不要過於鋒利。當完成手的操作活動後，還要提醒孩子及時洗手，以保持手部的清潔。

　　在培養兒童動手能力的過程中，有時發展到一定階段會停滯不前，這

是一般練習中都有的，心理學上叫「高原期」。在這個階段，家長要鼓勵孩子不要放棄，繼續練習，達到一定階段，會出現熟練的飛躍，就是我們常說的「熟能生巧」。

● 提供各種可以動手創造的材料

家長應該為孩子購買一些操作性強的玩具，如輕黏土、拼圖、積木等，讓孩子玩一些結構遊戲，為孩子創造動手的小天地。聰明的家長會順應孩子喜歡動手的規律，拿來一些廢紙讓他撕，給他一些木頭和棍子讓他敲，買來蠟筆教他學畫畫，找一些不用的小瓶小盒讓他配蓋，為他準備一些積木和自製拼圖、輕黏土、七巧板等玩具，使他既動手又動腦，在動手時學會了技巧和專心去解決問題的能力。在拼七巧板、串珠時延長了專注時間，培養了獨立工作能力。

總之，習慣培養就像一粒種子，等到秋天要收穫的時節才匆匆忙忙開始播種，就已經太晚了。而在生命的春天就開始有意識有計畫地撒種、灌溉、施肥，才能讓這小小的種子及早發芽、茁壯成長。動手能力是孩子的一個非常重要的能力，它的培養也要在兒童時期開始。很多家長都有「長大了自然就好了」的想法，這對孩子太冒險了，因為孩子的成長道路會有很多不確定因素。家長不知道孩子會遇到什麼，如果一切都寄託於隨著孩子的年齡增長來解決本應該由家長承擔的責任，這似乎並沒有盡到為人家長應盡的義務。所以，家長必須重視孩子動手能力的培養，使他們有機會參加各種動手的活動，促進他們創造力結構的合理發展。

孩子愛動手，全憑主動性

培養孩子的動手能力離不開培養孩子的主動性，如果孩子沒有動手的興趣和主動性，那麼他的動手能力也不會得到進一步的提升。曾有一位母親，為孩子購置名貴鋼琴，親自監督，風雨無阻，數年下來，她的女兒達

到了一定水準的琴藝，但她和女兒之間也多了一層隔閡。這位母親說：「我也知道她沒興趣，但我就怕她將來餓肚子，有一技之長，將來好混口飯吃。」母親用這種手段來培養孩子的動手能力和技藝，而孩子卻缺乏主動性，這對孩子的成長沒有太大的好處。

那麼，孩子未來最需要的是什麼呢？難道家長不必替孩子事先做好預備嗎？教育專家們普遍認為，家長不應該去堆積孩子的身外資產，而轉往孩子內在潛力的培養，激發孩子的自主性和主動性。如此，孩子才有動手和思考的興趣與動力。

唯有孩子自己願意，他才有動機去學習才藝。唯有孩子自己主動，他才能不畏學習途中的挫折與辛苦。事實上，只要孩子主動，他便會去探索、發掘所有他需要的。如果孩子主動，他自然會去規劃、創造他的人生。

那麼，家長如何培養孩子的主動性呢？

● 了解孩子的主動性

家長需要了解孩子的主動性特點。每個生命都具有向上的動力，每個生命都充滿了主動性。孩子的主動性是與生俱來的，家長可以看見這種主動吸吮、吞嚥、伸手抓握、翻身踢腳，他們對世界充滿好奇與興趣。

但是，許多家長「疼愛」的行為卻總在阻撓孩子的主動性，他們總是常常告訴孩子這個有細菌不要摸、那個很髒不能放進嘴巴、洗澡玩水會感冒、走路很累要坐車等。有些孩子就在家長的這種過度呵護或壓迫下，慢慢學會對周圍的事物無動於衷，慢慢學會冷漠與被動。於是，這些孩子最後只會等著張嘴吃飯，伸手穿衣，失去了自己動手和自我思考、自我判斷的能力，失去了對自我的主導權，迷失在家長羽翼的保護下，不知何所適從。

因此，家長必須放棄對孩子的一些錯誤認知，孩子絕不像想像的那樣脆弱和軟弱無助。相反，孩子充滿生命動力，如果環境中的障礙能去除，孩子便能茁壯成長！

　　沒有人可以替代孩子成長，任憑家長如何優異出眾，孩子還是要靠自己的雙腳走路，靠自己吃飯才能飽。所以，為孩子正常成長而要走的第一步，就是家長要避免變成孩子成長過程中的阻力，讓孩子的內在動力也就是主動性得到發揮，給孩子一個能充分發展的空間，孩子的動手能力才能得到長久的發展和提升。

● 創造良好的環境

　　環境的優異與否，在孩子的成長過程中占有舉足輕重的地位，良好的環境可滋養孩子的主動性。孩子充滿了生命動力，孩子以自己的動力在環境中探索，在與環境互動中，他們能雕塑出獨特的自我。因此，家長有義務為孩子準備一個良好的環境。

　　首先，家長要注意創造環境的美觀與整潔，因為孩子在優美的環境中比較主動。

　　其次，家長去除環境中阻礙孩子成長的因素，擺放適合孩子成長所需要的教具，讓孩子能借著操作教具奠定良好的認知、協調、專心、獨立和秩序等基礎能力。

　　最後，家長創造的環境必須是開放的，讓孩子能根據自己的能力和興趣，選擇自己想做的事，免得孩子被過於簡單或太過困難的內容破壞了主動學習的熱情。

● 做主動性發展的助力

　　有些家長總是認為過的橋比孩子走的路多，高高在上，指揮一切，無視孩子與家長在心理與生理發展程度上的差異，也無視孩子在成長過程中的各項需求，結果使孩子與家長之間產生衝突。孩子礙於無力反抗家長的權威，只得以哭泣、恐懼或憤怒等負面形式來發洩。家長愛孩子，結果反而是傷害了孩子，讓孩子變得退縮、壓抑。

　　因此，家長必須自我反省，放下身分，仔細聆聽孩子的心聲，在孩子

的成長路途中適時相扶，做孩子主動性發展的助力，讓孩子成為勇敢、自信、主動的個體。

有些家長總是想著為孩子多預備一些有形的資產，以避免日後生活的艱辛，讓孩子未來能生活得從容、富裕，少吃苦頭。但殊不知，這對孩子並無多大益處，如果孩子的內心缺乏動力，生活無味，那麼縱有金山銀礦也是枉然。同樣，讓孩子學習缺乏興趣、不合孩子性格的才藝，也只是增加孩子的困擾而已。家長只有順勢協助孩子，才能讓孩子健康和全面地成長，而不是讓成長成為一種負擔。

總體來講，家長需要正確了解孩子，尊重孩子，協助孩子，並以良好的環境來滋養孩子，以此來鞏固孩子的成長基石，讓孩子能由內而外、穩健踏實地成長。只有這樣，孩子才能在面對問題和解決問題時從容而有創造力，才能自信、踏實，愉快地走好人生路。

獨立自主的孩子才走得遠

在日常的生活中，我們經常碰到這麼一些家長訴說與孩子分床睡覺的苦惱。一個家長說：

孩子今年都 9 歲了，可是她依然不敢自己睡覺，每天晚上硬要跟我們睡在一起才能睡得著。這該如何是好？眼看著孩子一天天長大了，總不能成人以後還是跟家長一起睡吧？

另一個家長說：

我兒子快上小學了，這些年一直都是我陪著他睡覺，他很黏我，獨立性很差。我想讓他獨自一個人睡，所以幫他布置了自己的小房間，可是每次都是說好了自己睡，但卻做不到，而且晚上總是不停地又哭又喊，害得我也休息不足，我都不知怎麼辦了。有哪位有經驗的朋友給點主意，怎麼才可以讓他能獨自一個人睡呢？

父母愛子，天下皆然。然而，怎麼才算是真正的愛孩子呢？愛孩子不應過度地呵護、過度地嬌慣，愛孩子應該為孩子的未來著想，讓孩子知

道自立的意義，培養孩子自立的能力，要「逼」著孩子學會生存。可以說，這是社會對孩子提出的要求，同時也是對家長提出的忠告。

有些家長對自己的孩子表現為過度寵愛、過度保護、過多照顧、過高期望，正是這些束縛了孩子的手腳，嚴重影響了他們獨立性的形成。而孩子一旦失去獨立的能力，就會變得孤立無援，容易陷入自閉的境地。

韓非有句名言：慈母有敗子。意即做母親的過度慈愛，子女不會成器。誠然，疼愛子女是家長的「天性」，也是應盡的責任，但得有個「度」。眼下，生活水準提升了，給孩子吃穿講究一點，也在情理之中，但切不可溺愛過頭。現在有些家長，對孩子的愛缺乏理智，愛得太過火。孩子飯來張口、茶來伸手不說，對孩子提出的要求無論是否合理，一律應允。其實，過度溺愛的結果，往往事與願違。

為了培養獨立自主的下一代，家長應該注意以下幾點。

● 尊重並培養孩子的獨立意識

一歲的孩子就有了獨立意識的萌芽，他們什麼都要來一個「我自己」：自己拿小勺吃飯，自己跌跌撞撞地搬小凳子。隨著年齡的增長，他們不僅要獨立穿脫衣服、洗臉洗手，而且還要自己洗手帕、洗襪子，自己修理或者製作一些玩具，甚至還想自己上街買東西，自己洗碗。對於孩子正在成長的獨立意識，家長一定要予以重視，並支持、鼓勵他們：「你只要好好學，一定能做好！」千萬不能潑冷水「你還小，做不了！」

● 為孩子獨立性的發展提供條件和機會

為了培養孩子的獨立性，必須解放孩子的手腳，放手讓他們去做那些應該做而且又是力所能及的事情，即使孩子做得不好，處理得不圓滿也沒關係。有些家長總怕孩子做不好，習慣於包辦所有事，習慣於指手畫腳，總以擔憂的目光注視和提醒孩子，或者乾脆替孩子掃除障礙，鋪平道路。這種態度和做法，有意無意地束縛了孩子的手腳，阻礙了他們獨立性的發展。

● 教給孩子獨立做事的知識和技能

　　孩子不僅要有獨立意識，而且還要有相對的知識和技能，即不僅願意自己做事，而且還會自己做事。例如：怎樣穿脫衣服、洗臉洗手，怎樣摘菜、洗菜，怎樣掃地、擦桌子，這些教育是在日常生活中自然而然進行的。而且獨立性還表現在孩子學習、交往等各個方面。家長要教孩子自己完成遊戲和學習任務，自己去和同伴交往。當孩子和同伴發生糾紛時，教他們用各種有效的方式去自行解決矛盾。

● 讓孩子自己決策

　　自己決策是獨立性發展的一個非常重要的方面，我們要從小培養孩子自己決策的能力。孩子的事應該由孩子自己去思考，自己去決斷。玩具放在什麼地方？遊戲場所怎樣布置？和誰玩？玩什麼？這些孩子的事，家長不要做決定，要讓孩子自己去動腦筋，想辦法，做出決策。家長可以幫助孩子分析，引導孩子決斷，但不要干涉，更不要包辦，代替孩子決策。

● 讓孩子在時間上獨立

　　對於孩子來說，最難的就是培養他們的時間觀念。因此，若能讓孩子自己形成一定的時間觀念，學會自己安排時間，合理作息，就能很好地促進他們獨立能力的形成。有一位聰明的家長，他在孩子很小的時候，就每天給孩子一段可以自由支配的時間。孩子有時玩，有時去看自己喜歡的一本書，有時畫畫，當然，很多時候是忙來忙去什麼事情都沒有做出來。但是，慢慢地，這個孩子懂得了珍惜時間，學會了做計畫，這比家長要求他一定要在某個時段要做什麼事情有效多了。

　　總之，培養孩子的獨立性自始至終要堅持，要貫穿在孩子的生活、遊戲、學習和勞動中，家庭成員要有一致的態度，否則難以形成孩子的獨立性。萬一孩子碰到困難不能獨立完成要做的事，家長應給予鼓勵和引導，必要時可給予適當幫助，但一定要堅持讓孩子自己獨立完成。另一方面也要注意，不能勉強孩子去完成他力所不能及的事情，這樣反而會使他喪失

獨立的信心。即使孩子由於能力問題不能獨立完成他應該做的事，家長也千萬不要批評和取笑他，這輕則會引起他不愉快的情緒，嚴重的會傷害他的自尊心，失去獨立的信心和願望。

大膽地放手，讓孩子做主

當孩子還在母親懷裡吃奶的時候，一切似乎都那麼簡單，家長幾乎可以替孩子做出所有的選擇和決定。家長可以決定孩子什麼季節該穿什麼衣服，可以決定孩子什麼時候該洗澡，可以決定孩子玩什麼、去什麼地方玩等等。然而，當孩子漸長漸大後，事情就沒那麼簡單了，個性逐漸萌生、自我意識日漸強大的小朋友們，頗有自己的主意，什麼都喜歡做主。

「生命的價值在於選擇。」然而，現在的家長常常忘記這一點，他們不讓孩子去做選擇，他們總是忍不住要替孩子做選擇。「如果家長什麼都替孩子做主，那麼就無異於是在殺死孩子的生命。」一位教育學家如此說道。

林建宏已經上國中了，卻還是一個沒有主見的孩子，不論遇到什麼問題，都要媽媽幫他拿主意。這也難怪，林建宏從小到大，什麼事都是媽媽給安排好，什麼決定都是媽媽幫他拿，就連吃什麼飯，穿什麼衣服，媽媽都幫他打理好了。媽媽的說法是：林建宏不需要操心任何雜事，只要把全部心思專心在學習上就行了。媽媽的包辦使林建宏沒有過多的選擇機會，因此，林建宏也成了一個沒有主見的孩子。

對一個孩子來說，如果只能按照家長的決定去做。那麼，這些決定越正確，其窒息感就可能越強。一方面，孩子獲得的資源越來越多，能力也越來越強，但另一方面，他的生命熱情卻會越來越低。他們感受到這一點，於是想對家長說「不」，但他們又一直被教育聽話，所以連「不」也不能說了，只好用被動的方式去羞辱家長。相反，一個經常為自己的人生做決定的孩子，他的生命力是汪洋恣肆的，儘管因為年輕，他會遇到一些挫折，但那些挫折最終和成就一起，讓他感覺到自己的生命是豐富多彩

的，「更重要的是，這是自己的。」

因此，家長應該給孩子機會，讓孩子從小鍛鍊選擇的技巧，賦予他們能夠掌握生活的感覺，這樣他們能夠成長為有能力為自己做出正確選擇的人。家長可以把這種鍛鍊的機會，巧妙地融入孩子每天的玩樂當中，讓孩子在自由玩樂的過程中練習做主、選擇、決定。

故事一：

美國前總統班傑明·富蘭克林（Benjamin Franklin）幼年時長著碧藍的大眼睛，鼻梁挺拔端正，一頭金色的捲髮，顯得英俊、神氣，很讓人喜愛。尤其是他那一頭金黃色的捲髮，非常漂亮，媽媽很喜歡富蘭克林這頭漂亮的捲髮，並喜歡用各種服裝來打扮年幼的富蘭克林。

但是，媽媽為他選擇的衣服，富蘭克林並不喜歡。

有一次，媽媽想給富蘭克林穿緶邊的套裝，富蘭克林大膽地說出了自己的真實想法，媽媽最終同意了他的做法。

還有一次，媽媽想說服富蘭克林穿蘇格蘭短裙，富蘭克林又拒絕了媽媽的好意。最後，富蘭克林和媽媽一致同意穿水手服。

後來，富蘭克林的母親總結道：「我們做家長的對於衣飾的品味雖然高雅，可是我們執拗的孩子卻並不喜愛。」然而，可敬的是，富蘭克林的媽媽並沒有強迫孩子聽從自己的意見，而是非常尊重孩子的意見。對此，她是這樣解釋的：「我們從來不曾試圖對他施加影響來反對他的喜好，或者按我們的模式規定他的人生道路。」

故事二：

有位美國家長，帶著他4歲的女兒去吃飯，在餐桌上，女兒不肯喝果汁，嚷著要和大人一樣喝可樂。

4歲的孩子有這樣的行為是正常的，但是，一些家長看來，孩子這樣是「不乖」的表現。這時，這位美國家長沒有強求孩子喝果汁或可樂。

當著客人的面，這位父親說：「喝完你的杯子裡的果汁，可以在我的杯子裡喝一口可樂。」這其中隱含的選擇是：如果你不喝果汁，就不能喝可樂。

這位美國父親很具體地給了孩子選擇的機會，以及每種選擇行為的結果。在整個過程中，父親對女兒沒有提什麼要求，只是讓女兒自己選擇做決定。

後來，4歲的女兒想了想，還是喝完了自己杯子裡的果汁。這位父親說話算數，當場兌現，笑眯眯地允許女兒在自己的杯子裡喝一口可樂。

對此，這位父親是這樣解釋的：「身為家長，可以給孩子一定範圍的選擇權利，也就是讓孩子在限定的範圍中進行選擇。如此，孩子就會逐漸樹立起適當的選擇意識。」

與故事中富蘭克林母親和4歲女孩父親相反的是，當下不少家長總認為「孩子小，什麼也不懂，還是我決定吧」。家長沒有意識到，孩子也有自己的想法。若孩子的個人想法得不到家長的關心，且家長長期過度包辦，他的自主意識就會被抑制，自信心會受打擊，可能會對自己產生消極的評價，長大以後，可能會缺乏判斷和選擇的能力，缺乏責任感，缺乏主見。到那時，即使家長想訓練孩子讓他自己做主，他的這種意識和能力恐怕也難以培養起來了。

有一次李開復跟大家分享了他最近的一些經歷，並鄭重地告訴在座的家長，在嚴管和壓力下長大的孩子，雖然聽話，但最後可能會失去管理自己的能力，甚至沒辦法獨立。李開復建議，在家庭教育中，家長對孩子要多信任、多放權，少嚴管、少施壓。在當今時代，家長可能不懂下一代，不清楚孩子自己希望成為一個什麼樣的人。此外，如果家長幫孩子做了太多的決定，會讓孩子形成一種心理：反正有家長幫我做決定，這不是我的責任。當他有一天面對獨立時，他的路反而會走得非常艱難。

「我常常在大學演講時聽到學生舉手問，你總告訴我們要追隨我心，可是我不知道我心是什麼。你總告訴我們要學自己有興趣的東西，但是我不知道自己的興趣是什麼。」李開復認為，過於嚴格的管教，已經使一些從小生長在被動環境裡的孩子，被培養成機器，他們聽不到自己的聲音，找不到自己的興趣，不知道自己將成為什麼樣的人。

李開復也承認，在實施家庭教育的過程中，每個人都會犯錯，都會有

管得太多的時候，但關鍵是要讓孩子知道，最終的決定權掌握在他們自己手中。

所以，要想讓孩子具有自主性，家長就應該大膽放手，讓孩子自己決定去做事情，信任他、尊重他，不要橫加干涉。這樣，孩子一定會在家長的信任中健康成長起來的。

授予孩子一定的家庭權力

這是國中生劉志勇的一篇日記：

今天，媽媽與鄰居家發生了一些小糾紛。晚上，爸爸一回到家裡，媽媽就嘮嘮叨叨地數落了。

在一旁的我很想了解事情的原委，就插嘴問：「媽媽，能告訴我到底發生了什麼了嗎？」

爸爸轉過臉來，狠狠地瞪了我一眼，粗暴地說：「真是多管閒事！去寫作業，大人的事情，你一個小孩子管什麼管？」

我一聽，感到不滿了，卻又很無奈，嘀咕道：「什麼小孩？每天就知道讓我寫作業、寫作業，一點家庭權力都沒有。我怎麼說也是國中生了啊！」說完，只好悶悶不樂地回到自己的房間裡去。

我在家裡的「小不點」地位從來都如此，家裡的事情，根本沒有我說話的份。

生活中，像劉志勇爸爸媽媽這樣的家長還有很多，他們總是以「你還小，你不懂」剝奪了孩子參與到生活中的權力。久而久之，孩子對家庭事務的參與意識淡了，對家裡的事情總抱著一種「事不關己」的態度。這對孩子責任感以及獨立性的培養都是不好的。比如：當決定家裡要增添什麼家具時，家長從不會考慮孩子的建議。對此，有一位年輕父親是這樣說的，「我才剛剛脫離家長這棵樹蔭的庇護，好不容易過上自己當家做主的日子。不行，我怎麼可以輕易地讓孩子掌握『權力』呢？」顯然，有著這

樣心態的家長的做法是不可取的。其實，孩子是家庭裡的一名成員，家庭管理離不開孩子的參與。

小德 9 歲時，家長就開始有意培養他管理家庭的能力。

那天，父親決定與小德一起去超市購物。出發前，父親和小德開始商量要買的東西，孩子的想法很多，他們一個一個地分析並預算出將要使用的金額。

「兒子，我們的錢不夠啊！」這是父親早已想好的對策。

「那怎麼辦呢？」小德有些著急了。

「我們的計畫肯定不合理，讓媽媽給我們一個比例吧！」

這時，母親假裝想了想：「給你們 300 元吧！」

於是，父親和小德對剛才的計畫又重新進行了分析和取捨，將購買品種和數量減少了很多，一邊減，父親一邊告訴小德家庭開支是要有計畫的，每一次購物也是要有計畫的，計畫好了去超市就不能再改變計畫了。小德很認真地聽著、想著，最後終於決定遵守自己的計畫。

在超市，小德說到做到，遵守了自己的計畫，特別是當賣糖果的阿姨推銷小德時，小德小大人一樣回答阿姨：「阿姨，下一次我再買，因為這一次我沒有計畫買糖。」他的一番話使得阿姨不斷誇獎他。

孩子在家長的眼裡似乎永遠是不懂事的，其實不然，很多時候，孩子的點子甚至會比大人更成熟。家長要讓孩子從小就知道自己是家庭中的一分子，並逐漸將一些事務的管理權交給他，讓他充分體會家庭管理的快樂，並在快樂中體會管理的重要性，逐漸培養孩子的管理能力。因為將來的社會更需要管理型全才。如果一個人連家庭都管理不好，那他將來怎麼可能去管理一個公司，甚至管理國家呢？

家長在「放權」讓孩子參與家庭管理的過程中，應該做到以下幾點。

▸ **授予孩子一定的經濟支配權，培養孩子的理財能力**：理財能力是一個人獨立生活能力的基礎之一，而讓孩子擁有個人經濟支配權，則是培

養孩子理財能力的前提。對於只會消費的孩子來說，他的經濟支配權無非是擁有家長賜予的一定數量的零用錢。當家長意識到這一點，並且隨孩子年齡的增長和能力的提升，給孩子安排一個合理的零用錢數目，並把支配權交給孩子時，應該向孩子說明節餘的錢歸他自己。這樣，不但能發展孩子的自主性，而且能使孩子的經濟意識和理財能力得到提升。

▸ **授予孩子一定的選擇權，培養孩子的自主能力和責任感**：孩子的自主性往往表現在他對事物的選擇上，只是由於家長怕孩子選擇錯了，總是不敢把選擇的權力交給孩子。可是如果從來不給孩子選擇的權力，他也就永遠學不會選擇，永遠沒有自主性，更談不上有責任感，因為這不是他經過深思熟慮選擇的。因此，家長應學會把一些事物的選擇權交給孩子，並且在事前為孩子提供有關情況，幫孩子分析各種可能。教育孩子自己選擇了，就要自己承擔責任。這樣，孩子的自主能力和責任感就同時得到了培養。如有一位家長想讓孩子學鋼琴，當她把孩子帶到才藝班報名時，竟然發現孩子在舞蹈組門口看得出了神，於是，這位家長尊重孩子的選擇，並要求她對自己的選擇負責，要堅持把舞蹈學好，結果這個孩子真的堅持認真學習舞蹈。

▸ **授予孩子一定的家庭發言權，培養孩子參與合作的語言思維能力和社交能力**：參與合作是如今社會發展對人們提出的要求，一個缺少參與合作精神和能力的孩子，他未來的發展一定不理想。因此，培養孩子參與合作的能力就顯得極為重要。如家長授予孩子一定的家庭發言權，允許孩子參與大人的談話，參與決定家庭計畫。家長不要認為小孩子不懂事，殊不知，孩子將來參與社會合作的語言思維能力和社交能力都是在家庭這個搖籃裡從小得到有效的訓練才培養出來的。

事實上，孩子的獨立性往往表現在他個人生活權力的行使上，但由於現實生活中家長擔心孩子不具備行使權力的能力，總是不敢把一些權力交給孩子。長此以往，孩子也就學不會獨立，對大人越來越有依賴性了。為了讓孩子早日走出這種家教盲點，早日學會獨立，家長有必要授予孩子一

定的家庭權力，讓孩子自己學會承擔責任。

重視對孩子責任感的培養

　　隨著社會的發展和進步，一個人的能力變得非常重要起來，但這還遠遠不夠。如果說人才是由知識能力和道德素養兩方面構成的話，那麼作為「軟體」的道德素養在某種意義上說比作為「硬體」的知識能力更為重要。基於這種認知，家長在教育孩子的過程中，要始終注意對孩子進行思想品德教育，把培養孩子的義務和責任感作為家庭教育的主要內容。

　　春秋時期，晉國有一個名叫李離的獄官，在審理案子時由於聽信了下屬的一面之詞，致使一個人冤死。真相大白後，李離準備以死贖罪，晉文公卻說：「官有貴賤，罰有輕重，況且這件案子主要錯在下面的辦事人員，主要又不是你的罪過。」李離說：「我平常沒有跟下面的人說，我們一起來當這個官，拿的俸祿也沒有與下面的人一起分享。現在犯了錯誤，如果將責任推到下屬身上，我又怎麼做得出來？」他拒絕聽從晉文公的勸說，伏劍而死。

　　這個勇於承擔責任的獄官，用自己的生命給「責任」二字做了詮釋。

　　蘇聯教育家馬卡連柯（Makarenko）明確指出：「培養一種認真的責任感，是解決許多問題的教育方法。」責任感是一個人對自己的言論、行動、許諾等持以認真負責、積極主動的態度而產生的情緒體驗。如實現了承諾，完成了任務後感到欣慰或問心無愧；未盡到責任時則感到慚愧、不安、內疚等。責任感一旦產生，就會成為一種穩定的個性心理素養，可以有效地提升學習積極性，自覺地加強意志鍛鍊，促進孩子個性的全面發展。

　　在現實生活中，很多孩子面對各種困難時，要麼擺出一副運籌帷幄、決勝千里的架勢；要麼高談闊論，似乎所有問題在他們面前都可以輕易解決。然而，在具體執行中，就開始瞻前顧後、焦慮不安，不敢承擔責任，甚至退避三舍。

有一位主持人曾說過：「世界上最愚蠢的事情就是推卸眼前的責任，認為等到以後準備好了、條件成熟了再去承擔就好。」是的，在需要承擔重大責任的時候，馬上就去承擔它，這才是最好的準備。如果不習慣這樣去做，即使等到條件成熟了以後，孩子也很難承擔起重大的責任；很難做好重要的事情。

　　所以，家長要從小培養孩子的責任感。

▸ **以肯定的方式來培養孩子的責任感**：如果孩子突然對掃地產生興趣，儘管最初的興趣可能完全源於好玩。但家長可以支持孩子的這一興趣，對他的掃地行為予以表揚，誇孩子能幹，激發他的自豪感，並引導其慢慢形成習慣，天長日久，孩子就會自然而然地把這項勞動看成一種責任。

▸ **家長在家中要為孩子樹立好的榜樣**：在孩子面前，家長首先要做一個勇於承擔責任的人。「言必行，行必果。」家長以身作則，這樣才能有威信要求孩子負責任，才能讓孩子有模仿對象。

▸ **要求孩子做事有始有終**：良好的責任感是要靠堅強的意志力和持之以恆的態度來維持的，而這恰恰是許多孩子所缺失的。孩子好奇心很強，興趣愛好很廣泛，但是缺乏堅持性、自制力，遇到一點困難和挫折就打退堂鼓，不願意再堅持下去。這是孩子在成長中的問題，而非孩子沒有責任感。因此，為了增強孩子的責任感，家長平時就應該注意培養孩子做事有始有終、負責到底的良好習慣。

▸ **讓孩子自己記下要做的事情，學會對自己的事情負責**：偉偉家要求每個人洗澡後把換下的衣服放進洗衣機，可是6歲的偉偉經常忘記，媽媽讓他用筆記本記下洗澡後該做什麼事，提醒自己不要忘記。從此以後，偉偉再也沒有忘記把髒衣服放進洗衣機，他為自己的進步感到自豪。可見，當要孩子記住做某事時，與其大人經常提醒，還不如讓孩子自己記下要做的事情，這樣孩子也慢慢地學會了對自己的行為負責。孩子只有學會了對自己的事情負責，才能逐步地發展為對家庭、對他人、對團體、對社會負責。

▸ **從勤儉節約的教育中培養孩子艱苦奮鬥的責任感**：有些孩子習慣浪費，如餐桌上孩子碗中的剩飯剩菜隨處倒掉，還理直氣壯地說「我吃飽啦」、「不要強人所難」。穿衣講品牌，講價格，要吃好的穿好的，花錢更是揮霍無度，毫不節約，動不動就是好幾百塊錢。這種生活中的「小事」，在孩子生活中比比皆是。因此，家長可用警句道理來教育孩子，讓孩子懂得珍惜糧食，愛惜勞動成果。此外，家長還要教育孩子不要亂花壓歲錢。引導孩子將壓歲錢存起來或指導購買必要的學習用品，不要跟風追求高級物品、奢侈浪費的惡習，讓孩子從小樹立勤儉節約、艱苦奮鬥的良好作風。

▸ **讓孩子對自己某些行為造成的不良後果設法補救**：如孩子損壞了別人的玩具，一定要讓孩子賠償還給人家，也許對方會認為損壞的玩具沒多少錢，或認為小孩子損壞玩具是常有的事，或者不好意思收下孩子的賠償，但家長應堅持讓孩子給予對方補償，這樣可以讓孩子知道，誰造成不良後果，就該由誰負責。

▸ **讓孩子在挫折中學會承擔**：孩子處於成長之中，對一些事情表現出沒有責任感也是正常的，因為許多時候他不知道責任是什麼，所以為了培養孩子的責任感，家長可以適當地讓孩子體會一下做事情不負責任的後果，教孩子如何去面對並接受這次失敗的教訓，從中獲得成長。如孩子在學校違規受罰，一定要支持老師的做法，不要想方設法去替孩子解圍。孩子接受到懲罰的後果，同時承擔能力也就增強了。

總之，責任感並不是與生俱來的，它需要在長年累月的生活中逐漸培養。無論在何時、何地，家長都要學會在點點滴滴的小事中培養孩子的責任感，讓孩子充當一些有意義的角色，使他們感到自己的行為對團體所產生的重要性。這樣，孩子才會變得越來越有責任感。

社會渴求有一技之長的人才

這是南方一家都市報的報導：

在大學生心中，好「婆家」要計薪資、看區域、估潛值，但在「婆家」眼裡，究竟相中怎樣的「媳婦」？在一次徵才活動上，記者發現，有一技之長的大學生明顯更受企業歡迎。

在一家知名房地產公司展位前，大專生小梁在結束簡短面試後興奮地告訴記者，該公司讓他下週到人事部辦理實習手續。「我應徵的是建築材料管理，一起排隊的都是大學生，有的還是研究生，談話時間都很短，有的連履歷都沒被留下。誰知道，面試的人看完我的履歷後，就跟我聊起大樓配線，特別是知道我有水電工證照後，就問我願不願意去他們公司實習。」

為什麼在一個管理職位上，大型房地產公司不傾向任用大學或以上學歷的學生，反而對大專生產生更大的興趣？該面試工作人員解釋，雖然一般意義上來看，大學生管理方面的綜合素養要比大專生高，但如果一個管理者對所管理的領域並不熟悉，甚至不知道具體操作，就容易產生危險的事故。「在綜合能力相差不遠的情況下，水電工證照等實際操作能力的證明就顯得很重要。」

記者發現，作為校園徵才活動，更多用人公司在招聘要求上注明「科系不限」，表面看上去，似乎比其他招聘會更寬鬆。但在面談的過程中，大部分用人公司都以各種資格證書進行人才遴選，特別是有「一技之長」的學生多會成為他們的首選。

所以，在「千軍萬馬搶過獨木橋」的同時，家長應從小培養孩子的一技之長，以利於孩子在將來能更好地獨立。

讓孩子掌握一技之長，需要從小做起。針對孩子動手能力強的特點，綜合孩子的興趣和愛好去幫孩子選擇技能。學得一技之長的同時，也鍛鍊和培養了孩子的生存能力，因為人生的競爭是一個長期的過程。成人與成才同樣重要，這是社會發展的需求。

培養孩子的一技之長，切忌家長根據自己的需求和期望，而不是根據孩子的實際情況，自作主張地決定將孩子朝什麼方向培養。在現實生活

中，表現得最為突出的就是強迫孩子練琴、學畫，培養孩子的藝術修養，或者孩子就有這方面的興趣愛好，教孩子練琴、學畫，這本是無可厚非。問題的關鍵在於，許多孩子對練琴、學畫並無什麼興趣愛好，或者本身雖有些喜好，但在家長的層層加碼下，使原有的樂趣變成了一種負擔，一種包袱。很顯然，這樣的定向培養是不值得提倡的。實踐也證明，這種做法往往有害無益，其結果只會與家長的願望背道而馳。

所以，家長要發展孩子的技能首先要了解孩子的潛能。人的長處各不相同，有的人善於表演，有的人善於言談，有的人擅長抽象思維，有的人擅長實際操作，有的人善於調動他人積極性，有的人善於獨自鑽研。因此，在生活中如果注意到孩子比較擅長某些方面，就可以適當加強這一方面能力的培養，使之成為孩子的一種特殊才能。充分發揮特長的優勢，對孩子以後的成長也將大有裨益。

事實表明，對孩子從小進行一技之長的培養，除了鍛鍊孩子的獨立性之外，還有一層意義，那就是對其智力的開發。

一提到索尼電器的董事長井深大，沒有一個人不知道他是戰後日本經濟的代表人物，並且也是推動幼兒教育的著名人物。在培養兒子一技之長的問題上，他是這麼說的：「我兒子剛進小學時，是一個有嚴重自卑感的劣等生，但是有一天，他突然對我說他要學小提琴。大概他學得很有心得，很有進步，於是在遊藝會中演出，同學和老師都稱讚他拉得好。自此以後，他的自卑感便消失得無影無蹤了，而且在學業方面也有了長足的進步。」

這就是一項專長的信心所帶來的成果。不論如何瑣碎的事情，只要讓孩子感覺到自己有比別的孩子優異的地方，便能使他產生自信，而嘗試在其他方面有所表現，這種成就感能刺激他的頭腦，使孩子變得聰明。

在平川大道上，白馬奮起四蹄，揚起尾巴，不一會兒就把毛驢甩到了後邊。白馬轉過頭來看了看毛驢，見牠搖著兩隻大耳朵，慢條斯理地走著，非常著急，便朝毛驢大叫起來：「喂，怎麼不把腳步邁得快一點？看

你那慢吞吞的樣子，我們什麼時候才能到達目的地呢？你這毛驢，真是個庸才！」

毛驢聽了白馬的訓斥，一不生氣，二不洩氣，仍然一步緊一步地向前走著。

毛驢和白馬進入山區後，那山路變得又陡又窄，崎嶇不平，白馬的速度不知不覺地慢了下來，身上的汗水像剛洗過澡似的。毛驢卻加快了步伐，噔噔噔地趕到了前面。

白馬看毛驢走起羊腸小路來是這樣的輕鬆，不解地問：「毛驢，你為什麼走起山路來比我快呢？」

毛驢回答說：「因為術有專攻，各有所用。在一定條件下落後的，並不都是庸才啊！」

白馬聽了毛驢的話，再看看毛驢那坦然的樣子，對自己剛才的失言感到十分羞愧。

人無完人，但也無廢人。白馬在平川大道上速度比驢快得多，但在羊腸小徑上卻不如驢子跑得快，是由於環境的變化，個體技能的發揮也隨之變化。而一個人只要擁有一技之長，就不用擔心沒有立足之地。

身為家長，如果真愛孩子，就該為孩子的將來著想。而孩子是否掌握一技之長，則決定了孩子的將來是否容易取得成功。很多家長往往只是看到當前的利害，而沒有把目光看得更遠些，這恰恰是很多孩子「小時候優秀，長大後平庸」的原因。所以，家長不妨培養孩子一技之長，讓孩子創造成功的人生。

挫折教育讓孩子更加自強

有這樣一個故事：

有兩個農夫在各自的田地裡許願。

一個農夫說，希望自己的地裡不要有大風雨、不要下雪、不要地震、

不要乾旱、不要冰雹、不要蟲害。

另一個農夫說，這些都沒事，只要我能看著我的麥子還存在、還活著就行。

結果，那一年，天氣都遂了他們的願，那個什麼都不要的農夫，麥穗果然結得很大、很多，但是麥穗裡面卻沒有一粒麥子，全部是空的。而另一個農夫，看上去只是短短的麥穗，但是裡面卻是豐滿的果實。

第一個農夫始終想不明白，為什麼自己這般「呵護」麥子，反倒沒有讓麥子生出「感激」之情，結出豐碩的果實，而另一個農夫的那些飽受風雨侵襲過的麥子，卻能夠無怨無悔地獻上豐碩的果實？這是多麼不公平呀！

其實，道理很簡單，溫室裡的鮮花生命力永遠比不上山間的野草，沒有經歷過風雨的麥苗決然不會為了生存努力尋求發展。只有在惡劣環境中生存起來的麥苗，才能在挫折與磨難中不斷充實自己，完善自己，從而收穫秋日的豐盈。植物如此，動物亦然。

在非洲大草原的奧蘭治河兩岸，生活著許多羚羊。動物學家們發現了一個奇怪的現象：東岸的羚羊不僅奔跑速度比西岸的羚羊快，而且繁殖能力也比西岸的羚羊強。

為了研究兩岸羚羊的不同之處，動物學家們在兩岸各捕捉了 10 隻羚羊，然後把牠們分別送到對岸。

一年後，由東岸送到西岸的羚羊繁殖到了 14 隻，而由西岸送到東岸的羚羊則只剩下 3 隻。這是什麼原因呢？動物學家們百思不得其解。

經過反覆觀察研究，動物學家們終於找到了原因。

原來，東岸不僅生活著羚羊，在附近還生活著一群狼，為了不被狼吃掉，東岸的羚羊不得不每天練習奔跑，使自己強健起來。而西岸的羚羊因為沒有狼群的威脅，過著安逸的生活，結果，牠們的奔跑能力不斷降低，而體質也隨之下降了。

調查結束，動物學家們恍然大悟，原來「物競天擇」說的就是這樣一

個道理呀！只有在挫折與磨難中艱難生存下來的物種，才能擁有更加頑強的生命力！

　　此時此刻，聰明的家長們是否已經從上面這兩個故事中理解了「挫折」的真正意義？那麼，請反省我們對孩子的教育吧，很多情況下，我們是否就像那個好心的農夫一樣，不忍心讓孩子吃苦、受累，不忍心讓孩子遭遇人生的風雨？我們是否總是像「老母雞」保護「小雞」一樣，怕孩子受到一點委屈，把孩子藏在自己的身後？以為這樣做，就能讓孩子少遭一點罪。殊不知，家長的這種做法，不但讓孩子失去了在挫折中成長的機會，而且還對孩子個性、心理有著十分不利的影響。挫折是一種寶貴的財富，孩子要健康成長，應學會樂觀面對挫折，接受挫折。只有不斷經受困難和挫折的孩子，才具有堅強的意志和強大的生存能力。同樣，一個經得起挫折的孩子，才能生存得更好。

　　對於孩子來說，「挫折」具有以下價值。

▸ **挫折有助於孩子堅強意志力的養成**：為培養孩子堅強的意志，家長可以利用自然挫折或人為設置的挫折來磨礪孩子，培養他勇於競爭、勇於拚搏的頑強性格。

▸ **挫折有利於增強孩子的心理承受力**：遭遇挫折，有的人會沮喪、焦慮、逃避，有的人會積極、勇敢地面對。家長應教育孩子以積極、樂觀的心態去面對挫折，戰勝挫折。對於那些無法短時間或透過個人努力克服的挫折，應該讓孩子學會運用自我安慰法等方法來緩解自己心中的壓力與不快，以此培養孩子自我緩解心理壓力的能力，培養其自信與樂觀的素養。

▸ **挫折有助於孩子自信心的養成**：一個自信的人通常會表現出勇敢、堅忍、樂觀等性格特點，它是一個人走向成功的必備素養之一。當孩子遭遇挫折的時候，就會產生不愉快的情感體驗，此時，家長應用一些鼓勵的話語激勵孩子戰勝挫折，並幫助孩子分析受挫的原因，使他能夠充滿信心地迎接挫折，戰勝挫折，慢慢養成自信的個性特點。

身為家長，我們不但要充分了解到「挫折」的價值，還應該在日常生活中注意培養孩子的抗挫折能力。這樣，孩子才會在遇到挫折時表現出堅強、勇敢、自信的精神，用自己的力量和智慧去克服人生中一個又一個困難和挫折，一步步走向成熟、走向成功。

美國總統甘迺迪（John Fitzgerald Kennedy）的爸爸從小就注意對兒子獨立性格和精神特質的培養。

有一次，他趕著馬車帶兒子出去遊玩。經過一個轉彎處，因為馬車速度非常快，馬車猛地把小甘迺迪甩了出去。當馬車停住時，小甘迺迪以為爸爸會下來把他扶起來，但爸爸卻坐在車上悠閒地掏出菸吸起來。

小甘迺迪叫道：「爸爸，快來扶我。」

「你摔疼了嗎？」

「是的，我自己感覺已站不起來了。」小甘迺迪帶著哭腔說。

「那也要堅持站起來，重新爬上馬車。」

小甘迺迪掙扎著自己站了起來，搖搖晃晃地走近馬車，艱難地爬了上去。

爸爸搖動著鞭子問：「你知道為什麼讓你這麼做嗎？」

兒子搖了搖頭。

爸爸接著說：「人生就是這樣，跌倒，爬起來，奔跑；再跌倒，再爬起來，再奔跑。在任何時候都要靠自己，沒人會去扶你的。」

小甘迺迪聽了，似懂非懂地點點頭！

不過，從那以後，他對大人的依賴性明顯少了很多，遇到事情，也不總是光顧著哭鼻子，因為知道沒有人可以幫助自己，他必須想辦法解決自己遇到的問題。

顯然，甘迺迪的爸爸並非不愛自己的孩子，事實上，正因為他深愛著自己的孩子，知道挫折是人生必經的難關，所以才不斷地磨礪孩子的意志，讓孩子摔倒了自己重新爬起來！因為「人生就是這樣，跌倒，爬起

來，奔跑；再跌倒，再爬起來，再奔跑。在任何時候都要靠自己，沒人會去扶你的」！有過摔倒了自己爬起來的經歷以後，孩子才會變得更有韌性，更有承受力。這樣，當困難與苦難襲來時，孩子才不會手足無措。

　　當然，在對孩子實施挫折教育的時候，家長們還應該明白：對孩子進行挫折教育，其目的就是為了讓孩子在體驗中學會面對困難並戰勝挫折，培養孩子的一種耐挫折能力。它不僅包括吃苦教育、生存教育、社會教育、心理教育，也包括獨立、勇氣、意志及心理承受力等方面的培養。只有在挫折中千錘百鍊成長起來的孩子，才能在未來的人生中擁有更強的生存力和競爭力。

第九章　消除阻礙孩子創新腳步的因素

　　一些家長在提到自己的孩子時，都說自己的孩子缺乏創新能力，不懂變通，並由衷讚嘆起那些發明家來。其實，創新並不是天才的專利，它是智力展開的一個譜系，人人都能創新，只是獨創性和社會價值有所不同而已。很多時候，孩子故步自封，創新思維受到壓制，往往與各種各樣「不起眼」的因素有著密切的關聯，家長只有幫助孩子找出影響其創新的因素並消除它，孩子才能充分發揮創新的潛能。

孩子缺乏創新熱情與家庭教育密切相關

有關資料顯示，當前很多孩子之所以缺乏創新的熱情，往往與其所受到的家庭教育有著密切的連繫。

這是一個星期天，7歲的澄澄拿著一大堆的剪紙稚氣地對媽媽說：「媽媽，這是我自己剪的東西，你看好不好呀？」

媽媽接過來一看，禁不住笑了起來，這些剪紙造型各異，但很難看出都是些什麼東西。於是，媽媽問道：「程程，你能告訴媽媽，你剪的是什麼嗎？」

「這是受傷的老鷹，這是奔跑的小兔子，這是新型火箭……」澄澄滔滔不絕地向媽媽介紹著她剪出來的作品，臉上充滿了期許。

沒想到，媽媽原本高興的臉頓時布滿了陰雲，她當即打斷了女兒的話：「你胡說什麼呀，老鷹，兔子、火箭怎麼是這樣的？根本不像嘛！真後悔以前帶你去動物園、博物館了，你也不仔細觀察一下，它們都是你說的樣子嗎？真是的！」

澄澄一聽，嚇得哭了起來，她怎麼也想不明白，老鷹、兔子和火箭為什麼不能是她剪紙的造型呢？

相信很多家長對澄澄媽媽的訓斥深感遺憾，試想，澄澄這一次因為「創意」遭受了冷眼，下一次，她還會有這麼多「鬼點子」嗎！

有的家長也許會贊同澄澄媽媽的做法，並認為：「不好的東西，我們是有責任讓它變得更好，這才符合邏輯。」但合乎邏輯的事物與創作其實沒有任何關係，孩子的視覺跟大人不盡相同，如果大人一味要求孩子按照自己的想法去做，無形當中只會抹殺了孩子自身的創意與對事物的感知能力，這才是教育最大的失敗。

其實，每個孩子都有一定的創新能力，而創新能力的高低，與家長的教育有著直接關係。

歸納起來，孩子缺乏創新熱情有以下幾個方面的原因。

▶ **家長對孩子過於嚴苛**：有一些家長對孩子的要求相當高，希望孩子做什麼事情都要做到「最好」。當孩子沒有把事情做好的時候，家長就會生氣地斥責孩子的「不用心」，最後因恨鐵不成鋼，索性對孩子施加「酷刑」。試想，孩子整天生活在高壓力下，還會有心思創新嗎？

▶ **家長沒有做好榜樣**：有些家長很懶，這直接導致孩子「有樣學樣」，他們寧願去看電視或是滑手機也不願意花時間動腦，自然就更不想多花時間和精力去進行所謂的「創新」活動了。久而久之，孩子的創新能力越來越差，而惰性則越來越強。

▶ **缺少創新經驗**：孩子從小就在家長這把保護傘的庇護下，凡事都由家長代勞。有些時候，老師布置了一些手工作業要求孩子回家完成，許多家長擔心孩子做不好，也就全權代理了。這會讓孩子以為，反正我總是做不好事情的，當我做不好的時候，爸爸媽媽會幫我做，我又何必動腦筋呢？如此，只會導致孩子動手能力差，更不可能有什麼創新可言。

總之，孩子創新能力的高低跟家長平時的引導息息相關。要想把你的孩子培養成一個創意新、點子多、解決問題能力強的孩子，家長應該做到以下幾個方面。

● 給孩子營造一個寬鬆和諧的家庭氛圍

家長應該知道，專制、壓抑、溺愛都會使孩子缺乏創造力。因此，不管家庭成員多少，地位及年齡差距有多大，孩子與其家庭成員之間的關係應該是平等的、民主的，應該是自由自在的，而不應該是壓抑的、緊張的，甚至是恐怖的。

就目前而言，孩子與其家庭成員之間的關係不恰當的表現主要有兩種。一種是大人說了算，一切都聽家長的，孩子沒有發言權，更沒有決策權。包括孩子對自己的事的決策權；另一種是孩子說了算，孩子是太陽，是小皇帝，所有的家庭成員都是圍著孩子轉，孩子怎麼說家長就怎麼辦。這兩種狀況都不利於孩子創新能力的培養。

要想培養孩子的創新能力，就必須營造一個寬鬆和諧的家庭氛圍。有一個孩子在提到自己的家庭現狀時，十分高興地描述：「在家裡，我感到放鬆愉悅。這主要是因為，家裡無論有什麼事都是大家商量，共同想辦法，誰的主意好就聽誰的。」是的，只有這樣，孩子才能積極動腦筋，從而形成創新意識和創新精神。

● 認真對待孩子的提問，啟發孩子多角度思考問題

提問是一種思考和鑽研，是具有探索意識的表現。孩子從會說話起就開始會提問了。由於年幼，所提的問題往往十分荒唐，有的甚至令大人無法回答，但不管問得怎樣，孩子都是渴求得到解答的。身為家長，都應該心平氣和地、認真地對待。對孩子的提問，家長有的可直接回答，有的可啟發孩子自己去尋找答案。家長如果不能回答的，可實話實說，或與孩子一起查資料。

● 利用節假日帶孩子接觸各種新鮮事物，啟發孩子思考

家長要根據孩子的年齡大小和生活環境，經常利用節假日帶領孩子接觸新事物。是農村的，可帶孩子去城市，讓他們認識城市的建築、交通等設施。住在城市的，可帶孩子去農村走走，讓他們認識農作物、家畜家禽，欣賞田園風光，了解花鳥草蟲的生存特性等。總之，孩子理解的事物越多，想像就越寬廣，就越有可能觸發新的靈感，產生新的想法。那種只想把孩子關在家裡，只想讓孩子寫字、畫畫、背詩的方法，只會把孩子培養成書呆子，絕不可能培養成有創新能力的人。

● 及時肯定、表揚孩子的每一次創新進步

有一位教育專家說：「賞識導致成功，抱怨導致失敗。不是孩子需要賞識，而是賞識使他們變得越來越好。不是壞孩子需要抱怨，而是抱怨使他們變得越來越壞。」是的，家長對孩子的及時讚譽是孩子爭取更好表現的最大動力。當孩子有了哪怕一點點的創新舉動，家長都應及時給予鼓勵

和稱讚。要知道,「賞識」是一門學問、一種藝術、一項技巧。孩子微小的努力,點滴的進步,不太明顯的優點,不太起眼的長處,都需要大人有足夠的注意和重視。

表揚和批評不當影響孩子創新

亞伯拉罕‧林肯(Abraham Lincoln)曾說過:「每個人都希望受到讚美。」心理學家威廉‧詹姆士(William James)也說過:「人性最深切的渴望就是獲得他人的讚賞,這是人類之所以有別於動物的地方。」一個正在成長中的孩子,心靈深處最強烈的需求是得到別人的賞識。一個孩子如果童年時代缺少父母善意的讚揚或是受到父母不當的批評,都可能影響其個性的發展,甚至還可能影響其終生。

所以,要想讓孩子不斷創新,最基本的教育方法就是給予充分的表揚。得到表揚的孩子能夠自我認同與肯定,能夠感受到自己存在的價值,也就擁有了自信與自尊心,也才能更進一步發揮自己的意願與能力。

伽利略是義大利偉大的物理學家、天文學家,被譽為「近代科學之父」。在他成長的道路上,他的爸爸媽媽充當了「打氣筒」的角色,經常為他的創新行為加油、吶喊。

伽利略從小就很愛動腦筋,喜歡鑽研,看到機械方面的東西,他總想自己試著做一做。當其他孩子在盡情玩樂時,伽利略卻把時間用在了做各種各樣精巧有趣的機械玩具上。在學校裡,伽利略刻苦勤奮地學著各門功課,很快他就學會了拉丁文、希臘文、哲學,就連圖畫和音樂,他也學得很好。

在比薩大學(University of Pisa)讀書期間,伽利略不僅勤奮刻苦,而且好奇心很強,經常提出諸如「行星為什麼不沿著直線前進」一類的問題問老師。

有一次上課,比羅教授講胚胎學。他講道:「母親生男孩還是生女孩,是由父親的強弱決定的。父親身體強壯,母親就生男孩;父親身體衰

弱，母親就生女孩。」

比羅教授的話音剛落，伽利略就舉手說道：「老師，我有疑問。」

比羅教授不高興地說：「你提的問題太多了！你是個學生，上課時應該認真聽老師講，多記筆記，不要胡思亂想，動不動就提出問題，影響同學們學習！」

「這不是胡思亂想，也不是動不動就提出問題。我家鄰居的父親身體非常強壯，可是他的妻子一連生了5個女兒。這與老師講的正好相反，這該怎麼解釋？」伽利略沒有被比羅教授嚇倒，繼續反問。

「我是根據古希臘著名學者亞里斯多德的觀點講的，不會錯的！」比羅教授搬出了理論根據，想壓服他。

伽利略繼續說：「難道亞里斯多德講的不符合事實，也要硬說是對的嗎？科學一定要與事實符合，否則就不是真正的科學。」比羅教授一時被問倒了，下不了臺。

後來，伽利略果然受到了校方的批評。但是，他勇於堅持、好學善問、追求真理的精神受到了爸爸媽媽的表揚：「孩子，你是對的，我們愛你，希望你以後多多努力。」

有一次，伽利略得知數學家馬泰奧·里奇（Matteo Ricci）來比薩遊歷，在爸爸媽媽的鼓勵下，他就準備了許多問題去請教利奇。

這下可好了，里奇老師誨人不倦，而伽利略更是高興得不得了，沒完沒了地問個不停。就這樣，伽利略很快就學會了關於平面幾何、立體幾何等方面的知識，並且深入地掌握阿基米德關於槓桿原理、阿基米德原理等理論。後來，伽利略在回憶中說：「如果不是爸爸媽媽經常的表揚，我是不會有今天的成就的。」

可以說，伽利略受爸爸媽媽激勵而走向成功的故事為所有的家長樹立了榜樣。

在生活中，很多家長似乎總是傾向於發現自己孩子不好的一面，例如：經常說些「連這樣的事情都做不到」，或者「某某家的孩子摔下來

了，我家的孩子會不會 ……」之類的話。他們不是從消極否定的一面去看事情，就是把自己的孩子同其他孩子比來比去。很顯然，這種做法是不明智的。正確的做法應該是，即使是瑣碎的小事情，家長也應該用動聽的話語給予孩子足夠的表揚。這樣，孩子的心情才會喜悅。

當然，在對孩子的教育過程中，也一定會出現不得不批評孩子的情況。在出現這種情況時，不要單純地去指責孩子，而是要盡量讓孩子明白受到批評的原因，而且也不要只是批評孩子，還要對孩子說些諸如「你可以」、「好極了」之類的鼓勵話語。

在此，介紹一些表揚孩子的訣竅。

▶ **積極發現孩子優秀的一面**：把「有意識地發現孩子優秀的一面」這一念頭放在心上，即使是小事情，只要孩子比以前有長進，都應該盡可能地去表揚他。

▶ **從孩子的角度去感受**：有些事情，從大人的角度看，似乎是無所謂的事情，但在孩子看來，這是非常重要的，是值得一起高興、一起分享的。這個時候，大人若能從孩子的角度考慮問題，自然而然就能說出表揚孩子的話來。

▶ **在眾人面前表揚**：在家人、朋友，也就是公開場合表揚孩子，有助於增強孩子的自信，這對增強孩子的主觀能動性是有很大益處的。

▶ **肢體語言也是很好的表揚方式**：每個孩子都渴望與家長有肢體上的親近。對於孩子來說，家長摸摸頭、擁抱一下都能讓他們感受到表揚與溫暖的力量。

當然，在不得已的情況下，家長批評孩子時，也要講究方法。

▶ **要當即給予批評**：有一位教育專家說：「及時表揚孩子才會達到作用。」同樣，及時批評孩子才能讓孩子深刻地了解到問題的實質。這也就是說，當發現孩子做了錯事時，家長應該即就給予批評。當然，批評過後不要忘了給孩子鼓勵。

▶ **用表揚、批評、鼓勵「三明治」法**：想要批評孩子時，不妨先給予表揚。這樣的方式能夠抓住孩子的耳朵（也就是讓孩子關心家長說的

話），然後再說諸如「但是，這樣做是不對的」之類的批評的話語，最後再以鼓勵的話語作為表揚。這樣一來，對於批評的話語，孩子也會樂於接受。

▸ **傷害孩子的話語一定不能說**：家長在動怒的時候，往往口無遮攔。因為是對自己的孩子，覺得有資格罵，所以多難聽的話都能說出來。有時覺得說得越難聽，越能提醒孩子注意。其實，他們哪裡想到，許多話是有嚴重後果的，絕對不能說出口。一旦說出來，對孩子就會造成嚴重的傷害。俗話說得好，「良言一句三冬暖，惡語傷人六月寒」。同樣是語言，功效卻截然不同。家長們若要科學地教育孩子、關愛孩子，就該多用「良言」，禁用「惡語」，以免對孩子造成「語言傷害」，釀成無法挽回的過錯。

沒有思考就沒有創新

　　現在的孩子普遍存在依賴性較強的弱點，這表現在生活、學習的各方各面，以至於他們很少動腦思考，只等著現成答案。試想，一個不愛思考的孩子又怎麼會有新奇的想法、創新的行動呢？

　　美國有個叫傑福斯的牧童，他的工作是每天把羊群趕到牧場，並注意防止羊群不越過牧場的鐵絲到相鄰的菜園裡吃菜。

　　有一天，小傑福斯在牧場上不知不覺地睡著了。不知過了多久，他被一陣怒罵聲驚醒。只見老闆怒目圓睜，大聲吼道：「你這個沒用的東西，菜園被羊群攪得一塌糊塗，你還在這裡睡大覺！」

　　小傑福斯嚇得面如土色，不敢回話。

　　這件事發生後，機靈的小傑福斯就想，怎麼才能使羊群不再越過鐵絲柵欄呢？

　　過了幾天，他發現，那片有玫瑰花的地方，並沒有更牢固的柵欄，但羊群從不過去，因為牠們怕玫瑰花的刺。「有了！」小傑福斯高興地跳了起來，「如果在鐵絲上加上一些刺，就可以擋住羊群了。」

於是，他先將鐵絲剪成了 5 公分左右的小段，然後把它結在鐵絲上當刺。結好之後，他再放羊，發現羊群起初也試圖越過鐵絲網去菜園，但每次都被刺疼後驚恐地退縮了回來。被多次刺疼之後，羊群再也不敢越過柵欄了。

小傑福斯成功了。

半年後，他申請了這項專利，並獲批准。後來，這種帶刺的鐵絲網便風行全世界。

也許，小傑福斯的創意最初只是為了彌補過失或偷懶，這樣他就不用老盯著羊群，也能看好羊群了。而實際上，如果他不愛動腦筋，他一定想不出這樣的好辦法來。當今社會是一個人才輩出的社會，要想讓你的孩子從人群當中脫穎而出，單單憑藉優秀的成績、出色的容貌、出眾的口才是遠遠不夠的，還應該讓孩子學會思考、勤於思考。

德國物理學家普朗克曾經說過：「思考可以構成一座橋，讓我們通向新知識。」喜歡動腦筋思考的孩子內心充滿了好奇與求知的欲望，在「欲望」的驅使下，這些孩子更加熱衷於學習與求解，所以他們往往能夠「出奇制勝」。

要知道，「出奇」不僅僅是一種招數，還是一種思維方式。

有一位國王為了挑選繼承人，給兩個兒子出了個難題：「給你們兩匹馬，白馬給老大，黃馬給老二，你們騎馬到清泉邊去飲水，誰的馬走得慢，誰就是贏家。」

老大想用「拖」的辦法取勝，而老二則搶過老大的白馬飛馳而去。結果，弟弟勝了，因為他騎的是老大的馬，自己的馬自然就落後到了後面。

當哥哥失利了之後，心中不服，弟弟取巧就算了，還使用蠻力，屬於犯規。國王說：「我沒有設立什麼規矩啊。」

哥哥還是不服，說如能再比一次，不准用搶的，弟弟如還能贏就甘願認輸。

國王看看弟弟，弟弟表示可以再比一次。

於是，哥哥和弟弟又準備開始比了，這回還是比賽馬，誰的馬走得慢誰贏。這次國王讓這哥倆到馬棚裡自己挑馬。結果哥哥率先跑進馬棚，挑了一匹最差的病懨懨的蹩腳馬，弟弟卻不緊不慢隨便找了一匹馬。

這回哥哥心裡暗暗冷笑，哼，看你這回怎麼贏我。

比賽開始了，一聲號令，只見一匹馬好似離弦之箭，瞬間到達河邊，大夥定睛一看，原來是老大騎著這個蹩腳馬，而老二在後面閒晃，原來號令一響，老二在老大的馬屁股上戳了一劍。

結果還是弟弟贏了！

瞧，這就是「出奇」的力量。一個聰明的人，他的智慧並不比別人多很多，他所想的，也並不是別人沒有想到的。他只是在別人可能思考到的地方再深入思考一點點，他只是在別人創新的基礎上再加點新的想法而已，但他卻因此達到了創新制勝的效果！

在我們的生活中，面對同一事物，人們往往會有不同的感受和不同的看法。而只有善於思考的人，才能有新奇獨特的感受和心得。例如：同樣是看賽跑，人們總是讚美跑在最前面的人，嘲笑跑在最後面的人，但是有人卻讚美「那雖然落後而非跑至終點不止」的人。他把著眼點放在「不恥最後」者身上，發掘出他們身上的那種頑強不屈的精神。這個立意與眾不同 —— 不但新奇，而且深刻。

家長要想讓孩子善於運用自己的智慧，做到出奇制勝，就應該做到以下幾點。

● 創造一個思考的氛圍

創造一個思考的氛圍，對孩子形成獨特的個性，表現有創新意識的思維、舉動很重要。家長不能因為孩子小，需要成人照顧而把他看成是成人的附屬品。孩子也是一個完整、獨立的個體，應該允許他有自己的世界，有自己的空間。有句話說：「什麼樣的家長教出什麼樣的子女。」因此，家長在家長努力啟發孩子創造力時，不要忘了同時培養自己的創造力，使

家長成為能欣賞創造力，並能與孩子創造力互動的主力。因此，不必在孩子與孩子間製造競爭壓力，也不必為了培育創造力，將家庭生活弄得緊張、沉重，更不必一反常態，變成嚴肅又過度認真的家長。真正成功的創造力培養者應是這樣的：能與孩子一起學習、一起成長，像摯友般地傾聽孩子的心聲，了解孩子的舉止，知道何時給他掌聲，何時扶持他一把，沒有命令、沒有壓抑。

● 讓孩子學會思考

家長在與孩子相處與交談中，要經常以商量的口氣進行討論式的協商，留給孩子自己思考的餘地，要給孩子提出自己的想法的機會。家長可以根據交談內容經常發問，如「這兩者有什麼關係」、「你覺得怎麼做會更好」、「你的想法有什麼根據」等問題，以便引起孩子的思考。

● 注重孩子思維能力的培養

在思維能力方面，家長要特別注意培養孩子的發散思維和逆向思考。

發散思維

發散思維不同於集中思維，它是對問題從不同角度進行探索，從不同層面進、行分析，從正反兩極進行比較，因而視野開闊、思維活躍，可以產生大量獨特的新思想。訓練發散思維，可以從思維的流暢性、變通性、新穎性等方面著手。

◇ **流暢性**：例如：讓孩子在短時間內列舉出以一根「迴紋針」為材料可以做哪些事情。每個人列舉出的個數都不同，這就是人的思維流暢性的區別。

◇ **變通性**：變通性是較多層次的發散特徵，即培養孩子從不同的角度考慮問題的良好素養。例如：讓孩子寫出包含「木」的國字，若其中既有上下結構、左右結構，又有獨體字、包含結構、半包含結構等，說明該孩子的變通性較好。再如，讓孩子由一種事物

說出與之相關的多種事物，由一類知識想到與之相關的多類知識。像由「打擊」聯想到「襲擊、突擊、追擊」，乃至「擊敗、擊中、擊落、擊潰」等等，便是舉一反三、變通的例證。

✧ **新穎性**：新穎性是指一個人提出的觀點和產生的想法的創新性。這是發散思維的最高層次，也是求異的本質所在。

逆向思維

逆向思維是創新突變的根本方式。從反方向入手，棘手的問題往往會變得非常簡單，勢如破竹。要創新，就必須有打破常規的決心，這樣才能出奇制勝。例如：國中生小王，家境不是太好，村落偏遠沒什麼圖書館，但他喜歡看些新出的課外書。為了用有限的錢，能看上更多的課外讀物，他在班上發起人人買一本新書的提議，結果大家都很響應。於是，他又從節省的角度提議交換手中的課外讀物。最後，他只花了一本書的錢，看到了幾十本新出版的好書。

掌握以上這些思維方法，能夠使孩子思維活躍，思路開闊。這些思維方法不是孩子頭腦裡固有的，它需要從教師、家長及其他成人的指點中獲取，需要從與其他同學、朋友的交往中獲取，也需要從自己的反覆實踐、反覆思考中獲取。因此，在教給孩子知識的同時，要發展孩子的思維，教給孩子思維的方法。這樣，才能讓孩子的創新思維能力得到更進一步的發展。

● 給孩子解決問題的機會

不管家裡遇到什麼問題，家長都不能把這些問題看成是大人應該解決的事情。這時候，家長可以詢問孩子的意見，讓孩子想辦法解決這些問題。當孩子意識到自己可以跟大人平起平坐時，他就懂得怎麼做才能解決問題且達到最好的效果。日積月累，孩子的頭腦越用越聰明，思路也就變得越來越開闊。

為此，家長要避免以下這些不正確的做法。

▶ **包辦孩子的問題**：擔心孩子年紀小，處理不好事情，所以，孩子只要一遇到問題，家長就馬上出面解決，這會造成孩子依賴與不自信的心理。

▶ **要求孩子一定要按照自己說的方法處理問題**：家長沒有給孩子獨立處理問題的權力，要求孩子按照大人說的方法做，有些時候難免會讓孩子因為模仿而形成思維定式。這樣，孩子遇到一些稍微棘手的問題，他們往往沒有辦法解決。

▶ **對孩子不放心，總監督孩子**：一個不相信孩子的家長必然不能培養出一個自信、富有創造力的孩子，給孩子一點自由的空間，讓孩子享受關於他們自己的創意，他們會變得更聰明，從而善於解決問題。

思維定式是可怕的樊籬

把六根火柴放在桌子上，組成四個等邊三角形，許多人會認為無法做到。因為他們往往只在司空見慣的二維空間即平面的範圍裡尋找答案，自己給自己設置了一個先決條件。而跳出平面思維，從立體三維空間的角度考慮，把六根火柴搭成一個正四面體，問題就能輕而易舉地解決。

人們無論從事何種工作，天長日久、日積月累，就會形成一套具有自己獨特風格的經驗和習慣，在思維方法上形成自己所擅長的、比較固定的思維套路和模式 —— 思維定式。這種建立在傳統經驗和習慣累積上的思維定式，對於處理和解決日常的例行性事務，的確有一定的好處，往往能讓人們少走彎路。但從培育創新思維上講，思維定式並非能夠到處套用，在處理和解決新情況方面，經驗思維和思維定式就有很大的局限性，有時甚至會成為創新思維的桎梏，阻礙人們向更高、更深、更寬廣的未知領域開拓，束縛人們的夢想和想像翅膀。

在我們的身邊，墨守成規的孩子並不少見。他們唯老師、家長的話聽從，因為在他們的潛意識裡，老師、家長的話就是聖旨、標準答案。這種沒有原則的依從與守舊是孩子創新道路上最大的敵人，因為不敢質疑，不

敢反駁，他們永遠不可能有創新的舉動。

有位教授給學生出了一道考題：「一個聾啞人到五金商店買釘子，先用左手捏著兩隻手指做持釘狀，然後用右手做捶打狀。售貨員以為他要買鎚子，便遞過一把錘子，聾啞人搖搖頭，指了指自己做持釘狀的兩隻手指（意思是想買釘子），售貨員終於醒悟過來，遞上釘子，聾啞人高高興興地買到了自己想買的東西。這時候，又來了一位盲人顧客……」教授提出的問題是：大家能否想像一下，盲人如何用最簡單的方法買到一把剪刀？

聽過教授剛才的敘述，有個學生立即舉手回答：「很簡單，只要伸出兩個手指頭模仿剪刀剪東西就可以了。」對於這位學生的回答，全班同學都表示同意。

這時，教授微笑著說：「其實，盲人只要開口說一聲就行了。因為盲人並非聾啞人，自己能說話。而如果用手指模仿剪刀剪東西，自己反倒看不見。因此，請大家記住，一個人一旦陷入思維定式的盲點，智力就在常人之下。」

教授的答案簡潔明瞭，卻非常富有哲理。

讓我們再看下面的故事——

有一頭可憐的驢子背著幾袋沉甸甸的鹽，累得呼呼直喘氣，可仍不得不邁著艱難的腳步繼續前進。

突然，驢子的眼前出現了一條小河。驢子走到河邊喝了兩口水，這才覺得有了力氣。牠準備過河了，河水清澈見底，河床上形狀各異的鵝卵石光光的，看得清清楚楚。驢子只顧欣賞美景，一不留神蹄子一滑，「撲通」一聲，摔倒在小河裡。好在河水不深，驢子趕緊站了起來，奇怪！牠覺得背上的重量輕了不少，走起來再也不感到吃力了。驢子很高興：「看來，這河水是魔水，我要記住——在河裡摔一跤，背上的東西便會輕了許多！」

不久，驢子又運東西了，這次牠馱的是棉花。裝棉花的口袋看起來很

大很大,可分量並不重。驢子馱著幾大袋棉花,走起來顯得很輕鬆。啊!前邊又是那條小河了,驢子想起了上次那件開心的事,心裡真是高興:「背上的幾袋雖說不重,可再輕一些不是更好嗎?」

於是,牠喝了幾口水,向河裡走去。到了河心,牠故意一滑,「撲通」一聲,又摔倒在小河裡。這次驢子就不著急了,牠故意慢吞吞地站了起來。哎呀,太可怕了,背上的棉花變得好重呀!比那可怕的鹽袋還重好幾倍。

驢子好不容易走上岸,卻不明白為什麼河水能讓重的變輕,也能讓輕的變重。

可憐的驢子並不知道,這個世界上沒有一成不變的事物,也沒有放諸四海而皆準的真理。因此,牠用過去的那點經驗做事,難免落了個可笑又可悲的下場。生活中,我們的孩子如果不懂得用變化的眼光看待問題,也可能會像故事中的這隻驢子一樣鬧出笑話來。

要啟動孩子的思維,讓孩子突破自己的思想樊籬,學會變通,家長可以從以下幾個方面入手。

● 設置豐富多彩的生活環境

創造性思維能力並非無源之水、無本之木,它需要知識和經驗的累積。孩子的知識越豐富,思維就會越活躍,因為豐富的知識和經驗可以使人產生廣泛的聯想,使思維靈活而敏捷。而且,一旦孩子將自己所掌握的知識運用於實踐活動中去,就容易出現新思想,並在實踐中成長智力,開發創造力。知識和經驗來源於豐富多彩的生活,而豐富多彩的生活又能為孩子提供運用知識和經驗去解決實際問題的機會。因此,家長應該努力為孩子創設一個空間廣闊、內容豐富的生活環境,使孩子擁有較多動手實踐、動腦思考的機會。

● 讓孩子有自由活動的機會

家長要和孩子一起玩,在玩的過程中讓孩子多動腦筋,多想辦法。孩

子天性活潑好動，愛模仿，見到新奇的東西，就要去摸一摸、動一動、拆一拆、裝一裝，這些都是兒童喜歡探求和旺盛求知欲的表現，家長切不可禁止他們或隨便責備他們，以免傷害他們思維的積極性。應該因勢利導，鼓勵他們的探索精神，主動去培養他們愛學習、愛科學和養成樂於動腦筋、想辦法、勤於動手解決問題的習慣，從而培養孩子學習的興趣和思維能力。

● 培養孩子發現問題的能力

家長要積極培養孩子愛探索、善於發現問題的能力。同時，更要訓練其善於提出問題的習慣。實際上，善於提問往往比解決問題更難。孩子寫作業或課外閱讀時，家長都要鼓勵孩子發現問題並提出問題。即使有的問題看起來幼稚可笑，或明顯錯誤，家長也不要簡單地否定或加以批評，而要鼓勵孩子這種善於發現的積極性，並給予耐心的講解。

● 發展思維的各種形式

我們知道，概念、判斷、推理是思維的幾種基本形式。兒童的這些思維形式仍處於初步發展階段。例如：低齡兒童的推理較多的是直接推理，間接推理還比較困難。雖然「A 大於 B，B 大於 C，所以 A 大於 C」這類推理他們基本上能夠掌握，但是，掌握「所有的少先隊員都是學生，他是少先隊員，所以他是學生」這類推理卻難度很大。

家長要注意到孩子的這些特點，積極而有效地進行判斷、推理的訓練。孩子形成概念、組成判斷、進行推理的能力強了，他們的思維水準也將大大地向前推進一步。

● 培養孩子獨立思考的能力

培養孩子的創造能力，家長不能忽視培養孩子獨立思考的能力。沒有獨立思考能力的孩子，就談不上獨立性，更談不上創新性。有科學家提出：「優秀的學生並不在於一定要有優秀的成績，而在於有優秀的思維方

式。不善於周密地思考問題的孩子，沒有資格去領導他人，最終還會受他人的領導。」這也就是說，如果孩子善於周密思考問題，則會站得更高，看得更遠，從而更能創造奇蹟。而要培養孩子的獨立思考能力，就要提供一些機會給孩子自己去獨立思考、去判斷：什麼是對，什麼是錯，什麼應該做，什麼不應該做。

不妨「反過來」試一試

在生活中，我們常聽人們說。反過來想、反其道而行之。這裡的「反」其實指的就是反方向、逆向。當大家都朝著一個固定的思維方向思考問題時，而你卻獨自朝相反的方向思索，這樣的思維方式就叫逆向思維。

人們習慣於沿著事物發展的正方向去思考問題並尋求解決辦法。其實，對於某些問題，尤其是一些特殊問題，反過去想或許會更簡單些，而解決起來就變得輕而易舉了，甚至因此而有所發現，創造出驚天動地的奇蹟來。這就是逆向思維的魅力。

「司馬光砸缸」的故事可謂家喻戶曉 —— 有人落水，常規的思維模式是「救人離水」，而司馬光面對緊急險情，運用了逆向思維，果斷地用石頭把缸砸破，救了朋友的性命。

是的，與常規思維不同，逆向思維是反過來思考問題，是用絕大多數人沒有想到的思維方式去思考問題。因此，結果常常會令人大吃一驚，喜出望外，別有所得。

美國芝加哥一位退休老人，他在一所學校附近買了一棟簡樸的住宅，打算在那裡安度他的晚年。

他住的地方最初的幾個星期很安靜，不久，就有三個小學生開始在附近踢所有的垃圾桶，附近的居民深受其害。對他們的惡作劇，大家採用了各種各樣的辦法，好言相勸過，也嚇唬過，可一直沒有作用。等到人一

走，他們又開始踢。鄰居們無計可施，也只好聽之任之。

這位老人實在受不了他們製造的噪音，開始想辦法讓他們離開。

於是，他出去跟他們談判：「你們幾個一定玩得很開心 —— 我小的時候也常常做這樣的事情。你們能不能幫我一個忙？如果你們每天來踢這些垃圾桶，我每天給你們 1 元。」

這三個孩子一聽這話，高興地一蹦三尺高，天下還有這麼好的事情？於是，他們的積極性更高了，此後每天更加積極，來得更加準時。

過了幾天，這位老人愁容滿面地去找他們。「通貨膨脹減少了我的收入」，他說，「從現在起，我只能給你們每人 5 毛錢了。」

這三個孩子有點不滿意了，但還是接受了老人的錢，每天下午繼續踢垃圾桶。可是，卻沒有以前那麼賣力了，隨便踢幾下了事。

幾天後，老人又來找他們。「瞧！」他說，「我最近沒有收到養老金支票，所以每天只能給你們 2 毛 5 分了，可以嗎？」

「只有 2 毛 5 分！」一個孩子大叫道，「你以為我會為了區區 2 毛 5 分錢浪費時間，在這裡踢垃圾桶？不行，我們不做了！」

從此以後，孩子們再也沒有到這裡來踢垃圾桶，老人和其他居民又過上了安靜的日子。

如果老人也像其他的鄰居一樣，好言相勸，可能非但沒有辦法說服那三個調皮的孩子，還可能招來他們的反感，使他們惡作劇的興趣更濃！相反，聰明的老人巧妙地運用了逆向思維，透過迂迴的方式，花一點小錢就解決了問題。他從孩子的心理入手，先給他們甜頭，之後慢慢讓他們嘗到好處減少的不滿，激起他們消極的情緒，最終達到了自己的目的。所以，當我們遇到難題時，是不是也考慮一下從問題的逆向入手呢？在創造發明的道路上，逆向思維同樣很重要。只要善用逆向思維進行創新，就可能有意想不到的收穫。

「相反過來」試一試就有可能找到答案，這是「逆向思維」的形象表達。所以，當我們沿著事物發展的正方向去思考問題卻沒有找到解決辦法

的時候，不妨把結論往回推，逆向思考，也許在不經意間就會有意想不到的驚喜。

可以說，讓孩子學會使用逆向思維有很多好處。

▸ 在日常生活中，常規思維難以解決的問題，透過逆向思維卻可能輕鬆破解。

▸ 逆向思維會使孩子獨闢蹊徑，在別人沒有注意到的地方有所發現，有所建樹。

▸ 逆向思維會使孩子在多種解決問題的方法中獲得最佳方法和途徑。

▸ 生活中自覺運用逆向思維，會將複雜問題簡單化，從而使做事效率和效果成倍提升。

逆向思維最可寶貴的價值，是它對人們認知的挑戰，是對事物認知的不斷深化，並由此而產生「原子彈爆炸」般的威力。所以，身為家長，應該引導孩子學會運用逆向思維方法，創造更多的奇蹟。

測試：孩子擺脫習慣思維的水準有多高

擺脫習慣思維，有人稱為突破定式思維。這類測試或訓練也被認為是「創造性思維的準備活動」、「軟化頭腦的智力柔軟操」。乍看之下，這類測試似乎有些故弄玄虛，其實它的真正意義在於促使人們探索事物存在、運動、發展、連繫的各種可能性，擺脫思維的單一性、僵硬性和習慣性，以免陷入某種思維定式跳不出來，使自己的思維更具有多端性、柔軟性和獨特性，進而發展自己的創新思維能力。

下面的測試題，可以測出你的孩子擺脫習慣思維水準的高低。

1. 玻璃瓶裡裝著水，瓶口塞著軟木塞。不能打碎瓶子，弄碎軟木塞，又不能拔出軟木塞，怎樣才能喝到瓶子裡的水？

2. 爸爸的襯衫鈕扣掉進了已經倒入咖啡的杯子裡，他連忙從咖啡裡拾起鈕扣，不但手不溼，連鈕扣也是乾的，這是怎麼回事？

3. 玻璃杯裡有一枚 5 元硬幣，旁邊有一根筷子、一根細繩和一份獎品 —— 一盒口香糖。不能直接碰到玻璃杯和硬幣，也不能移動杯子。怎樣才能取出杯子裡的硬幣？得勝者將獲得這份獎品 —— 一盒口香糖。

4. 一顆網球，使它彈出一小段距離後完全停住，然後自動反過來朝相反的方向行進。既不允許將網球反彈回來，又不允許用任何東西打擊它，更不允許用任何東西把球繫住，怎麼辦？

5. 在小韓的房間天花板上懸掛著兩根長繩。兩繩相距 5 公尺，旁邊桌面上有些小紙條和一把剪刀。聰明的小韓能站在兩繩之間不動，伸開雙臂，兩手各拉住一根繩子。你知道他用的是什麼辦法嗎？

6. 某人向大家宣布：在合適的一天，他將在河面上走 10 分鐘而不沉入水裡。後來，他果然這樣做了。你知道他是怎麼做到的嗎？

7. 用六根火柴棒，搭出四個三角形。怎樣搭？

8. 食堂張師傅切豆腐，一塊豆腐切三刀，切成了八塊。他是怎麼切的？

9. 公車司機的哥哥叫大強，可是大強並沒有弟弟，這是怎麼回事？

10. 王阿姨給幼兒園 20 個小朋友分蘋果。籃子裡剛好有 20 個蘋果，每個小朋友都得到 1 個蘋果，這時籃子裡卻還留著 1 個。請問王阿姨是怎麼分的？

11. 怎樣使火柴在水下燃燒？

12. 兩個父親和兩個兒子分 3 個饅頭，每人都分到 1 個，這是怎麼回事？

13. 小強家的時鐘，每到幾點鐘就響幾下，每逢半點鐘也響一下。一天夜裡，小強醒來，剛好聽鐘響了一下，這以後他沒睡著，又聽到鐘響了三次一下。你知道小強醒來的準確時間嗎？

14. 古時候，有個老人在臨死前把 3 個兒子叫到身邊，決定把自己的 23 匹馬分給他們。他要大兒子得 1/2，二兒子得 1/3，三兒子得 1/8。老人死後，3 個兒子按老人的遺言分馬，怎麼分都不合適。正在這時，他們的一位親戚騎著馬來了，他想了個辦法，使 3 個兒子都十分滿意。於是，他又騎著馬回去了。請問，他用了什麼好辦法？

15. 一位同學釣魚回來，老師問他：「你釣到了幾條魚？」這位同學說：「釣了六條無頭魚，九條無尾魚，八條半個身體魚。」這位同學共釣了幾條魚？

16. 三個角剪去兩個角還剩幾個角？

17. 有一塊中間帶圓孔的方木板，現在，需要把木板中間的孔放到木板右上方，你看如何改變圓孔位置？

18. 1493 年，哥倫布（Christopher Columbus）發現美洲新大陸返回西班牙。國王為哥倫布舉行盛大歡迎會。由此貴族心懷嫉妒，他們想當眾給哥倫布難堪。有人對哥倫布說：「誰都能橫渡大西洋，找到那個島，不過是讓你正巧碰上了。其實，這是世界上最簡單不過的事了。」接著七嘴八舌地挖苦哥倫布。哥倫布順手從桌上拿起一個雞蛋，拿到貴族們面前說：「先生們，你們誰能讓這個蛋尖朝下豎立起來？」馬上就有人上來試放，但他們最後得出一致的結論說：「這是完全不可能辦到的事情。」哥倫布拿起雞蛋就把它豎立了起來。請問哥倫布是如何把雞蛋豎起來的？

19. 孫臏到了齊國以後，齊威王拜他為軍師。有一天，齊威王想找機會考一考孫臏，就率領大臣來到一個小山腳下。齊威王坐在石頭上對眾人說：「你們誰有辦法讓我自己走到這座小山頂上去？」大家都說出了自己的辦法。田忌說：「現在正逢葉落草黃，在您的周圍點一把大火，大王就得往山上走。」齊威王笑道：「用火攻，這辦法太笨了。」另一位大臣說：「用水淹。」齊威王搖了搖頭。還有的說：「找外國軍隊來抓你。」大家說了一大堆辦法，齊威王都一笑置之。齊威王回頭問孫臏有沒有辦法。孫臏說出了自己的辦法，齊威王果然自己走了上去。這是什麼辦法呢？

20. 請你在一分鐘內回答出下面三個問題。

　　① 「我相信同學們的課外作業都完成了。」這句話中，有沒有相同的三個字。

　　② 有一位婦女，她是小智的哥哥的兒子的奶奶的孫子的爸爸的媽媽，請問，她是小智的什麼人？

　　③ 有四盒剛買來的粉筆，其中兩盒是白的，兩盒是紅的。假如讓你閉著眼睛，打開盒蓋，從盒子裡取出兩支白色的和兩支紅色的粉筆，那麼怎樣才能保證取出的粉筆正確無誤？

21. 有什麼東西是在寒冷時變得厚重，炎熱時變得單薄呢？如果你答「冰」的話，你只是答對了一半，因為還有另外一樣東西有此特性。究竟是什麼？

22. 司湯達（Stendhal）說：「我寫了小說《紅與黑》（*Le Rouge et le Noir*）……而有人養了紅金魚和黑金魚。據養魚人介紹說，兩種魚的大小一樣，但是，黑金魚吃的魚食比紅金魚多三倍多。」試問，這是什麼原因呢？

23. 獨腳桌子上有四個啤酒瓶，有 A、B、C 三個人準備用手槍把它們打翻。

　　A 說：「我用三發子彈就能全部打翻。」

　　B 說：「如果我打，兩發就中。」

　　C 說：「我只用一發。」

猜猜看，C 是用什麼辦法去打翻這四個啤酒瓶的呢？

24. 某人開始時在馬車上套了一匹馬，可是，他嫌馬車速度慢，所以又套了一匹馬。但是，不管兩匹馬再怎麼用力拉，馬車照舊在原地不動，是什麼原因呢？

25. 某探險隊向森林的最深處出發，但到達某地後，儘管道路仍然暢通無阻，不過，他們再繼續前進也不可能走向森林的最深處，怎麼回事呢？

26. 一間大房子中有四隻麻雀，飛走了兩隻，請問還剩幾隻（但絕不是兩隻）？

分析：

1. 只要將軟木塞推入瓶內，就能喝到水了。而人們平時總習慣將瓶塞拔出。

2. 已倒入的咖啡是固體粉末。人們十分容易習慣地想到咖啡就是一種「液體飲料」，而很少會想到「固體粉末」。

3. 先吃口香糖，當嚼成一團黏膠時，用筷子沾上黏膠，把杯中的硬幣黏出來。人們往往這樣想：在問題沒有解決前，獎品是不可以動的。而在這裡，恰巧需要利用獎品來解決問題。

4. 這顆網球是在一個斜坡上滾動。人們往往只想到在平地上打網球。

5. 小韓先用一根繩把剪刀縛住，並推動剪刀使它蕩起來，然後走過去用一隻手抓住一根繩，另一隻手接住蕩過來的剪刀。人們很少會想到剪刀可以用來當重錘。

6. 在結了冰的河面上行走。人們平時習慣地將「河」與「流動的水」連繫在一起，而忽略了河水結冰的可能性。

7. 先在桌面上搭一個三角形，再把剩下的三根火柴從桌面三角形的三個角的頂點豎起，並相交於一點，這就搭成四個三角形了。人們看了這個題目，容易只從平面上去搭三角形，而沒有想到立體空間搭成四個三角形的可能性。

8. 張師傅是這樣切的：橫一刀，豎一刀，攔腰又一刀。人們習慣於想在一個平面上試著切割，而沒有從立體空間上去思考切割的可能性。

9. 公車司機是女性的，她是大強的妹妹。由於題目上有「哥哥」與「弟弟」的詞，而進入了出題者設下的圈套，忽略了公車司機是女性的可能性。

10. 把最後 1 個蘋果連籃子一起交給第 20 個小朋友。人們習慣將容器中的東西拿出來分給別人，而沒想到還有連容器一起給其中一人的可能性。

11. 把燃燒的火柴放在水杯下面。人們習慣於將「水下」理解為「進入水中」，而忽略了「隔著某個東西的水的下面」這種意思。

12. 這裡說的「兩個父親和兩個兒子」，實際上就是祖父、父親和兒子三個人。人們習慣於將題目中的「兩個父親」、「兩個兒子」理解為四個人，而忽略一家三代人祖父、父親和兒子，以親屬稱謂時，可以稱為「兩個父親和兩個兒子」的情況。

13. 小強醒來聽到的鐘聲是十二點鐘的第十二響（也就是「十二響」的最後一響）。人們習慣於將聽到的某個鐘點的鐘聲理解為應該敲鐘多少次，而忽略了並不完整地聽到某個鐘點所有敲鐘聲的可能性。

14. 那位親戚把自己騎的馬也加進去分，這樣就有了 24 匹馬。大兒子分到 1/2，得 12 匹馬；二兒子分到 1/3，得 8 匹馬；三兒子分到 1/8，得 3 匹馬，一共還是 23 匹馬，剩下的仍由他騎了回去。人們在分東西時，只是習慣於將要分掉的東西作為總數，而不去想可以將最後並不分掉的東西暫時歸入總數。

15. 6 字無頭為 0，9 字無尾也是 0，半個 8 字也是零。這位同學沒有釣到 1 條魚。

16. 還剩下 5 個角。

17. 方法有多種：第一種，從中間切下一條，倒個位置放進去。第二種，在需要開孔的位置上開一個小孔，然後將取到的木塊填到中間的孔中。

18. 哥倫布拿起了那個雞蛋，讓雞蛋尖端朝下，輕輕一戳，蛋殼打破了一點，便穩穩當當地豎立起來了。

19. 孫臏說：「大王，我沒有辦法讓你自己從山腳下走到山頂上去。可是，讓你從山頂上走到山下來，我倒有絕好的辦法。」齊威王不信，就與大臣一起走到山頂。這時，孫臏才說：「大王，請恕我冒昧，我已經讓您自己走到山頂上來了。」這時人們才恍然大悟。

20. ①有「相」、「同」、「的」三個字。②是小智的媽媽。③從每個盒子裡各取一支。

21. 衣服。

22. 這只不過是養魚人所養的黑金魚尾數比紅金魚多三倍多。

23. C 射擊桌腳。

24. 因為某人把兩匹馬分別套在馬車的一前一後，且向相反方向拉，其拉力相等。

25. 因為那裡已經是森林的中心了。

26. 還剩四隻（或者三隻），因為有兩隻又飛回來了。

為什麼別人的孩子那麼有創意？

注意力 × 觀察力 × 想像力，開發右腦，訓練思維，打開創新的大門！

編　　著：黃依潔，趙華夏

發 行 人：黃振庭

出 版 者：崧燁文化事業有限公司

發 行 者：崧燁文化事業有限公司

E-mail：sonbookservice@gmail.com

粉 絲 頁：https://www.facebook.com/
　　　　　sonbookss/

網　　址：https://sonbook.net/

地　　址：台北市中正區重慶南路一段六十一號八
　　　　　樓 815 室

Rm. 815, 8F., No.61, Sec. 1, Chongqing S. Rd.,
Zhongzheng Dist., Taipei City 100, Taiwan

電　　話：(02)2370-3310

傳　　真：(02)2388-1990

印　　刷：京峯彩色印刷有限公司（京峰數位）

律師顧問：廣華律師事務所 張珮琦律師

-版權聲明

定　　價：350 元

發行日期：2023 年 01 月第一版

◎本書以 POD 印製

國家圖書館出版品預行編目資料

為什麼別人的孩子那麼有創意？注意
力 × 觀察力 × 想像力，開發右腦，
訓練思維，打開創新的大門！ / 黃依
潔，趙華夏編著 . -- 第一版 . -- 臺北
市：崧燁文化事業有限公司, 2023.01
　面；　公分
POD 版
ISBN 978-626-357-047-4(平裝)
1.CST: 家庭教育 2.CST: 兒童教育
3.CST: 創造力
528.2　　111021283

電子書購買

臉書